MW01118663

LOS MITOS DE LA HISTORIA ARGENTINA 3

F ELIPE P IGNA

Los mitos de la historia argentina 3

De la Ley Sáenz Peña a los albores del peronismo

 Planeta

Pigna, Felipe
    Los mitos de la historia argentina 3.- 6ª ed. – Buenos Aires :
Planeta, 2011.
    312 p. ; 23x15 cm.

    ISBN 978-950-49-1544-7

    1. Historia Argentina I. Título
    CDD 982

Investigación periodística: Mariana Pacheco
Transcripción de textos: Mariel Vázquez

Diseño de cubierta: Departamento de Arte de Editorial Planeta
Diseño de interior: Orestes Pantelides

© 2006, Felipe Pigna

Derechos exclusivos de edición en castellano
reservados para todo el mundo
© 2006, Grupo Editorial Planeta S.A.I.C.
Publicado bajo el sello Planeta®
Independencia 1682, (1100) C.A.B.A.
www.editorialplaneta.com.ar

6ª edición: junio de 2011
2.000 ejemplares

ISBN 978-950-49-1544-7

Impreso en Printing Books,
Mario Bravo 835, Avellaneda,
en el mes de junio de 2011.

Hecho el depósito que prevé la ley 11.723
Impreso en la Argentina

Ninguna parte de esta publicación, incluido el diseño de cubierta, puede ser reproducida, alma-
cenada o transmitida en manera alguna ni por ningún medio, ya sea eléctrico, químico, mecánico,

*En memoria de Gabriel Pigna y Diana Pigna,
mi padre y mi hermana,
ausencias presentes.*

 ....

A Leiza Brossi, mi compañera.

Índice

PRÓLOGO

El agobiante camino
del drama argentino

por Osvaldo Bayer

El placer de la lectura. He aquí el tercer tomo de *Los mitos de la historia argentina* de Felipe Pigna. El placer acompañado por el saber que se nos están dando las fuentes para el debate. Pruebas y pruebas en documentos, testimonios, razones y sinrazones de los protagonistas. La historia viva transcurrida en estas pampas y cordilleras, lagos y ciudades despertadas por las ansias de fundar, de vivir, de codicia, de poder, de patriotismo, de vidas éticas azules y blancas y de búsquedas rojas y los retrocesos sin color del dinero. Una historia argentina del debate continuo de degüellos y renunciamientos, de grandezas y miserias, de interminables campos de flores azules de lino convertidos en soja, soja, soja. La palabra Revolución de Mayo y esas palabras de su himno que se esconden siempre pero que nadie podrá olvidar: "ved en trono a la noble igualdad, Libertad, Libertad, Libertad".

1813. La increíble y generosa Asamblea del año XIII en el primer tomo, pero los pueblos originarios en los avisos de los diarios de Buenos Aires en 1879: "Hoy reparto de indios". Tal cual. La Argentina. En ese laberinto se introduce Pigna ya en los años del 1900 y nos llena de documentos, crónicas, sugerencias, ironías sabias y nos abre el horizonte de esta tierra hablando de nuestras cualidades y de nuestros defectos, de nuestras lealtades y nuestras traiciones. El país de las espigas de oro con niños con hambre. No uno, miles de niños. Estudia astutamente los movimientos de las economía y quien los ejecuta, la afición por Europa de sus educadores y el color cobrizo de la mitad más uno de sus habitantes. Sarmiento, Roca, Mitre, pero Belgrano, Castelli, Moreno. Gauchos y anarquistas. Los asiduos a París, los embajadores de Londres. El dueño-padre putativo por excelencia. Sí, personajes argentinos, de pronto Yrigoyen elegido por el pueblo. Radical y popular. Una figura de claridades y sombras. El mito con increíbles interrogantes. Pigna no tiene empacho de decirlo tal cual. Aunque se enojen clásicos academicistas y mentalidades del "hay que mirar hacia delante".

Sí, otra vez, la búsqueda de la verdad con toda la documentación, los testimonios de la época y un implacable abrir ventanas para aclarar la historia oficial que nos dejó una interpretación de un pasado con figurones de bronce, y el enterrar a los verdaderos luchadores de la ética, del verdadero progreso. En fin, la versión del poder de siempre, versión que aquí se termina. Y que nos ayuda a comprender por qué la Argentina de hoy. Con sus estadísticas. Una historia de héroes, figurones, hombres del poder, de la palabra, del discurso y hormigas del trabajo de la enseñanza, de la ética de la búsqueda.

Felipe Pigna nos lleva de la mano para mostrarnos todas las pruebas. Nada de pacatas interpretaciones sino el devenir del poder que cambiaba de rostro pero no de dueño. Y la historia de los de abajo, que no se conformaron con vivir en el conventillo y rogar a Dios en su infinita bondad.

Idas y venidas. Ese Sáenz Peña indefinible, conservador positivo. Un bismarckiano latino, e Yrigoyen. Hipólito Yrigoyen con sus atrevimientos, sus valentías y sus retrocesos inexplicables, indefendibles. Un Marcelo T. de Alvear que no cambió nada para no modificar nada, pero que por lo menos guardó las formas. Hasta que todo terminará en la hora de la espada que le cortará los brazos a la democracia. La dictadura vestida de general y el pueblo y sus representados que no se defienden. Hasta la Justicia se prosterna a la fuerza y a la bota. El largo camino se iniciará con un cinismo lleno de fantasías. El fraude patriótico, la década infame. Pero entretanto los otros, los de abajo, en otra búsqueda, anarquistas, socialistas, sindicalistas, con sus héroes del pueblo y sus errores pero la lucha irrenunciable por la búsqueda de una vida más generosa para los hijos.

La época del nacionalismo católico. Leopoldo Lugones, Hugo Wast. Herederos de la Liga Patriótica de Carlés y del perito Moreno. La derecha siempre presente y una jerarquía eclesiástica cuidadosa de que nada se le escape de las manos. El corporativismo abre las puertas para sanear la democracia. La pena de muerte contra los rebeldes. La censura. Se prohíbe y se acabó, como única razón. La tortura, la picana. Ushuaia, la Siberia argentina. Y como final del militar Uriburu, el "arreglo". Fraude que llevará a la presidencia a otro general: Agustín P. Justo. Década de negociados como lo demuestra el historiador Pigna con amplia documentación. Con hombres limpios como Lisandro de la Torre y con escritores como Roberto Arlt, perspicaz y solitario –que cita Pigna– con un sarcástico aguafuerte: "Aspiro a ser diputado, porque aspiro a robar en grande y acomodarme mejor". El acomodo. Nada se le escapa al historiador para retratar esa época.

Los años treinta. Un congreso genuflexo pero con desesperados y republicanos de alma blanca. El crimen llega hasta el Congreso. La época y el poder no podían soportar republicanos de manos limpias. Como tampoco a quienes desde abajo querían limpiar a ese poder de la hipocresía y el desprecio a la dignidad. Felipe Pigna nos entrega un capítulo acerca de los presos de Bragado, los Sacco y Vanzetti argentinos.

En este tomo, el autor nos presenta con sagacidad un período argentino con capítulos que al lector de hoy lo sorprenderán. La traición de Uriburu, Justo y Ortiz a la democracia. Y los poderes económicos que esa década representó. Todo esto puede originar la pregunta: ¿pero por qué el pueblo permitió algo así? ¿Es el pueblo argentino conformista? ¿Por qué fracasó así nuestra recién comenzada democracia? Pigna nos prepara para su futuro libro: de pronto el golpe militar del 43 con sus cambios que van a tener consecuencias hasta en la Argentina de hoy. Iba a nacer el peronismo. Los últimos capítulos de este tercer tomo podrían tomarse como un preludio preparatorio para lo que iba a acontecer a principios de los cuarenta. El advenimiento de un fenómeno nuevo.

En este tomo leemos la esperanza de la nueva democracia y su primer final. Un poder económico que se va a mantener, un sector proletario que va a continuar su lucha sin fin y los pasos equivocados que nos iban a llevar a un sinnúmero de golpes militares que van a llegar a su máximo de violencia en los tristes años del setenta. Una historia bien argentina.

Roque Sáenz Peña,
un conservador de Ley

"El derecho de voto es un derecho que nada ni nadie puede quitar a los ciudadanos".

JUAN JACOBO ROUSSEAU

Los hechos del Centenario de la Revolución de Mayo[1] habían demostrado claramente que a la oligarquía en el poder se le complicaba continuar con la costumbre de manejar el país como una estancia. El radicalismo insurgente hacía gala de su "intransigencia revolucionaria" a través de movimientos armados cívicos que contaban cada vez con más apoyo de miembros de las fuerzas armadas, y el movimiento obrero había demostrado capacidad de organización, movilización y recuperación a pesar de las leyes represivas, como la 4.144, de Residencia, o la de Defensa Social, diseñadas especialmente para "legalizar" la persecución implacable de todo aquel que se atreviera a reclamar justicia social. Las permanentes razzias policiales encendían la alarma e invitaban a mirar nuevamente hacia Europa, esta vez no para admirar las modas culturales o textiles, sino para tomar nota de las revueltas populares que se extendían a lo largo de todo el continente, desde Rusia a España. Muchos encumbrados miembros de la clase dirigente, como el general Roca, apostaban a la mano dura, a no aflojar un ápice, a seguir con la clásica política de exclusión social, mar-

---

[1] Ver los *Mitos de la historia argentina 2*.

ginando del sistema político a las grandes mayorías populares. Otros, adelantándose a Giuseppe Tomasi di Lampedusa en su obra cumbre *El Gatopardo*, comenzaron a pensar en cambios para garantizarse que lo esencial no cambiara. Este grupo de políticos del poder, a la vista de los acontecimientos y tomando debida nota del crecimiento geométrico del conflicto social y político en nuestro país, creyó conveniente abrir una válvula de escape de aquella gran olla a presión en que se estaba convirtiendo la "república conservadora". Entre ellos estaba el hombre que, venciendo importantes resistencias y con la incomprensión de muchos de sus propios compañeros de clase (que parecían obstinados en no ver que su propuesta, lejos de implicar el suicidio de la clase dominante argentina, garantizaba su legitimación), logró la sanción y aplicación de la primera ley que garantizaba el voto secreto, universal y obligatorio a los argentinos varones mayores de 18 años.

En nombre del padre

Roque Sáenz Peña, el autor de la ley electoral que puso fin a décadas de fraude y exclusión, nació en Buenos Aires el 19 de marzo de 1851. Era hijo del doctor Luis Sáenz Peña y doña Cipriana Lahitte. Como gran parte de la clase dirigente argentina, cursó sus estudios secundarios en el Colegio Nacional de Buenos Aires e ingresó a la Facultad de Derecho, donde comenzó su militancia política en el Partido Autonomista liderado por Adolfo Alsina, aunque debió interrumpir sus estudios para incorporarse a las guardias nacionales durante el intento de rebelión militar de Bartolomé Mitre contra el presidente electo Nicolás Avellaneda. Al finalizar el conflicto con el triunfo de las fuerzas leales en las que militaba, Roque fue ascendido a comandante y pudo recibirse de abogado en 1875 con la tesis "Condición jurídica de los expósitos".

En 1876 resultó electo diputado a la Legislatura bonaerense por el Partido Autonomista Nacional y fue, a sus 26 años, uno de los presidentes más jóvenes que tuvo la Cámara.

En 1879, a poco de estallar la Guerra del Pacífico que enfrentó a Chile con Bolivia y Perú, haciendo gala de su espíritu romántico de luchar por causas justas, Sáenz Peña se enroló como voluntario del ejército peruano, donde tendría una destacada actuación, llegando a comandar un batallón en la decisiva batalla de Tarapacá. Tras la derrota peruano-boliviana, permaneció prisionero de los chilenos por seis meses. Esta actitud de Sáenz Peña lo diferencia claramente de los jóvenes de su tiempo, que renegaban de su pertenencia latinoamericana. Aquella elite calificaba despectivamente a bolivianos y peruanos, y se desentendía de todo tema de política exterior que no estuviera vinculado con Europa.

Regresó a Buenos Aires en 1880 y se incorporó al gabinete del presidente Roca como subsecretario en el Ministerio de Relaciones Exteriores y Culto, que ejercía Bernardo de Irigoyen. Un año después, y ya mostrando sus primeras diferencias con el "Zorro" Roca, renunció al cargo y viajó a Europa, donde permaneció durante dos años.

De regreso a Buenos Aires, volvió a incorporarse lentamente a la vida política. En 1884 fundó junto a Carlos Pellegrini el periódico *Sud América,* en el que expresará las ideas políticas renovadas por su experiencia europea. En 1886 apoya la candidatura presidencial de Miguel Juárez Celman y, tras el triunfo juarista, es designado embajador plenipotenciario en el Uruguay, una de las embajadas más codiciadas en el cuerpo diplomático.

Junto a Manuel Quintana, representó a la Argentina en la Primera Conferencia Panamericana, inaugurada el 27 de marzo de 1889 en Washington. Allí defendió el principio de no intervención de las potencias extranjeras en los asuntos internos de los Estados latinoamericanos, y combatió el proyecto estadounidense de crear una unión aduanera y una moneda única para toda América. Salvando las distancias, una especie de ALCA, con sus mismas nefastas intenciones hegemónicas. En aquella ocasión Saénz Peña contrapuso a la tristemente célebre doctrina Monroe, que proponía "América para los americanos", la frase "América para la humanidad", que contribuyó notablemente al fracaso del proyecto norteamericano.

El 18 de abril de 1890 fue designado ministro de Relaciones Exteriores por el presidente Juárez Celman, aunque a fines de julio de ese año estalló la Revolución del Parque, que puso fin a la presidencia de Juárez Celman, y el 4 de agosto Sáenz Peña renunciaba a su cargo.

La crisis política desatada tras la revolución trajo un aire de purificación en la política, y la impecable trayectoria de Sáenz Peña lo colocó en una inmejorable posición para aspirar a la presidencia. Su candidatura fue proclamada en La Plata a mediados de 1891 por el grupo llamado "modernista", en el que se destacaban Carlos Pellegrini y José Figueroa Alcorta, y todo parecía indicar que llegaría a la Casa Rosada.

Pero la astucia y los manejos de Roca y Mitre pudieron más, y hallaron la manera de frenar el ascenso de Roque Sáenz Peña: propusieron la candidatura de su padre, don Luis Sáenz Peña.

Roque se negó a enfrentar a su padre y renunció a la candidatura en estos términos: *"Lamento que circunstancias ajenas a mi voluntad, pero no extrañas a mi corazón, me impidan aceptar el alto honor".*

Por su parte don Luis le agradecería el gesto en una carta pública: *"Creo que nos abraza una aureola de honor, para el hijo y para el padre. El abnegado retiro de tu candidatura me deja amplia libertad de proceder. Tú eres todavía muy joven, y en tu corta vida pública has dejado ya rastros indelebles de tu inteligencia y de tu carácter".*

Años más tarde Sáenz Peña no disimulará su enojo contra Roca, verdadero cerebro de la maniobra que lo dejaría fuera de la presidencia:

> "Yo no declino de mi credo político, que es un hecho atestiguado por la unidad nacional; pero protesto de todo hombre que se erige en providencia de los pueblos con agravio de mi fe republicana y del alto concepto de la democracia. Combato regímenes personales o banderas partidarias que no compartan verdaderos anhelos de partido. Veinte años ha, pudimos conformarnos con un caudillo, pero veinte años después el país no lo tolera".[2]

El oficial peruano

Tras la asunción de la presidencia por parte de su padre, abandonó la banca de senador que ocupaba en representación de la provincia de Buenos Aires. Por sus convicciones no podía ser oficialista, pero, por respeto filial, tampoco podía ser opositor. Decidió retirarse momentáneamente de la política y se dedicó a administrar una estancia en Entre Ríos durante dos años.

En 1898 se produjo la guerra entre Estados Unidos y España por la posesión de Cuba. Sáenz Peña tomó partido por españoles y cubanos y pronunció un vibrante discurso en el Teatro Victoria contra la intervención norteamericana: *"Tengo el sentimiento y el amor de mi raza; quie-*

---

[2] "Discurso de Roque Sáenz Peña, 15-VIII-1897", en Cárcano, Miguel Ángel, *Sáenz Peña, la revolución por los comicios*, Buenos Aires, Eudeba, 1972.

*ro y respeto como propias sus glorias en la guerra y sus nobles con-
quistas en la paz".*[3]

En febrero de 1905 estalló una revolución radical en distintos puntos del país. La revuelta fue derrotada, pero las demandas de transparencia electoral y de un marco jurídico claro y justo seguían vigentes.
Pocos días después de la insurrección decía Carlos Pellegrini, otrora
detractor del sufragio universal:

"Es notorio que he hecho norma inflexible de toda mi carrera política condenar y combatir las revoluciones como medio de modificar
o mejorar nuestros hábitos políticos, y que he condenado especialmente la del 4 de febrero último; pero si soy radical en este principio, él no impide reconocer que se coloca a los ciudadanos en una
situación desesperada si por una parte se les priva de todos sus derechos y se les cierra todos los recursos legales, y por otra se les prohíbe el último y supremo recurso de la fuerza. [...] En la República
el pueblo no vota; he ahí el mal, todo el mal... Donde el pueblo vota,
la autoridad es indiscutida, y las rebeliones y conmociones son des-
conocidas. Reconozcamos que no habrá para nuestro país la posibilidad del progreso político, de paz pública, de engrandecimiento
nacional, mientras no fundemos nuestro gobierno sobre el voto popular".[4] [Y seguidamente tranquilizaba a sus compañeros de clase
con esta sentencia:] Al radicalismo ya no lo destruye nadie: es un temperamento, más que un partido político, para destruirlo, anularlo por
completo y para siempre, no hay sino un medio, entregarle toda la
República para que gobiernen: en el gobierno se hundirán; ninguno
de sus programas sabrán cumplirlos; cometerán peores errores que
los que criticaron".[5]

En 1906, tras la muerte del presidente Manuel Quintana, asumió el
vicepresidente José Figueroa Alcorta, quien envió a Sáenz Peña en representación de la Argentina a las bodas reales de Alfonso XIII en Madrid.
En la capital española recibió un nuevo nombramiento: enviado extraordinario y ministro plenipotenciario ante España, Portugal, Italia y Suiza.

---

[3] Miguel Ángel Cárcano, *Sáenz Peña, la revolución por los comicios*, Buenos Aires,
Eudeba, 1972.
[4] Rodolfo Puiggrós, *Historia crítica de los partidos políticos argentinos*, Buenos Aires,
Galerna, 2006.
[5] *Idem.*

Estando en Italia, en 1907 recibió instrucciones para representar a la Argentina, junto al embajador Luis María Drago, en la Segunda Conferencia Internacional de la Paz en La Haya.

Camino a la Ley

Sáenz Peña regresó al país en agosto de 1909, en un clima de gran agitación social y política. Todavía sonaban las repercusiones de la matanza perpetrada por el coronel Falcón el 1° de Mayo en la Plaza Lorea, y los partidos tradicionales preparaban sus candidaturas para las elecciones de 1910. Su nombre fue propuesto por los partidarios de terminar con el fraude, incorporar a la oposición menos revolucionaria al sistema político y descomprimir el clima de presión social que se vivía. Sáenz Peña había observado en Europa las ventajas que había traído a las sociedades modernas la ampliación del sufragio y la modernización de las leyes electorales.

A partir de 1900 se produce una notable división en los sectores dominantes entre quienes apoyaban a Roca y su política intransigente de mantener el fraude electoral, y los sectores de la elite más inteligentes, probablemente influidos por cierta vocación democrática. Actuaban sobre todo en defensa propia, a la vista de los hechos ocurridos en el país (revoluciones radicales, atentados anarquistas, crecimiento del movimiento obrero) y en Europa (rebeliones obreras en España, Italia y Rusia), y prestaban atención al proceso político europeo, donde las burguesías estaban aprendiendo a la fuerza que les convenía trocar el absolutismo y el autoritarismo por un régimen democrático de participación ampliada. Una de las mayores preocupaciones de esa elite era quitar la protesta de las calles y en la medida de lo posible volcarla en el parlamento y en el sistema político. Para ello se hacía necesario dar cabida al principal partido opositor, el radicalismo, pero también al moderado Partido Socialista. De esa manera se fracturaría al movimiento obrero y se debilitaría al gran enemigo que la oligarquía en el poder visualizaba como el más peligroso: el anarquismo.

¿Cómo se votaba antes de la Ley Sáenz Peña?

La primera ley electoral argentina fue sancionada en 1821 en la provincia de Buenos Aires durante el gobierno de Martín Rodríguez, por el impulso de su ministro de gobierno, Bernardino Rivadavia. Esta ley establecía el sufragio universal masculino y voluntario para todos los hombres libres de la provincia y limitaba exclusivamente la posibilidad de ser electo para cualquier cargo a quienes fueran propietarios. A pesar de su amplitud, esta ley tuvo en la práctica un alcance limitado, porque la mayoría de la población de la campaña ni siquiera se enteraba de que se desarrollaban comicios. Así, en las primeras elecciones efectuadas con esta ley, sobre una población de 60.000 personas apenas trescientas emitieron su voto.

La Constitución Nacional de 1853 dejó un importante vacío jurídico en lo referente al sistema electoral, que fue parcialmente cubierto por la ley 140 de 1857. El voto era masculino y cantado, y el país se dividía en 15 distritos electorales en los que cada votante lo hacía por una lista completa, es decir que contenía los candidatos para todos los cargos. La lista más votada obtenía todas las bancas o puestos ejecutivos en disputa y la oposición se quedaba prácticamente sin representación política.

La emisión del voto de viva voz podía provocarle graves inconvenientes al votante: desde la pérdida de su empleo hasta la propia vida, si su voto no coincidía con el del caudillo que dominaba su circuito electoral. Sin dudas, rigió por aquellos años (1857-1912) un fraude que resultaba escandaloso en algunos casos, como lo cuenta Sarmiento en una carta a su amigo Oro, refiriéndose a las elecciones de 1857:

"Nuestra base de operaciones ha consistido en la audacia y el terror que, empleados hábilmente han dado este resultado admirable e inesperado. Establecimos en varios puntos depósitos de armas y encarcelamos como unos veinte extranjeros complicados en una supuesta conspiración; algunas bandas de soldados armados recorrían de noche las calles de la ciudad, acuchillando y persiguiendo a los mazorqueros; en fin: fue tal el terror que sembramos entre toda esta gente con estos y otros medios, que el día 29 triunfamos sin oposición".[6]

Los días de elecciones los gobernantes de turno hacían valer las libretas de los muertos, compraban votos, quemaban urnas y falsificaban padrones. Así demostraba la clase dominante su desprecio por la demo-

---

[6] D. F. Sarmiento, "Carta a Domingo de Oro", 17 de junio de 1857, en Peña, Milcíades, *La era de Mitre*, Buenos Aires, Fichas, 1973.

cracia real y su concepción de que ellos eran los únicos con derecho a gobernar un país al que consideraban una propiedad privada, una extensión de sus estancias.

Todas estas prácticas que marginaban a los sectores mayoritarios de la población de la vida política eran la perfecta contraparte del sistema de exclusión económica derivado del modelo agroexportador en el que el poder y la riqueza generados por la mayoría eran apropiados por la minoría gobernante. Puede decirse que todos los gobernantes de lo que la historia oficial llama "presidencias históricas", es decir, las de Mitre, Sarmiento y Avellaneda; y las subsiguientes hasta 1916, son ilegítimas de origen, porque todos los presidentes de aquel período llegaron al gobierno gracias al más crudo fraude electoral.

En el mundo occidental, tras décadas de luchas de los sectores populares por sus derechos electorales y sociales, hacia fines del siglo XIX las burguesías gobernantes fueron cambiando las prácticas electorales desde el voto restrictivo hacia el voto secreto y universal, prenunciando una era política diferente: la de la democracia de masas. Las burguesías comprendieron que la exclusión del pueblo tenía grandes desventajas, y la ampliación del sistema electoral, si se hacía con los controles del caso, no afectaba el desarrollo y supervivencia del sistema, sino que, por el contrario, lo legitimaba y legalizaba. Además, la participación de amplios sectores de la población en la elección de las autoridades socializaba unas responsabilidades políticas que evidentemente hasta entonces estaban muy limitadas a la clase dirigente, sin la más mínima incidencia de los sectores marginados de las decisiones y el poder. La peor elección era preferible a cualquier revolución.

Hacia 1900 nuevos partidos, como la Unión Cívica Radical y el Partido Socialista, atraían en nuestro país a los sectores sociales que no estaban representados en las instituciones políticas del Estado, controladas por la clase gobernante conservadora y liberal.

Un sector del grupo gobernante comenzó a considerar que la prosperidad alcanzada podía peligrar de no atenderse los reclamos de la oposición. Se mostraban dispuestos a considerar la introducción de reformas graduales en el sistema electoral con el fin de evitar conflictos sociales.

El primer paso en ese sentido se da con la reforma "uninominal" en el sistema de elección de diputados. Cada ciudadano votaba por un solo candidato y no por una lista. El ministro Joaquín V. González había propuesto el voto secreto, pero el senador por la Capital Federal, Carlos Pellegrini, se opuso en el Congreso Nacional, afirmando que el voto secreto era para los hombres conscientes, no para las masas que votaban según simpatías y no según ideas.

El Partido Socialista de J. B. Justo, que desde su creación en el año 1896 siempre participó de las elecciones, logró gracias a este nuevo sistema que en el año 1904 fuera electo el primer diputado socialista de América, Alfredo Palacios.

Pero el nuevo sistema duró poco. En 1905, con el presidente Manuel Quintana, se volvió a la lista completa, en la que cada elector, en su circunscripción, votaba por todos los candidatos de su distrito. Dos meses después de esto se suprimió el voto de viva voz, que no fue secreto, pero sí escrito. El elector debía entregar a la mesa electoral, en un papel escrito y doblado, los nombres de la totalidad de los candidatos por los que votaba. Obviamente esto limitaba el voto a los alfabetos, una franca minoría por aquel entonces.

Quiera el pueblo votar

El 12 de junio de 1910, el Colegio Electoral consagró la fórmula Roque Sáenz Peña - Victorino de la Plaza. El presidente electo se encontraba en Europa y emprendió enseguida el viaje de regreso a su país.

A poco de llegar concertó dos entrevistas claves: una con el presidente Figueroa Alcorta y la otra con el jefe de la oposición, Hipólito Yrigoyen. En la entrevista con el caudillo radical, concertada en la casa del diputado Manuel Paz el 2 de octubre de 1910, Yrigoyen se comprometió a abandonar la vía revolucionaria para tomar el poder, y Sáenz Peña a la sanción de la tan deseada ley electoral. Yrigoyen le pidió al presidente electo que interviniera todas las provincias para evitar los manejos de los gobernadores adictos en las siguientes elecciones. Sáenz Peña se negó a emplear este método y le ofreció a Yrigoyen la participación del radicalismo en el gobierno.

Este es el relato de Yrigoyen sobre el histórico encuentro:

"Ante nuevas insistencias que hiciera asentí a que conversáramos, y al ofrecerme participación en el gobierno sin restricción alguna, a los efectos de que pudiera realizar todos los bienes que me proponía para la Nación, pedíle que apartara de su pensamiento esta suposición al respecto, porque eran insalvables mis determinaciones. Agregándole que lo único que la UCR reclamaba eran comicios honorables garantidos, sobre la base de la reforma electoral. El doctor Sáenz Peña, no había pensado en esa forma de inmediato, sino en la concurrencia de la UCR a la labor de gobierno que iba a presidir; pero planteada la cuestión como indispensable, para que esta fuerza poderosa saliera de la animada abstención y protesta en que estaba colocada, convino en ello. Y dándome cuenta de que deseaba hacer públicos sus ofrecimientos, le insinué que los concretara por escrito si le parecía bien, para llevarlos a las altas direcciones de la Unión Cívica Radical, lo que hizo, condensándolo en la forma siguiente, más o menos: 'Que deseando demostrar la decisión que lo animaba para dar garantías públicas, le ofrecía a la Unión Cívica Radical participación en los ministerios, e intervención en la reforma electoral que debía llevarse a cabo'. La alta dirección contestó sin discrepancia alguna, rehusando participación en el gobierno, por ser contrario a sus reglas de conducta, y aceptando la intervención que se le ofrecía en la reforma electoral".[7]

De todas maneras la entrevista fue un éxito, porque Sáenz Peña logró su objetivo: el compromiso de la participación electoral del radicalismo en unas futuras elecciones, con una nueva ley electoral que garantizara la limpieza y libertad de sufragio.

El 12 de octubre asumió el nuevo gobierno, y Sáenz Peña cumplió con su palabra enviando al parlamento el proyecto de Ley de Sufragio, que había elaborado con la estrecha colaboración de su ministro del Interior, Indalecio Gómez. Establecía la confección de un nuevo padrón basado en los listados de enrolamiento militar, y el voto secreto y obligatorio para todos los ciudadanos varones mayores de 18 años.

Estos son algunos de los artículos más importantes de la ley 8.871, conocida como Ley Sáenz Peña:

"Art. 1. Son electores nacionales los ciudadanos nativos y los naturalizados desde los diez y ocho años cumplidos de edad.
Art. 2. Están excluidos los dementes declarados en juicio. Por razón de su estado y condición: los eclesiásticos y regulares, los soldados,

---

[7] Memorial presentado en su defensa por Hipólito Yrigoyen ante la Corte Suprema de Justicia, firmado en la isla Martín García, lugar de su detención, el 24 de agosto de 1931, en Gabriel Del Mazo, *El pensamiento escrito de Yrigoyen*, Buenos Aires, Del Jurista, 1983.

cabos y sargentos del ejército permanente, los detenidos por juez competente mientras no recuperen su libertad, los dementes y mendigos, mientras estén recluidos en asilos públicos. Por razón de su indignidad: los reincidentes condenados por delito contra la propiedad, durante cinco años después de la sentencia.

Art. 5. El sufragio es individual, y ninguna autoridad, ni persona, ni corporación, ni partido o agrupación política puede obligar al elector a votar en grupos

Art. 7. Quedan exentos de esta obligación (de votar) los electores mayores de 70 años.

Art. 39. Si la identidad (del elector) no es impugnada, el presidente del comicio entregará al elector un sobre abierto y vacío, firmado en el acto por él de su puño y letra, y lo invitará a pasar a una habitación contigua a encerrar su voto en dicho sobre.

Art. 41. La habitación donde los electores pasan a encerrar su boleta en el sobre no puede tener más que una puerta utilizable, no debe tener ventanas y estará iluminada artificialmente en caso necesario..."

La ley significaba un gran avance, aunque no eran pocos los excluidos por ella. Las mujeres (casi la mitad del padrón), los extranjeros, los habitantes de los territorios nacionales, los habitantes de municipios con pocas personas, que no podían elegir autoridades municipales, y quienes en los municipios en los que se podía elegir sólo podían votar como sus autoridades locales a los propietarios contribuyentes. Por otra parte, en las grandes ciudades, como señala Waldo Ansaldi[8], los extranjeros, que en algunos casos constituían más de la mitad de la población, servían a la hora de contabilizar a los pobladores para aumentar la cantidad de diputados por su distrito –a más habitantes más diputados–, y a la vez, al estar excluidos del voto, disminuían proporcionalmente la cantidad de votantes necesarios para elegir a aquellos diputados.

El presidente presentó el proyecto con estas palabras: *"He dicho a mi país todo mi pensamiento, mis convicciones y mis esperanzas. Quiera mi país escuchar la palabra y el consejo de su primer mandatario, quiera el pueblo votar"*.[9] Poco después ambas Cámaras aprobaban la que empezaría a conocerse como la Ley Sáenz Peña.

---

[8] Waldo Ansaldi, *Representaciones inconclusas*, Buenos Aires, Biblos, 1995.
[9] Cárcano, *op. cit.*

El diputado Juan B. Justo señaló claramente cuáles eran las intenciones del sector más "progresista" de la elite con la sanción de la ley electoral:

> "...si se asiste a una nueva era política en el país, es precisamente porque han aparecido fuerzas sociales nuevas, materiales, y no porque hayan aparecido virtudes nuevas; es porque hay una nueva clase social, numerosa y pujante, que se impone a la atención de los poderes públicos, y porque es más cómodo hacer una nueva ley de elecciones que reprimir una huelga general cada seis meses".[10]

El fin del fraude significó un notable avance hacia la democracia en la Argentina y la posibilidad de expresión de las fuerzas políticas opositoras que habían sido marginadas del sistema por los gobiernos conservadores. En las primeras elecciones libres llevadas adelante en la Argentina, en el mismo año 1912, la bancada socialista creció notablemente y se sucedieron los triunfos radicales en Entre Ríos y Santa Fe. Aumentó notablemente la participación electoral, que para 1914 llegó al 62,85 % del padrón total, mientras que en las últimas elecciones anteriores a la Ley Sáenz Peña apenas había llegado al 5 por ciento.

La salud del presidente comenzó a deteriorarse a comienzos de 1913. Una y otra vez debió solicitar licencia, y en octubre de ese año delegó el mando en Victorino de la Plaza. Falleció en Buenos Aires en la madrugada del 9 de agosto de 1914, mientras en Europa estallaba la Primera Guerra Mundial.

La ley por la que había luchado siguió vigente y amplió decididamente la participación política de los nuevos sectores sociales argentinos. Según los deseos de la oligarquía más lúcida encarnada por Sáenz Peña, integró al sistema al radicalismo y al socialismo, bajando parcialmente la conflictividad política pero no la social, que a tono con la injusticia reinante seguirá expresándose a través de los gremios y de sus armas de lucha habituales: la huelga y la protesta social. Como señala el historiador francés Alain Rouquié:

> "Se está lejos del suicidio político de la oligarquía. Soltaba lastre, por cierto, pero solamente a nivel político, para acrecentar su poderío social. Le confiaba al radicalismo la misión de vehiculizar la ideo-

[10] Natalio Botana, *El orden conservador*, Buenos Aires, Sudamericana, 1977.

logía dominante en los grupos sociales marginales. [...] El radicalismo, sin proyecto económico de recambio, sólo se proponía 'democratizar' la prosperidad resultante del sistema agroexportador. No amenazaba pues a los detentadores del poder económico —salvo en algunos aspectos secundarios—, ni al equilibrio social que muy por el contrario reforzaba".[11]

En definitiva, con la Ley Sáenz Peña la oligarquía en el poder había dado un paso hacia su consolidación y legitimación. Nadie podía seguir argumentando que aquel régimen político, base de sustentación del poder real, era fraudulento y carente de legalidad: a partir de ese momento las responsabilidades de la administración y sostenimiento del sistema serían compartidas, aunque, claro, y esto está fuera de discusión, el poder real seguiría en las mismas manos de siempre.

---

[11] Alain, Rouquié, *Poder militar y sociedad política en Argentina*, Buenos Aires, Emecé, 1981.

De las armas
a las urnas

"¡El poder! ¡Llegar al poder! No le oculto que lo he ambiciona-
do, pero por el camino de la revolución, con las características
con que yo conducía el movimiento cuando me obligaron a
tomar el de las vías comunes, tan lleno de dificultades para
realizar una obra limpia, a causa de la maraña de intereses que
crecen en él".

HIPÓLITO YRIGOYEN[1]

A veinticinco años de su creación, el radicalismo llegaba al gobierno por el voto popular. Habían pasado tres revoluciones, las de 1890,
1893 y 1905, y una reiterada resistencia civil y política al conservadu-
rismo que, aparentemente, retrocedía. En realidad sólo dejaba el gobierno y se atrincheraba en el parlamento, particularmente en el Senado,
para controlar las posibles "desviaciones" del radicalismo en el gobierno y oponerse a cuanto proyecto progresista llegara a las Cámaras. Yrigoyen asumía el gobierno, no el poder. Ese poder seguía en las manos
de siempre, de los mismos apellidos, de los mismos terratenientes exportadores asociados con empresas extranjeras. El partido radical era suma-
mente moderado en sus pretensiones, contaba con figuras pertenecientes a las más rancias familias de la oligarquía en la conducción partidaria,
y no pretendía modificar el modelo agroexportador, ni el modelo de acumulación de riquezas, ni la relación con Gran Bretaña, sino legalizar
esas situaciones dadas, darles legitimidad intentando ampliar el número de beneficiarios de ese modelo y democratizar la vida política del país.

---

[1] Caballero, Ricardo, *Hipólito Yrigoyen, aspectos desconocidos de su vida*, Raigal,
Buenos Aires, 1957.

Lo que hacía políticamente incorrecto al radicalismo no era justamente que tuviera un carácter revolucionario, sino el nivel de autoritarismo que ostentaban las clases dirigentes y su atraso mental, su negativa visceral al cambio, a las menores concesiones en todo lo que tuviese que ver con mejorar las condiciones sociales de la población, su salud, su educación y sus derechos laborales. Su concepción interpretaba al país como una estancia que les pertenecía y nada debía hacerse sin contemplar sus "sagrados" intereses y contar con su aprobación. El radicalismo no venía a cambiar ese orden de cosas sino, como decía su conductor, a repararlo.

Don Hipólito

Juan Hipólito del Sagrado Corazón de Jesús nació el 13 de julio de 1852 en Buenos Aires en su casa de las actuales calles Matheu y Rivadavia. Era hijo de don Martín Yrigoyen Dodagaray, un vasco francés al que se le conocían variados oficios y ocupaciones: repartidor en una panadería, herrero y muy probablemente caballerizo de Rosas. Su madre era Marcelina Alem, hermana de don Leandro Alem, el hijo del mazorquero fusilado.

Hipólito ingresó a la política de la mano de su tío Leandro, por entonces un referente del Partido Autonomista en el barrio de Balvanera, quien el 17 de agosto de 1872 le consigue un nombramiento de comisario de ese barrio porteño. Sus tareas policiales no le impiden inscribirse en la Facultad de Derecho y comenzar una accidentada carrera. Cuando en 1877 el presidente Avellaneda, con el aval del jefe autonomista Adolfo Alsina, propicia la reconciliación con los mitristas incorporándolos al gobierno, Alem decide que había llegado la hora de irse del partido. Comenzaba a perfilarse su intransigencia política. Junto a su amigo de toda la vida, Aristóbulo del Valle, decidió fundar un nuevo partido al que llamó Republicano y en 1878, a los 26 años, Hipólito llega a ser diputado provincial[2] por ese partido. En aquel año pudo rendir sus últimas materias en la Facultad de Derecho, pero todo parece indicar que no presentó su tesis. Su título de "doctor" es cuestionado por algunos debido a ese motivo.

---

[2] Todavía no existía la Capital Federal, que será creada junto con la ciudad de La Plata en 1880 por la Ley de Federalización, y los habitantes de la ciudad de Buenos Aires estaban bajo la jurisdicción de la provincia.

En el crucial año ochenta, el presidente saliente, Nicolás Avellaneda, envió al Congreso Nacional su último proyecto de ley que intentaba poner fin a décadas de enfrentamiento y guerras civiles: auspiciaba la creación de un distrito federal en el área de la ciudad de Buenos Aires y la fundación de la ciudad de La Plata, que sería la nueva capital de la provincia de Buenos Aires. Desde su banca en la Legislatura de la provincia, consecuente con su pasado autonomista, Leandro Alem se opuso a la ley provincial para autorizar la transferencia a la Nación del territorio de la ciudad de Buenos Aires, con el fin de concretar la federalización, pues entendía que de esa forma se entronizaba el centralismo porteño. Se produce la primera y fuerte discusión entre Hipólito y su tío, porque Yrigoyen apoya decididamente la ley y se acerca a las filas del nuevo presidente, sostenedor de la federalización, Julio A. Roca. Llega incluso a ser diputado entre 1880 y 1882, cuando abandona el roquismo, disconforme con sus políticas. En marzo de aquel año ingresó a la masonería en la Logia Docente de Buenos Aires, presentado por Alem, que ya tenía un grado importante en esa sociedad secreta.

Por aquellos años Yrigoyen inicia su carrera docente, que durará unos veinticinco años. Era profesor de filosofía, historia argentina e instrucción cívica en la Escuela de Profesoras y se inicia en las actividades rurales comprando y arrendado campos en Córdoba y Buenos Aires. Llegó a tener unas 25 leguas de buenas tierras. Esto le permitió donar íntegramente sus sueldos docentes a un asilo de niños.

Hipólito se fue ganando a pulso el mote de "el peludo", por sus hábitos parecidos a los de aquel animal: vivía encerrado y salía poco y a la noche. No hacía la vida normal de los hombres políticos de su clase en aquella época: iba muy pocas veces al teatro, nunca a las carreras, no era habitué de los clubes, tan de moda por entonces, no fumaba y sólo tomaba de vez en cuando una copita de champagne. Dice su biógrafo Félix Luna que *"su única pasión eran las mujeres y la política"*.[3] En ambos casos prefería la clandestinidad. Le gustaba definirse a sí mismo como

"...un hombre de ciencia y de conciencia, y no he comprometido jamás ni una, ni otra cosa, que no fuera en la aplicación de normas ejemplificadoras y en rigores extremos de conducta. Quise, además, que mi vida trascendiera al pueblo como un modelo, y señalara un camino hacia la perfección espiritual. Tengo, por ser así, el alma

[3] Luna, Félix, *Yrigoyen*, Buenos Aires, Hyspamérica, 1985.

intacta, tal como la Divina Providencia quiso forjarla al soplo de sus impolutas irradiaciones. Yo no sé más que de la tarea evangélica de darme a los demás".[4]

Este pensamiento cargado de misticismo tiene que ver con las ideas del pensador alemán Karl Christian Friedrich Krause (1781-1832), a quien Yrigoyen conoció a través de autores españoles como Julián Sanz del Río –su traductor al español–, preparando lecturas de filosofía tanto para sus clases como para sus estudios de derecho. El krausismo es una corriente filosófica de raíz cristiana que intenta conjugar racionalismo, idealismo y espiritualismo, y se presenta como una "ética" predicando la autodeterminación de las personas y cuestionando la supremacía del Estado sobre la libertad individual. En su libro *Los ideales de la humanidad*, Krause brega por la libertad de sufragio, la austeridad y la filantropía, y habla de la personalidad moral de las naciones. La influencia de Krause en Yrigoyen puede percibirse en frases como esta: *"De hombres y sociedades sobrios y virtuosos se hacen pueblos libres y focos de civilización, pero de hombres y sociedades a quienes domina el libertinaje y el desenfreno de goces materiales, no se harán sino conglomerados expuestos a todas las contingencias y descomposiciones"*.[5]

Adelante radicales

Entre 1882 y 1889 Hipólito, siguiendo a su tío, se aparta parcialmente de la vida política. Se los verá regresar juntos de forma contundente en los sucesos conocidos como Revolución del Parque, que pusieron fin a la presidencia de Juárez Celman y dieron origen a aquel frente opositor tan heterogéneo que fue la Unión Cívica.[6] Desde la revolución de 1890, la Unión Cívica se presentaba ante la sociedad como una organización que proponía una nueva forma de hacer política. Pero en su seno se percibían notables diferencias entre sus dos conductores, Alem y Mitre, quienes sólo coincidían en expulsar a Juárez Celman del gobierno. Pero mientras Alem luchaba por elecciones libres y transparencia gubernativa, el mitrismo

[4] Yrigoyen, Hipólito, *Mi vida y mi doctrina*, Buenos Aires, Raigal, 1957.
[5] En Gabriel Del Mazo, *El pensamiento escrito de Yrigoyen*, Libro de Edición Argentina, 1945.
[6] Ver *Los mitos de la historia argentina 2*.

aliado con el roquismo pretendía recuperar el poder para colocarlo en manos confiables que aseguraran que nada cambiaría.

Los conductores del Partido Autonomista Nacional, integrantes del reducido grupo político que monopolizaba el control de la vida política argentina, advirtieron que urgía recuperar el poder político y la credibilidad debilitada desde los hechos del noventa. Para ello debían pacificar la sociedad y debilitar a la oposición. Con ese objetivo incorporaron a la gestión de gobierno a fracciones de la oposición. Comenzaron las negociaciones y acuerdos con los sectores más dialoguistas de la Unión Cívica. Roca y Pellegrini negociaron con Mitre en ocasión de la campaña electoral para los comicios de 1892, lo que no fue aceptado por Leandro Alem, quien al frente de la fracción intransigente de la Unión Cívica creó en 1891, la Unión Cívica Radical. Los sectores conservadores formaron la Unión Cívica Nacional liderada por Mitre. Los radicales proclamaban en su carta orgánica:

> "Concurrir a sostener dentro del funcionamiFento legítimo de nuestras instituciones las libertades públicas, en cualquier punto de la Nación donde peligren. Levantar como bandera el libre ejercicio del sufragio, sin intimidación y sin fraude. Proclamar la pureza de la moral administrativa. Propender a garantir a las provincias el pleno goce de su autonomía y asegurar a todos los habitantes de la República los beneficios del régimen municipal."[7]

La Unión Cívica Radical se orientó hacia la intransigencia. Sus dirigentes negaron la legitimidad del acuerdo entre mitristas y roquistas y decidieron pasar a la resistencia. El régimen, a través del fraude y la transmisión del poder entre los miembros de la elite, cerraba todos los canales legales de participación y expulsaba a la oposición del sistema. Leandro Alem declaraba: *"No derrocamos al gobierno de Juárez Celman para separar hombres y sustituirlos en el mando; lo derrocamos para devolverlo al pueblo a fin de que el pueblo lo reconstituya sobre la base de la voluntad nacional".*[8]

Entre 1891 y 1893 se produjo un fuerte debate interno en la UCR entre los abstencionistas, que planteaban no participar en las elecciones mientras subsistiera el fraude, y los concurrencistas, que proponían no

[7] En José Luis Romero, *La evolución de las ideas políticas en Argentina*, Buenos Aires, FCE, 1983.
[8] En Álvaro Yunque, *Leandro N. Alem*, Buenos Aires, CEAL, 1984.

abandonar la lucha electoral. Las elecciones de 1892 llevaron a la presidencia a Luis Sáenz Peña. Como se esperaba, fue perpetrado un monumental fraude, cuya evidencia dio la razón a los abstencionistas.

A principios de julio de 1893 se realizó una importante reunión entre el ministro del Interior, el cívico Aristóbulo Del Valle, Leandro Alem y Bernardo de Irigoyen. Los dos líderes radicales se esforzaron por convencer a Del Valle para que diera un golpe de Estado y asumiera el gobierno con el apoyo del radicalismo. El ministro se negó para *"no sentar un funesto precedente"*. Fracasada esta gestión la Unión Cívica Radical se lanzó a la lucha revolucionaria.

La primera acción armada se produjo en la mañana del 29 de julio en San Luis, donde los radicales encabezados por Teófilo Saá atacaron el cuartel de policía, tomaron prisionero al gobernador roquista Jacinto Videla y formaron una junta revolucionaria de gobierno. En Rosario el movimiento fue dirigido por Lisandro de la Torre. Lisandro y sus hombres, armados con bombas y fusiles aportados por oficiales radicales de Zárate, tomaron la Jefatura de Policía y lograron que la ciudad cayera en manos de los rebeldes. La rebelión se extendió a Santa Fe, donde el lugarteniente de De La Torre, Mariano Candioti, al frente de unos trescientos hombres, tomó los principales edificios del gobierno provincial expulsando a tiros a los roquistas y asumiendo, el 30 de julio de 1893, como gobernador de la provincia.

En Buenos Aires la revolución estalló el 30 de julio y fue dirigida por Hipólito Yrigoyen y por su hermano, el coronel Martín Yrigoyen. Los revolucionarios recibieron la adhesión de los habitantes de 88 municipios y nombraron al sobrino de Alem gobernador de la provincia. El caudillo lanzó este manifiesto:

"Enumerar el largo proceso que impone el empleo de este recurso extremo de los pueblos sería inútil, porque se halla escrito en la conciencia de todos los que saben bien amar a su país, y justificarlo, fuera suponerse de antemano que el sentimiento público no lo aplaude unánime y no espera anheloso la hora suprema de su reparación. Con el profundo convencimiento, pues, de que interpretamos fielmente sus aspiraciones y obedecemos al mandato íntimo de su patriotismo y su dignidad, entramos a la acción. Pretendemos derrocar al gobierno para devolverle al pueblo, a quien se le ha usurpado, a fin de que lo restituya de acuerdo con su voluntad soberana, lo enaltezca con la elección de sus mejores hijos y lo vigorice con su decisión y su concurso en el deseado sendero de una amplia y completa regeneración. La amplitud popular de los medios que la revolución ponga en práctica se amoldarán siempre a la nobleza de sus propósitos; y al llamar a todos los ciudadanos de Buenos Aires a formar bajo su bandera, debe declarar, que antes de conseguir el triunfo por otro sendero que el que señalan sus principios, preferirá caer vencida al amparo de la virtud, del patriotismo y del honor".[9]

Yrigoyen siguió al frente del movimiento, coordinando las distintas acciones militares de su ejército de tres mil hombres acantonado en Temperley, pero no quiso asumir la gobernación provincial y designó en el cargo a su correligionario Juan Carlos Belgrano. El joven Marcelo T. de Alvear fue designado ministro de Obras Públicas del gobierno revolucionario.

Los hechos estaban tomando una magnitud nunca imaginada por los dueños del poder. El 10 de agosto la Cámara de Diputados de la Nación aprobó un proyecto que recomendaba la intervención a la provincia. El ministro Del Valle se reunió en La Plata con Yrigoyen. Le advirtió que ya no podía demorar más la represión y le rogaba que evitara *"un baño de sangre"*. Yrigoyen decidió la disolución del gobierno revolucionario. Pero el conflicto estaba lejos de terminar. El 14 de agosto estalló en Corrientes otro movimiento revolucionario del Partido Liberal con apoyo radical. Los rebeldes tomaron Bella Vista, Saladas y Mburucuyá y el 22 se apoderaron de la capital provincial. Como ocurriera con Buenos Aires, se decide la intervención federal.

Los movimientos revolucionarios de 1893 coincidieron con una aguda crisis económica. A diferencia de la crisis del noventa, que había afectado básicamente a las actividades urbanas como la bolsa, los bancos y el comercio, con el fenómeno revolucionario reducido exclusivamente a las ciudades, en la segunda mitad del 93 la crisis llegó a las zonas rurales, en coincidencia con uno de los picos más bajos del precio internacional del trigo.

En septiembre los radicales de Tucumán se sublevan contra el gobierno de Próspero García. Los combates duran varios días hasta que los revolucionarios logran tomar la provincia. El gobierno nacional envía una división de mil doscientos hombres al mando del general Francisco Bosch y de Carlos Pellegrini y logra recuperar la provincia.

[9] En Manuel Claps, *Yrigoyen*, Biblioteca de Marcha, Colección los Nuestros, Montevideo, 1971.

El movimiento comenzó a extenderse por todo el país, pero la falta de coordinación entre los distintos focos rebeldes y la eficaz acción represiva llevada adelante por el general Julio A. Roca y el ministro de Guerra y Marina, Benjamín Victorica, llevaron a la derrota de la sublevación, a la detención de Alem y al exilio de Yrigoyen en Montevideo.

La frustrada revolución del 93 traerá múltiples consecuencias dentro y fuera del radicalismo. Dentro del partido, durante los episodios revolucionarios se pusieron en evidencia las notables diferencias del fundador y conductor indiscutido, Leandro Alem, con su sobrino, Hipólito Yrigoyen. Las disidencias tenían que ver fundamentalmente con la profunda desconfianza que sentía don Leandro por las convicciones revolucionarias de Yrigoyen. Lo sentía proclive a los pactos espurios y a rodearse de los peores hombres con tal de lograr sus objetivos. Por su parte, su natural heredero acusaba a Alem de ejercer una conducción demasiado principista, intransigente y personalista, que no dejaba lugar a ningún tipo de negociación, ni siquiera con las figuras más "progresistas" del régimen conservador, como Roque Sáenz Peña o José Figueroa Alcorta.

Los disensos se fueron profundizando en los años subsiguientes y los respectivos orgullos no dejaron espacio para el diálogo superador. Los que conocían bien a Leandro N. Alem sabían que estaba pasando un momento muy difícil. Con gravísimos problemas económicos, porque había aportado todo su capital para financiar la acción partidaria y las fallidas revoluciones, se lo veía muy deprimido y decepcionado por las actitudes de sus correligionarios y convencido de que su famoso lema partidario *"que se rompa pero que no se doble"* estaba entrando en desuso. Asqueado de la corrupción y el fraude del modelo conservador y sintiéndose impotente para enfrentarlo, decidió suicidarse el 1º de julio de 1896.

Poco antes de tomar su última decisión, dejó lo que se conoce como su testamento político. Allí decía entre otras cosas:

"Para vivir estéril, inútil y deprimido, es preferible morir. Sí, que se rompa pero que no se doble. He luchado de una manera indecible en estos últimos tiempos. ¡Cuánto bien ha podido hacer este partido, si no hubiesen promediado ciertas causas y ciertos factores! No importa, ¡todavía el radicalismo puede hacer mucho, pertenece principalmente a las nuevas generaciones. Ellas le dieron origen y ellas sabrán consumar la obra, deben consumarla!"[10]

---

[10] En Álvaro Yunque, *Leandro N. Alem*, Buenos Aires, CEAL, 1984.

El nuevo líder radical, Hipólito Yrigoyen, mantuvo la línea de la intransigencia revolucionaria y volvería a las armas en 1905, sublevándose contra el gobierno conservador de Quintana. Yrigoyen justificaba su acción en una proclama revolucionaria: *"Ante la ineficacia comprobada de la labor cívica electoral y el incumplimiento de las leyes y respetos públicos, es sagrado deber del patriotismo ejercitar el supremo recurso de la protesta armada a que han acudido casi todos los pueblos del mundo en el continuo batallar por la reparación de sus males y el respeto de sus derechos"*.[11]

Una nueva revolución radical estalló el 4 de febrero de ese año, con el apoyo de importantes sectores del ejército, en medio de un clima de creciente agitación social protagonizada por los gremios anarquistas y socialistas. El bando de los revolucionarios es contundente:

"El criterio extranjero está habituado a pasar por alto el concepto de nacionalidad soberana y organizada a que tenemos derecho, para sólo preocuparse de la riqueza del suelo argentino y de la seguridad de los capitales invertidos en préstamos a los gobiernos o empresas industriales o de comercio. A esa condición hemos llegado como consecuencia de una moralidad política que no ha sabido rodear de respeto el nombre del país, caracterizando su reputación ante el mundo por la rectitud de sus procederes y la seriedad en el cumplimiento de las obligaciones contraídas. Los causantes y beneficiarios de este desastre del honor y el crédito nacional, carecen de autoridad y de título para condenar, invocando el prestigio argentino en el exterior, un movimiento de protesta armada respetable y digno, porque es y será siempre representativo de intereses sociales y de altos anhelos".[12]

La rebelión se extendió por Capital Federal, Mendoza, Rosario, Bahía Blanca y Córdoba. En esta última ciudad se produjeron los episodios más resonantes y durísimos enfrentamientos. Allí el comandante Daniel Fernández, militante radical, sublevó al Regimiento 8 de Línea y, con el apoyo de militantes radicales a los que el propio comandante les distribuyó armas del arsenal copado, derrocó al gobierno provincial y tomó prisionero al vicepresidente Figueroa Alcorta, quien se encontraba de visita en la provincia.

[11] *Idem.*
[12] Bando revolucionario de 1893, en Félix Luna, *op. cit.*

La revolución terminó militarmente derrotada, pero la clase gobernante debió tomar nota de la alarma que se había activado y así comenzaron a afirmarse en su seno los hombres partidarios de una modificación del sistema electoral que permitiera descomprimir el panorama social sin modificar en absoluto el modelo económico agroexportador. Para los hombres más lúcidos de la oligarquía, el mantenimiento de la exclusión política de la mayoría era evidentemente más peligroso que la incorporación política de un partido moderado como la UCR, que no cuestionaba las bases del modelo sino los mecanismos de incorporación a él.[13]

La reparación

Las elecciones nacionales del 2 de abril de 1916 fueron las primeras en las que se aplicó la Ley Sáenz Peña a nivel nacional. Sobre una población de siete millones y medio de habitantes, concurrieron a las urnas 745 mil votantes, y cuatrocientos mil se abstuvieron. La fórmula Yrigoyen - Pelagio Luna[14] obtuvo 339.332 votos, contra 153.406 de los conservadores Rojas-Serú; 123.637 los demócratas progresistas De la Torre-Carbó y 52.895 los socialistas Justo-Repetto.

Yrigoyen obtuvo el 45 por ciento de los votos, lo que lo dejaba en una situación de debilidad política, sin mayoría en el parlamento y con muchas provincias en manos de la oposición conservadora que controlaba también la Corte Suprema de Justicia y los grandes diarios.

Aquel 12 de octubre de 1916, Buenos Aires era una fiesta. El pueblo festejando la asunción del primer gobierno elegido legítimamente, sin trampas, daba un espectáculo novedoso. Cuenta Manuel Gálvez:

"¡Nunca se ha visto un entusiasmo igual en Buenos Aires! La multitud parece enloquecida; y cuando el presidente llega a la acera y sube a la carroza de gala, arrolla al cordón de agentes de policía que la ha contenido y rodea al carruaje. Yrigoyen, en pie dentro del coche, con el vicepresidente y los dos más altos jefes del Ejército y la Marina, saluda con la cabeza y con el brazo. Pero hay que partir,

---

[13] Ver capítulo 1.
[14] Pelagio Belindo Luna (1867-1919): participó en la revolución de 1890 y se incorporó al Comité Nacional de la UCR como representante de su Rioja natal. Fue candidato a diputado en 1912 y a gobernador en 1913.

y la policía se dispone a abrir calle. Yrigoyen hace un gesto con la mano y da orden de que dejen libre a la multitud. El coche está rodeado por el gentío clamoroso. De pronto, un grupo de entusiastas desengancha los caballos y comienza a arrastrarlo. En las cejas de Yrigoyen se marca una contracción de desagrado. Quiere bajar de la carroza, pero la multitud no lo consiente. El pueblo aprueba el acto fanático y todos los que están cerca quieren tener la gloria de tirar del coche".[15]

El radicalismo no prometía medidas revolucionarias. Por eso su política puede ser definida como un reformismo que propuso, básicamente, terminar con la inmoralidad administrativa, la insensibilidad social y distribuir de modo más equitativo la riqueza proveniente del exitoso modelo agroexportador. Yrigoyen eligió una palabra muy significativa para definir las intenciones de su gobierno: "reparación". La reparación implicaba poner fin a las arbitrariedades electorales del régimen conservador y a las prácticas administrativas corruptas. Reparar el sistema, no cambiarlo.

De los ocho ministros del gabinete de Yrigoyen, cinco eran ganaderos terratenientes: el de Hacienda, Domingo E. Salaberry, el de Agricultura y posteriormente de Relaciones Exteriores, Honorio Pueyrredón, el de Marina, Federico Álvarez de Toledo, el de Obras Públicas, Pablo Torello, y Carlos Becú, el primer ministro de Relaciones Exteriores. Los tres restantes, Ramón Gómez, del Interior, Elpidio González, de Guerra, y José P. Salinas, de Educación, ejercían profesiones liberales.

A pesar de la manifiesta intención del nuevo gobierno de mantener las grandes líneas de la política y la economía sin demasiadas alteraciones, los sectores conservadores estaban francamente horrorizados por la llegada de Yrigoyen y "su gente" al gobierno.

"A partir de la Organización Nacional, la era del caudillo, en su noble acepción de conductor, se prolongó en la era de los notables: Mitre, Alsina, Sarmiento, Avellaneda, Roca, Pellegrini. En 1916, todo cambió. Por primera vez la aritmética electoral, maniobrada por un nuevo sentido colectivo se impuso, secamente, sobre los valores consagrados por un largo examen de capacidad ante la opinión. El

[15] Gálvez, Manuel, *Vida de Hipólito Yrigoyen. El hombre del misterio*, Buenos Aires, El Elefante Blanco, 1999.

imperio de la mitad más uno gravitó en la balanza de nuestros destinos. Extrajo de la oscuridad o del misterio en que vivían a los nuevos rectores de la Nación".[16]

Los oligarcas, desplazados del gobierno pero no del poder, se burlaban de los nuevos gobernantes y del nuevo ambiente de la Casa Rosada:

"El espectáculo que presenta la Casa de Gobierno [...] que observé al pasar por salas y pasillos, era pintoresco y bullicioso. Como en un hormiguero, la gente —en su mayoría, mal trajeada— entraba y salía hablando y gesticulando con fuerza; diríase que esa algarabía era más propia de comité en vísperas electorales que de la sede del gobierno. Un ordenanza me condujo a una sala de espera [...]. Vi allí un conjunto de personas de las más distintas cataduras: una mujer de humilde condición con un chiquillo en los brazos; un mulato en camiseta, calzado con alpargatas, que fumaba y escupía sin cesar; un señor de edad que parecía funcionario jubilado; dos jóvenes radicales que conversaban con vehemencia de política con un criollo medio viejo de tez curtida, al parecer campesino, por su indumentaria y acento [...]".[17]

En cambio para Manuel Gálvez el nuevo aspecto de la Rosada era claramente positivo:

"La Casa de Gobierno ha cambiado de aspecto. Ya no es el lugar frío, casi abandonado, que ha sido hasta ayer. No se veía antes, en los corredores, ni un alma, fuera de los empleados. Era un templo sin fieles. Ahora es como una mezquita marroquí, hormigueante de devotos, oliente a multitudes, llena de rumores, de pasiones y de esperanzas. El gobierno de Hipólito Yrigoyen, lo mismo que el Partido Radical, es muy viviente. Tiene color y acento populares".[18]

El conservador Mariano Bosch iba un poquito más lejos en su descripción asqueada del nuevo Congreso, aquel ámbito que supo ser exclusivo, exclusivamente de ellos:

---

[16] Sánchez Sorondo, Matías, "La revolución de 1930", en revista *Historia*, Buenos Aires, 1958.
[17] Ibarguren, Carlos, *La historia que he vivido*, Buenos Aires, Eudeba, 1969.
[18] Gálvez, Manuel, *op. cit.*

"Ya por entonces el Congreso estaba lleno de chusma y guaran-
gos inauditos. Se había cambiado el lenguaje parlamentario usual
por el habla soez de los suburbios y de los comités radicales. Las
palabras que soltaban de sus bocas esos animales no habrían podido ser dichas nunca ni en una asamblea salvaje del África. En el
Congreso ya no se pronunciaban solamente discursos, sino que se
rebuznaba".[19]

En los salones se burlaban de los ministros de Yrigoyen que no venían de las familias que solían frecuentar aquellos ámbitos. El de educación, José Salinas, era acusado de "bruto" y contaban anécdotas para
acreditar sus acusaciones. Una de ellas relataba que cierta vez el presidente Yrigoyen le preguntó al ministro qué quería decir la inscripción
del frontispicio de la catedral que reza en latín *"Salvum fac populum
tuum"* ("Haz la salvación de tu pueblo"), y Salinas le habría contestado
"Salvo los de frac, el pueblo es tuyo".

El sabotaje de los conservadores

El radicalismo en el gobierno emprendió una política democratiza-
dora que se manifestó en diferentes proyectos de ley, que en su mayoría fueron bloqueados o rechazados en el Congreso Nacional por la
oposición conservadora. Entre ellos se destaca el proyecto de reparto
de tierra para beneficiar la colonización agrícola-ganadera, otorgando
facilidades crediticias a los agricultores arrendatarios con el fin de permitir la compra de tierras. En ocasión de la presentación del proyecto
señaló Yrigoyen:

"En la enormidad de los inmensos daños que causara el régimen en
su dominio detentador por tan largo tiempo, y en la dilapidación del
patrimonio y de la riqueza nacional, la tierra pública fue la más
vorazmente arrebatada, apropiándosela en casos para sí, o enaje-
nándola en otros en grandes latifundios, a vil precio, a trueque de
fabulosas coimas. En esa perseveración nada lo detuvo, por lo cual
arrasó con los pobladores de todas las zonas de la República que
residen en ellas en la sucesión de familias, desde las horas nacien-

[19] Bosch, Mariano G., *Historia del Partido Radical*, Raigal, Buenos Aires, 1931.

tes de la nacionalidad y con los modestos trabajadores que se arriesgaron a poblarlas".[20]

También se intentó que los contratos de arrendamiento tuvieran una extensión mínima de tres años y que los propietarios reembolsaran a sus poseedores interinos los gastos por cualquier mejora que se realizara en el terreno correspondiente. Aunque el gobierno no intentó realizar una reforma agraria que terminara con los grandes latifundios, las medidas para favorecer a los arrendatarios rurales fueron objeto de un profundo rechazo por parte de la oposición, que consideró que esas reformas atentaban contra la propiedad privada.

El parlamento ni siquiera consideró proyectos tan importantes como la creación de un banco agrícola, destinado a fomentar a través de préstamos la expansión de la zona sembrada, la formación de una flota mercante nacional y la creación del Banco de la República, que cumpliría las funciones del actual Banco Central (emisión monetaria y regulación del crédito y de la tasa de interés). El parlamento también se opuso a la creación del impuesto a los réditos y a la sanción de una ley de enseñanza. De los ochenta proyectos de ley enviados por el gobierno, sólo fueron aprobados veintiséis.

En su primer mensaje al parlamento Yrigoyen ya se quejaba de la política obstruccionista de los conservadores: *"No obstante los vitales intereses que estos proyectos consultaban, a pesar de los notorios apremios del crédito externo de la República, el Honorable Congreso no los sancionó ni ofreció otros en sustitución, malogrando así las iniciativas del Poder Ejecutivo".[21]*

Fue la última vez que pisó el Congreso durante su primera presidencia. A partir de aquel día enviaba cada año un mensaje por escrito y se les prohibió a sus ministros que se presentaran a las interpelaciones parlamentarias.

Yrigoyen trató de balancear el poder de los conservadores haciendo uso y abuso de las intervenciones federales a las provincias. Durante su gestión se produjeron veinte intervenciones federales, de las cuales quince fueron dispuestas por decreto, y sólo cinco fueron aprobadas por el parlamento, lo que fue duramente criticado por la oposición. Yrigoyen

---

[20] Mensaje al Congreso Nacional, en *La Nación*, 4 de agosto de 1921.
[21] Discurso de Hipólito Yrigoyen ante el parlamento, 8 de julio de 1917, en Roberto Etechepareborda, *Yrigoyen/1*, Buenos Aires, CEAL, 1984.

se defendía recordando que en sus reuniones con Sáenz Peña había solicitado, como condición para dejar las armas y sumarse a la lucha electoral, la intervención a todas las provincias:

"En cuanto a las autonomías provinciales, ellas son atributos de los pueblos y no de los gobiernos. [...] Fue en virtud de estas fundamentales consideraciones que la Unión Cívica Radical, al ser requerida por los gobiernos anteriores para que depusiera la protesta armada y buscara la reparación por medio de los comicios, exigió la reforma de las leyes electorales, la implantación del padrón militar y la intervención federal en todos los estados como condición indispensable para tentar la posibilidad de alcanzar por ese camino. Así planteó la cuestión, como consta en los documentos públicos, el ciudadano que hoy ocupa la primera magistratura, y coincidiendo en tan justas exigencias quedó acordado con el presidente doctor Roque Sáenz Peña, en una conferencia histórica en los anales de nuestra organización nacional".[22]

Yrigoyen y el movimiento obrero

Con el radicalismo llegan al gobierno los nuevos sectores sociales, las clases medias, los hijos de los inmigrantes y también algunos miembros de la elite, quienes querían garantizar que el partido de Alem no se apartara de lo que para ellos era el curso normal y aceptable: conservar la privilegiada relación con Gran Bretaña, el modelo agroexportador y sus implicancias sociales.

La relación de Yrigoyen con el movimiento obrero será uno de los aspectos más controvertidos de su gobierno.[23] Fue el primer presidente de la Nación que recibió delegaciones obreras. Impulsó una avanzada legislación laboral, como el reglamento del trabajo ferroviario y del trabajo a domicilio; la ley de jubilaciones de empleados ferroviarios y de obreros y empleados de empresas particulares de servicios públicos; las leyes de Salario Mínimo y de Contrato Colectivo de Trabajo; el Código de Trabajo de 1921, que legalizaba el derecho de huelga; el Código de Previsión Social de 1922, y la conciliación y arbitraje obligatorios. Todas

---

[22] Decreto sobre intervención en La Rioja, 2 febrero de 1920, en Gabriel Del Mazo, *El pensamiento escrito de Yrigoyen, op.cit.*
[23] Ver capítulo 3, "La dignidad rebelde".

estas iniciativas fueron bloqueadas por los conservadores en el parlamento, lo que llevó al presidente a comentar:

"Las bases de la constitución social no se alcanzarán mientras los gobiernos no se compenetren de su esencial deber de propulsar los medios para que la justicia discierna sus beneficios a todos los rangos sociales. [...] El gobierno ampara todas las clases y cuida todos los intereses, buscando en el bienestar común la seguridad de cada uno y corrige la desigualdad en la órbita de sus facultades. [...] Pero la obra será poco eficiente si los intereses egoístas persisten en prevalecer sobre las justas demandas que garantizan la tranquilidad del país y la de todos".[24]

El radicalismo negaba la lucha de clases y abogaba por la conciliación entre patrones y obreros, como decía Francisco Beiró:

"Tampoco admitimos nosotros diferencias de clases; no aceptamos que las haya en la República Argentina. [...] No desconocemos que hay conflictos entre el capital y el trabajo, pero no aceptamos que haya una clase proletaria y una clase capitalista. ¡Si el 95 por ciento de los argentinos descendemos de lo que en Europa se llama clase proletaria! No conviene, tampoco, introducir en la nueva América, aquí donde se alzan ideales de solidaridad humana, estos sentimientos de odio por diferencias de raza, religión o clase".[25]

Su política laboral osciló entre la conciliación y la represión, dependiendo los casos, y terminó avalando sangrientas represiones como las de la Semana Trágica, la Patagonia y La Forestal, entre otras. (Véase capítulo "La dignidad rebelde")

Rupturas y continuidades

El gobierno de Yrigoyen no se proponía cambiar la estructura económica nacional y más bien se advierte, durante su gestión, el fortaleci-

---

[24] En *La Nación*, 21 de agosto de 1917.
[25] En David Rock, *El radicalismo*, Buenos Aires, Amorrortu, 1997.

miento de la estructura agroexportadora a través de una alianza entre los sectores terratenientes y la pequeña burguesía urbana.

El radicalismo continuó la política de clientelismo político iniciada por el roquismo y usó al empleo público como una forma permanente de captar los votos y la simpatía de la clase media. El diario socialista *La Vanguardia* se quejaba: *"La inscripción en los registros del partido viene a ser una especie de pasaporte o salvoconducto para llegar a cualquier puesto, sistema que, generalizado con el fin de dar ubicación en las oficinas públicas a las hordas famélicas de la 'causa', ha convertido a todas las reparticiones nacionales y municipales en otros tantos asilos de incapaces".*[26]

Como señala David Rock:

> "Las elecciones de 1916 sugirieron de que el electorado de la clase obrera era impermeable al estilo de la beneficencia de comité adoptado por los radicales, y de que dicho estilo se amoldaba mejor a los grupos de clase media, entre los cuales había un grado más alto de atomización social, un grado relativamente bajo de identificación de clase y el predominio de aspiraciones individuales a la movilidad social".[27]

Respondiendo al principio de intervención estatal, en 1919, Yrigoyen presentó un proyecto de ley que establecía las normas a las que debía ajustarse el régimen legal del petróleo e imponía el principio del dominio estatal de los yacimientos de hidrocarburos. Aunque la iniciativa no fue tratada, el Poder Ejecutivo creó la Dirección General de Yacimientos Petrolíferos Fiscales en junio de 1922.

La frustrada política de nacionalizaciones también incluyó a los ferrocarriles. En este caso, una serie de decretos estuvieron dirigidos a lograr el control de las tarifas, establecer la caducidad de las concesiones con plazos vencidos y establecer los aranceles del transporte. Se proyectó la extensión de las vías hacia el norte de Huaytiquina para unir las líneas con el ferrocarril chileno y de ese modo dar salida al Pacífico a la producción del norte y noroeste del país.

---

[26] *La Vanguardia*, 18 de enero de 1922.
[27] Rock, David, *op. cit.*

La Docta reformada

Hasta la llegada del radicalismo al gobierno sólo los hijos del poder accedían a las universidades, que eran un instrumento esencial de control ideológico y garantizaban la continuidad del sistema, educando, en los mismos valores de sus padres, a los futuros dirigentes de un país al que consideraban una propiedad privada. En 1918 en la Argentina existían solamente tres universidades nacionales. La de Córdoba, fundada en 1613, la de Buenos Aires, fundada en 1821 y la de La Plata de 1890. La matrícula de las tres juntas llegaba por aquel entonces a catorce mil alumnos. El 78 por ciento concurría a la de Buenos Aires, un 8 a la de Córdoba y un 14 a la de La Plata.

La ley electoral y la llegada al poder del radicalismo alentó las esperanzas de la clase media de acceder a una aspiración natural, fomentada y frustrada a la vez, por la lógica histérica del sistema capitalista: el ascenso social de sus hijos por medio del ejercicio de profesiones liberales. El sistema universitario vigente era obsoleto y reaccionario. Los planes de estudio estaban décadas atrasados.

En la Universidad de Córdoba la influencia clerical era notable y los egresados, independientemente de su credo, debían jurar al recibirse, obligatoriamente, sobre los santos evangelios. Valga como ejemplo del atraso el programa de filosofía de la cátedra del doctor Ignacio Garzón, en cuya "bolilla" 16 se hablaba de los *deberes para con los siervos*".

Todo empezó a fines de 1917 cuando arbitrariamente las autoridades de la Universidad de Córdoba decidieron modificar el régimen de asistencia a clase y cerraron el internado del Hospital de Clínicas. Esto llevó a la movilización de los estudiantes que crearon un "Comité pro Reforma" integrado por ocho delegados de las facultades de Medicina, Derecho e Ingeniería. Presidido por el estudiante de derecho Horacio Valdés y el de medicina Gumersindo Sayazo, el comité declaró la huelga general estudiantil el 31 de marzo de 1918 en un acto en el Teatro Rivera Indarte. Frente al reclamo de los estudiantes, el 2 de abril, el "democrático" Consejo Superior decidió clausurar la universidad. El comité estudiantil redactó un memorial con sus reclamos y se lo envió al ministro de Justicia e Instrucción Pública de la Nación, José S. Salinas:

"No sólo es el régimen orgánico de los estudios superiores que precisa modificarse: es urgente la renovación del profesorado, en forma que asegure la competencia de los docentes designados; es indispensable la reforma de los planes de estudio para modernizar y mejorar la enseñanza, y queremos, por fin, los estudiantes, otra organización disciplinaria, menos meticulosa, más sincera y más útil. Todo ello a nuestro juicio, si no es secundario, tiene como base la reforma de la constitución universitaria, que, entregando hasta la fecha, a unos pocos el gobierno de la casa, mediante las academias vitalicias, ha substraído la universidad a las innovaciones que su propio progreso necesita".[28]

La Reforma se iba tornando sanamente contagiosa y en Buenos Aires se constituía la Federación Universitaria Argentina (FUA), presidida por Osvaldo Loudet, con Julio V. González (La Plata) como secretario y los vocales Guillermo Watson (Buenos Aires), Humberto Gambino (Litoral), Alejandro Terrera (Tucumán) y Gumersindo Sayago (Córdoba). En Córdoba los estudiantes disuelven el Comité pro Reforma y fundan la Federación Universitaria de Córdoba (FUC). Por su parte, los sectores reaccionarios, horrorizados por la "insolencia" de la movilización estudiantil, se nuclearon bajo el curioso nombre de "Comité pro Defensa de la Universidad" y los Centros Católicos de Estudiantes, con Pedro Tilli como presidente y Atilio Dell'Oro Maini como secretario.

Una delegación de estudiantes viajó a Buenos Aires y se entrevistó con el presidente Yrigoyen, quien les dijo *"que su gobierno pertenecía al espíritu del tiempo nuevo, que se identificaba con las justas aspiraciones de los estudiantes y que la universidad argentina debía nivelarse con el estado de conciencia alcanzado por la República"*[29], y nombró interventor al procurador general de la Nación, José Nicolás Matienzo. A poco de llegar a Córdoba, el interventor comprobó la veracidad de las denuncias de los estudiantes y presentó un proyecto de reformas al estatuto reconociendo que *"la actual inamovilidad de los cuerpos directivos de las facultades, compuestos de miembros vitalicios que proveen de su propio seno los cargos de rector, de decanos y de delegados al Consejo Superior, ha producido una verdadera anquilosis al organismo universitario"*.[30]

---

[28] En Adriana R. Chiroleu, "La reforma universitaria", en *Nueva historia argentina*, tomo VI, capítulo IX, Buenos Aires, Sudamericana, 2000.

[29] En Emilio Corbière, "Las contrarreformas universitarias", Buenos Aires, en *Todo Es Historia* N° 371.

[30] Sanguinetti, Horacio, "La Reforma Universitaria", Buenos Aires, en *Todo Es Historia*, N° 371.

El informe Matienzo da sus primeros frutos y a través de un decreto del presidente Yrigoyen del 6 de mayo se decide la elección, por parte de los docentes, del consejo y del rector. Ante estas medidas los profesores más ultramontanos –que consideraban estos avances una afrenta a su autoridad– renunciaron a sus puestos, lo que le facilitó la tarea a Matienzo, que al declarar vacantes los cargos de rector, decanos y académicos con antigüedad superior a dos años, logró que sólo sobrevivieran a la purga siete profesores de la vieja guardia. El 28 de mayo fue un día histórico para la universidad argentina: por primera vez se votaron democráticamente los cargos docentes de una casa de altos estudios. Resultó electa una mayoría de profesores cercanos al ideario de la FUC.

Pero faltaba dar el paso más importante: la elección del rector. Los estudiantes nucleados en la FUC tenían su candidato, el doctor Enrique Martínez Paz, y lanzaron su candidatura en un acto en el Teatro Rivera Indarte. La "contrarreforma" impulsaba a Antonio Nores y los "moderados" a Alejandro Centeno. En las dos primeras votaciones ningún candidato alcanzó la mayoría, y para la tercera los partidarios de Nores consiguieron los votos de Centeno y derrotaron por veinticuatro a trece a Martínez Paz.

El edificio donde se realizaba la elección estaba rodeado por cientos de estudiantes que al enterarse del resultado adverso, y entendiendo de que se trataba de una maniobra de los conservadores, invadieron la sala donde sesionaba la asamblea, destrozando todo lo que pudieron y tirando por las ventanas los cuadros de los profesores, muchos de ellos sacerdotes. Lo único que quedó en pie y se respetó fue la biblioteca. Se proclamó nuevamente la huelga general, la revolución universitaria y la universidad libre. Los estudiantes marcharon por la ciudad recibiendo el apoyo de la población en general y del movimiento obrero en particular.

Cuando el rector electo Nores intentó asumir sus funciones volvieron a producirse incidentes. Finalmente se reunió en su despacho con miembros de la FUC, quienes le solicitaron la renuncia, a lo que, según algunas versiones, el "democrático" rector contestó que prefería un tendal de cadáveres antes que renunciar. Mientras tanto, ordenaba a la policía la detención de los delegados.

El accionar de los estudiantes cordobeses obtuvo la adhesión de sus pares porteños, de distintas organizaciones obreras y de políticos e intelectuales destacados como Homero Manzi, Alfredo Palacios, Francisco Borroetaveña, Juan Zubiaur, José Ingenieros, Juan B. Justo, Alfredo Palacios, Juan Luis Ferrarotti, Mario Bravo, Telémaco Susini, Enrique Dickmann, Nicolás Repetto, Augusto Bunge, Antonio de Tomaso, Juan P. Tamborín y Leopoldo Lugones.

El 21 de junio los estudiantes cordobeses dan a conocer el denominado Manifiesto Liminar, redactado por Deodoro Roca y dirigido a "los hombres libres de América del Sur", aludiendo al pasado emancipador de Bolívar y San Martín y al presente de su tiempo, el de las luchas revolucionarias de Zapata, en México, y Lenin, en Rusia. El manifiesto decía en uno de sus párrafos:

"Hombres de una República libre, acabamos de romper la última cadena que, en pleno siglo XX, nos ataba a la antigua dominación monárquica y monástica. Hemos resuelto llamar a todas las cosas por el nombre que tienen. Desde hoy contamos para el país una vergüenza menos y una libertad más [...] Creemos no equivocarnos, las resonancias del corazón nos lo advierten: estamos pisando sobre una revolución, estamos viviendo una hora americana. La juventud ya no pide. Exige que se le reconozca el derecho a exteriorizar ese pensamiento propio en los cuerpos universitarios por medio de sus representantes. Está cansada de soportar a los tiranos. Si ha sido capaz de realizar una revolución en las conciencias, no puede desconocérsele la capacidad de intervenir en el gobierno de su propia casa".[31]

El 23 de junio la FUC convocó a un gran acto que reunió a más de quince mil personas (nueve mil según la aritmética policial, conservadora cuando se trata de este tipo de actos), donde se leyó un documento que anunciaba que *el nuevo ciclo de civilización que se inicia, cuya sede radicará en América porque así lo determinan factores históricos innegables, exige un cambio total de los valores humanos y una distinta orientación de las fuerzas espirituales, en concordancia con una amplia democracia sin dogmas ni prejuicios*.[32] El 30 de junio otra manifestación encabezada por Mario Bravo fue atacada por la policía, lo que motivó protestas de la Federación Obrera y de otras entidades y partidos políticos, inclusive la fracción "azul" del radicalismo.

La permanente movilización estudiantil dio sus frutos y el 7 de agosto el medieval rector Nores presentó su renuncia. Yrigoyen decidió

---

[31] En Emilio Corbière, *op. cit.*
[32] En Horacio Sanguinetti, *op. cit.*

enviar un nuevo interventor, Telémaco Susini, futuro pionero de la radiofonía argentina. Pero la tardanza en la llegada de Susini impacientó a los estudiantes. Finalmente Susini fue reemplazado por el ministro de Educación, José Salinas, quien también demoró su llegada. El 26 de agosto la FUC efectuó otro acto que reunió unas veinte mil personas y tuvo un fuerte contenido anticlerical. La asamblea ratificó su confianza en Yrigoyen y reclamó el inmediato envío de la intervención. Los ánimos seguían caldeados y se decidió la toma de la universidad hasta tanto llegara la intervención.

El 9 de septiembre los estudiantes tomaron la Universidad, asumieron interinamente su conducción y lanzaron un comunicado que decía: *"La Universidad Nacional de Córdoba, por causas que son del dominio público, encuéntrase clausurada por tiempo indeterminado, circunstancia esta que irroga graves perjuicios a los estudiantes y facilita, en sus claustros desiertos, la reunión de los conjurados en contra de los legítimos intereses estudiantiles".*[33]

Se daba por terminada la huelga. Todo era entusiasmo en aquella experiencia autogestionaria y siguiendo el espíritu de integración de la universidad con la sociedad, se invitaba al pueblo cordobés a la reapertura del ciclo lectivo. Pero los sectores reaccionarios seguían siendo muy poderosos en aquella Córdoba del 18, y la multitudinaria y emotiva ceremonia fue interrumpida por un contingente de unos cien policías y soldados. Los estudiantes se atrincheraron decididos a no abandonar su universidad. Pero los "defensores del orden" irrumpieron a golpes y bayonetazos y detuvieron a los ocupantes, que fueron procesados acusados de sedición.

Los hechos de Córdoba despertaron al interventor Salinas, que finalmente viajó a asumir su cargo y "aceptó las renuncias" de varios profesores, entre ellos Nores, que había pasado de rector a profesor. Salinas llevó adelante una prolija tarea de reorganización y reabrió el internado en el Hospital de Clínicas. Las vacantes producidas por los renunciantes fueron cubiertas por algunos reformistas como Deodoro Roca y Arturo Capdevila. Con el aval de la FUC fue electo rector el doctor Eliseo Soaje.

El 13 de octubre Salinas volvía a Buenos Aires con la sensación de una misión cumplida. Los contrarreformistas se quedaron con la sangre en el ojo y atacaron salvajemente en su lugar de trabajo al dirigente refor-

---

[33] En Horacio Sanguinetti, *op. cit.*

mista, y ahora profesor, José Benjamín Barros, dejándole gravemente herido. El 3 de noviembre una impresionante movilización popular repudió el hecho enfrentándose duramente con la policía.

El movimiento universitario reformista renovó los programas de estudio, posibilitó la apertura de la universidad a un mayor número de estudiantes, promovió la participación de estos en la dirección de las universidades e impulsó un acercamiento de las casas de estudios a los problemas del país. Implantó el cogobierno de la universidad por graduados, docentes y alumnos; la libertad de cátedra y la autonomía.

Los efectos de la reforma se extendieron a toda Latinoamérica e influyeron en destacados dirigentes de la región, como fue el caso del peruano Raúl Haya de La Torre, creador de la Alianza Popular Revolucionaria Americana (APRA). Cuando en 1968 los estudiantes de París lanzaron su movimiento, en varios de sus manifiestos recordaban las heroicas jornadas de aquella Córdoba de cincuenta años atrás.

El gobierno de Yrigoyen apoyó decididamente la Reforma y colaboró para que se extienda por el país. La nueva Universidad del Litoral, creada en 1919, y la de Tucumán, fundada en 1921, nacerán con el espíritu reformista. Los estatutos de la Universidad del Litoral fueron consensuados entre graduados, docentes y estudiantes, por eso fue llamada, con justicia, la Universidad de la Reforma.

Lamentablemente este espíritu no pudo mantenerse durante mucho tiempo porque el acceso al gobierno de los sectores conservadores del radicalismo con Alvear en 1922 significó un retroceso y la vuelta a las cátedras de profesores reaccionarios contrarios a la Reforma.

Europa en guerra

Una de las causas centrales de la Primera Guerra Mundial fue la rivalidad comercial entre las principales potencias europeas, en particular Inglaterra y Alemania, que venían disputándose mercados y territorios en todo el mundo. El conflicto estalló cuando el 14 de junio de 1914 fue asesinado el heredero al trono austro-húngaro, Francisco Fernando, en la ciudad de Sarajevo, capital de Bosnia, por un estudiante serbio.

El emperador austro húngaro, apoyado por Alemania, culpó a Serbia por el atentado. Serbia era aliada de Rusia, que a su vez era aliada de Francia. Pocos días después Alemania declaraba la guerra a Francia e invadía Bélgica, lo que provocó la reacción inglesa y su entrada en el conflicto. Comenzaba así la Primera Guerra Mundial, en la que se enfrentaron dos bloques: por un lado los países de la Triple Entente, llamados comúnmente "aliados", que incluía a Rusia, Francia, Gran Bretaña, Italia, que ingresó en 1915, y Estados Unidos, que ingresó en 1917; y por el otro los países de la Triple Alianza, conocidos como "Imperios Centrales", conformada por Alemania, Austria-Hungría y Turquía.

En muchos países los sindicatos y los partidos obreros se opusieron al conflicto porque consideraban que era una guerra puramente comercial y que los trabajadores no tenían nada que ganar en ella y todo para perder. Frente a estas protestas, los gobiernos lanzaron fuertes campañas de propaganda patriótica con la intención de que la gente percibiera a la guerra como una causa nacional. Esto despertó ciertos fervores nacionalistas que se fueron apagando a lo largo de los cuatro años del conflicto más sangriento de la historia hasta ese momento.

La guerra se fue desarrollando en distintos frentes, pero dos fueron los más importantes y donde se produjeron la mayoría de los combates: el frente Oriental (Rusia) y el Occidental (Francia y Bélgica). Durante el conflicto se usaron nuevos recursos mortíferos, como las armas químicas y el gas asfixiante, que provocaban daños irreparables, modernas ametralladoras y tanques de guerra.

Durante los tres primeros años la guerra parecía desenvolverse en un eventual empate entre los bloques enfrentados. Esta situación cambió en 1917 con la incorporación de Estados Unidos al bando aliado, que compensó con creces la retirada de Rusia del conflicto. A mediados de 1918 los aliados vencieron en Amiens a los alemanes, en septiembre a los austrohúngaros en Italia y en octubre a los turcos en Medio Oriente. El 4 de noviembre de 1918 Austria se rindió, dejando sin defensas al ejército alemán que pidió la rendición el 11 de noviembre. Así concluía la guerra con el triunfo de los aliados.

En enero de 1919 los países vencedores se reunieron en el palacio de Versalles, cerca de París. Acordaron las nuevas fronteras europeas y el pago por parte de los vencidos de indemnizaciones de guerra por los daños causados durante el conflicto. Alemania perdió sus colonias, debió desmantelar su flota y reducir su ejército; Francia recuperó las regiones de Alsacia y Lorena; el Imperio Austro-Húngaro quedó desintegrado y surgieron nuevas naciones como Checoslovaquia, Yugoslavia y Hungría.

La guerra fue terrible, y sus consecuencias, duraderas. Murieron casi diez millones de personas, y veinte millones quedaron heridas o mutiladas. A las heridas físicas hay que agregarle los rencores por el trazado de las nuevas fronteras, que serán el germen de nuevos conflictos. Europa quedó destrozada y su economía arruinada. Sólo hubo un gran vencedor: Estados Unidos, que entró tardíamente al conflicto (el último año) y logró transformarse en el gran proveedor de capitales y productos para todos los países europeos. A diferencia de todos los otros contendientes, Estados Unidos contó con la ventaja de perder muy pocos hombres y de que ningún combate se desarrollara en su territorio. La economía norteamericana salió muy fortalecida tras el conflicto.

Yo, argentino

En aquellos años la Argentina era un país relativamente importante en el panorama mundial y su actitud frente a la guerra resultaba de interés por su efecto regional. Gobernaba la Argentina en 1914 Victorino de la Plaza, ex ministro de Relaciones Exteriores y de Hacienda durante la primera presidencia de Roca y la de Figueroa Alcorta. Victorino, de excelentes relaciones con Gran Bretaña, donde había vivido durante diecisiete años, optó por la neutralidad, una neutralidad activa como se la llamó, funcional a los intereses británicos, a los que les convenía mucho más una Argentina neutral cuyos barcos no podían ser atacados y que, por lo tanto, garantizaran la provisión de alimentos y cuero al Reino Unido, antes que una Argentina beligerante que poco aportaría militarmente al bando de "su Majestad". Como diría el primer ministro inglés Lloyd Gorge, *"la guerra se ganó sobre toneladas de carne y trigo argentino"*.[34]

Yrigoyen asumió la presidencia con la guerra europea en pleno desarrollo. Los Estados Unidos todavía no habían ingresado en ella; recién lo harían en 1917. Nuestro país mantuvo la neutralidad iniciada por Victorino de la Plaza, por las mismas razones económicas y políticas que había argumentado su antecesor: nos permitía continuar con las exportaciones tradicionales y facilitar créditos a los países que nos compraban.

Pero la actitud de Yrigoyen será mucho más enérgica que la de su predecesor, quien toleró, sin hacer absolutamente nada, el ataque alemán contra un consulado de nuestro país en Bélgica, el saqueo del edificio y el fusilamiento del propio cónsul argentino.

El 4 de abril de 1917 un submarino alemán, violando el principio de

---

[34] Citado por Miguel Ángel Cárcano en *La fortaleza de Europa*, Buenos Aires, Kraft, 1951.

neutralidad, hundió el buque mercante argentino "Monte Protegido". Inmediatamente el gobierno de Yrigoyen le exigió explicaciones al gobierno alemán en estos términos:

"El hundimiento del 'Monte Protegido' [...] constituye una ofensa a la soberanía argentina que pone al gobierno de la República en el caso de formular la justa protesta y la reclamación de las explicaciones consiguientes. [...] El gobierno argentino espera que el gobierno imperial alemán, reconociendo el derecho que asiste a la República, le dará las satisfacciones debidas, desagraviando el pabellón, y acordará la reparación del daño material".[35]

El gobierno alemán contestó el 28 de abril: *"El gobierno imperial, deseoso de demostrar el espíritu amistoso de que está animado, se apresura a asegurar al gobierno argentino que está dispuesto a dar la reparación por el daño causado, y expresa al mismo tiempo, sus sinceros sentimientos de pesar por la pérdida del buque argentino".*[36]

Pero parece que los germanos tenían un concepto muy particular del espíritu amistoso y dos meses después otro barco argentino, el *Toro* fue hundido por otro submarino alemán. El gobierno argentino volvió a quejarse:

"La República [...] no puede consentir como legítimo el daño directo, a base de una lucha en la que no participa. No es posible que sus productos neutrales se califiquen en momento alguno como contrabando de guerra [...]. Son el fruto del esfuerzo de la Nación en su labor vital [...]. El gobierno argentino no puede así reconocer que el intercambio de la producción nacional del país, sea motivo de una calificación bélica restrictiva de su legítima libertad de acción y de evidente menoscabo a su soberanía".[37]

Finalmente el gobierno imperial concretó sus disculpas oficiales y aceptó indemnizar a la Argentina:

---

[35] Nota del doctor Pueyrredón al ministro de Berlín, Luis B. Molina, 22 de abril de 1917, telegrama N° 30, en *MIREC: Documentos y actos de gobierno relativos a la guerra en Europa*, Buenos Aires, 1919.
[36] Claps, *op. cit.*
[37] En Roberto Etchepareborda, *Yrigoyen, op. cit.*

"El Gobierno imperial [...] ha resuelto [...] indemnizar al gobierno de la República los daños causado por el hundimiento de dicho buque [...] Declara al mismo tiempo que la libertad de los mares, también para la navegación argentina, constituye uno de sus objetivos principales en esta guerra. Por consiguiente reconoce gustoso [...] las normas del derecho internacional [...]".[38]

Los alemanes hicieron efectivo el desagravio a nuestros símbolos patrios y el pago de la indemnización en la base naval de Kiel el 21 de septiembre de 1921 a bordo del acorazado Hannover.

Se suscitaron nuevos incidentes diplomáticos con Alemania al filtrarse el contenido de unos cables reservados del embajador alemán en Buenos Aires, Karl von Luxburg, en que le aconsejaba a sus submarinos dejar pasar o hundir, sin dejar rastros, a los barcos argentinos *Guazú* y *Orán*, y trataba en estos términos al canciller argentino Honorio Pueyrredón: *"He sabido de fuente segura que el ministro interino de Relaciones Exteriores, que es un notorio asno y anglófilo, declaró en sesión secreta del Senado, que la Argentina exigiría de Berlín la promesa de no hundir más barcos argentinos. Si no se aceptase eso, las relaciones se romperían. Recomiendo rehusar, y, si fuera necesario, buscar la mediación de España"*.[39]

Yrigoyen tomó la cosa con calma sabiendo que los partidarios de la entrada argentina a la guerra podrían encontrar en el episodio un excelente justificativo y señaló que *"no llevaría al país a los horrores de una guerra sólo porque Luxburg los hubiera insultado a Pueyrredón y a él [Luxburg lo había llamado 'rufián']"*. En un acto del Comité Nacional de la juventud declaró: *"Argentina no va a permitir ser conducida a la guerra por los Estados Unidos"*.[40] Se limitó a decretar: *"Entréguese sus pasaportes al señor conde Karl de Luxburg, Enviado Extraordinario y Ministro Plenipotenciario del Imperio Alemán, quedando terminada así su misión diplomática acerca del gobierno argentino"*[41] y le exigió al gobierno alemán que dejara en claro que no avalaba ni la actitud ni las palabras de su ex embajador.

---

[38] En Raimundo Siepe, *Yrigoyen, la Primera Guerra Mundial y las relaciones económicas*, Buenos Aires, Centro Editor de América Latina, 1992.
[39] En Roberto Etchepareborda, *op. cit.*
[40] En Raimundo Siepe, *op. cit.*
[41] En Héctor Iñigo Carrera, *La experiencia radical*, Buenos Aires, La Bastilla, 1980.

La divulgación del incidente causó un escándalo en Alemania. La prensa apoyó la protesta argentina y repudió la actitud de Luxburg. El secretario de Estado Kuhlman se disculpó con el gobierno argentino:

"Señor ministro: Al acusar recibo de su nota de fecha 14 del corriente, por la cual se me ha comunicado que el conde de Luxburg ha cesado de ser persona grata, tengo el honor de hacerle saber que el gobierno imperial lamenta vivamente lo que ha pasado, y desaprueba en absoluto las ideas expresadas por el conde Luxburg en los telegramas publicados por nuestros adversarios, sobre la forma de hacer la guerra de cruceros. Esas ideas no han tenido ni tendrán ninguna influencia sobre las decisiones y las promesas del gobierno imperial".[42]

La entrada de los Estados Unidos a la guerra instaló un nuevo escenario para los países latinoamericanos. El presidente Wilson intentó arrastrar a los países de la región a que acompañaran su decisión. Yrigoyen se opuso de entrada a la estrategia norteamericana y resistió todas las presiones en ese sentido, promoviendo la reunión en Buenos Aires de un Congreso de Neutrales. Decía Yrigoyen:

"El gobierno ha considerado que los pueblos de América, vinculados por identidad de origen y de ideales, no deben permanecer aislados unos de otros, ante la actual convulsión universal, sino congregarse a efecto de uniformar opiniones y coordinar en lo posible el pensamiento común en la situación por que atraviesa el mundo. La idea emitida ha encontrado acogida favorable. Las quince naciones que han aceptado hasta ahora, han demostrado que coinciden en ese propósito, y en sus alcances futuros, para crear vinculaciones de América para bien de la paz y de los intereses comunes. Este último resultado satisfaría por sí solo las aspiraciones de este gobierno, para quien la armonía de los Estados americanos constituye un ideal político y un propósito al que prestará su preferente atención".[43]

La idea fue bien recibida por México, Ecuador, Honduras, El Salvador, Nicaragua, Costa Rica, Haití, Paraguay y Perú; mientras que Chile,

---

[42] *La Época*, 23 de septiembre de 1917.
[43] En Gabriel Del Mazo, *El pensamiento escrito de Yrigoyen, op. cit.*

Colombia y Guatemala plantearon dudas sobre su concurrencia. Inmediatamente Washington lanzó una ofensiva contra el congreso. El embajador norteamericano declaró: *"El proyecto de V.E. es muy bueno, pero tendremos que combatirlo porque no les conviene a los Estados Unidos".*[44] Las presiones y amenazas yanquis dieron su resultado y el congreso se convirtió en una reunión bilateral, ya que sólo concurrió la delegación mexicana.

En 1918 el embajador norteamericano, acostumbrado a dar órdenes, le comunicó al gobierno argentino que una escuadra de su país visitaría el nuestro, pero que para que ello pueda concretarse era imprescindible que Yrigoyen le dirigiera una nota a su colega del Norte, en la que expresara que la invitación era de carácter "incondicional". El presidente argentino contestó que al territorio argentino no entraba nadie "incondicionalmente" y menos una fuerza armada extranjera y que si insistía con su exigencia de "incondicionalidad" iba a impedir la entrada de la escuadra yanqui y que en caso de hacerlo lo haría sobre los escombros del país.

Washington tardó apenas veinticuatro horas en contestar, pidiendo disculpas y aclarando, como siempre, que todo se trató de un malentendido, y reiterando su pedido de autorización, ahora no incondicionalmente, para que los barcos y sus "queridos" marines visitaran la Argentina.

Habitualmente cuando llegaban escuadras extranjeras el puerto se llenaba de funcionarios y entusiastas porteños con banderitas argentinas y del país visitante. Cuando llegó la escuadra yanqui no había incondicionalmente nadie.

En enero de 1919, mientras en Buenos Aires estallaba la Semana Trágica, moría en Montevideo el poeta mexicano Amado Nervo, cumpliendo funciones diplomáticas en Uruguay y Argentina. Una nave argentina, la *9 de Julio*, y la *Uruguay* del vecino país, escoltaron el ataúd que llevaba los restos mortales de Nervo hacia su patria. Al llegar a Santo Domingo, que estaba ocupado por los Estados Unidos desde 1907, el capitán del barco argentino solicitó telegráficamente instrucciones sobre si debía saludar al pabellón dominicano o al de los Estados Unidos. La respuesta fue terminante: sólo al dominicano con una salva de 21 cañonazos. La actitud argentina fue saludada y agradecida por el pueblo dominicano.

[44] *Idem.*

Yrigoyen condenó la política intervencionista de los Estados Unidos en América Central y apoyó la resistencia de Sandino en Nicaragua, trazando así una política exterior con ciertos rasgos de autonomía, en la medida en que esta no afectara la relación con Gran Bretaña.

En la Sociedad de las Naciones, impulsada por el presidente norteamericano Wilson tras la guerra, la delegación argentina, integrada por el canciller Honorio Pueyrredón, el embajador en París, Marcelo T. de Alvear, y en Viena, Felipe Pérez, el consejero Roberto Levillier y el asesor técnico Daniel Antokoletz, por órdenes de Yrigoyen repudió el concepto de guerra de conquista por considerarlo arbitrario e ilegítimo. Abogó por la libre navegabilidad de los mares y por el derecho a la autodeterminación de los pueblos.

El 17 de noviembre de 1920 el canciller Pueyrredón dijo en Ginebra: *"La República Argentina considera que es esencial que todos los Estados soberanos reconocidos por la comunidad internacional sean admitidos a formar parte de la Liga de las Naciones [...]. Estima que todos los miembros del Consejo deberían ser elegidos por la Asamblea de conformidad con el principio de igualdad de los Estados".* [45]

Al no ser escuchadas sus demandas la delegación en pleno se retiró de la conferencia el 6 de diciembre. Yrigoyen felicitaba a Pueyrredón y avalaba la decisión:

"La Nación Argentina, parte integrante del mundo, nacida a la existencia con tan justos títulos como cada una de las demás, no está con nadie, contra nadie, sino con todos para el bien de todos. Ha asistido al Congreso sin prejuicios ni inclinaciones algunas, llevando en su definición de conceptos la unción santa de una nueva vida universal, que siente y profesa profundamente. Se ha encontrado sola en la hora de las deliberaciones sobre los ulteriores destinos de la paz humana, no buscando adhesiones y aun declinando las que gentilmente se le ofrecieron porque no deseaba comprometer a nadie en la defensa de sus postulados, por sagrados que sean, pero sintiéndose poderosa para llevar al seno de la humanidad el aporte de su concurso, no desea omitir sus esfuerzos y los deja cumplidos, íntimamente convencida de que al fin, la suprema justicia se impondrá en el mundo". [46]

---

[45] En Luis Alen Lascano, *Yrigoyen y la gran guerra*, Buenos Aires, Korrigan, 1974.
[46] En Claps, *Yrigoyen, op. cit.*

Yrigoyen rechazó la invitación de los aliados a sumarse al bloqueo contra la Unión Soviética y por el contrario, en septiembre de 1922, solicitó al parlamento ayuda económica para aquel país por cinco millones de pesos, basándose en el antecedente de la ayuda a la Austria de posguerra:

> "Una cruel fatalidad aflige a toda Rusia, como es de universal notoriedad: las enfermedades y la miseria diezman sus poblaciones. La República Argentina, movida siempre por impulsos nobles y generosos, no puede permanecer indiferente ante tan dolorosa situación. No ha mucho Vuestra Honorabilidad sancionó la ley acordando un préstamo a Viena, que fue invertido en alimentos y abrigos, cuya oportunidad y eficacia han sido públicamente reconocidas. Las circunstancias, tanto o más graves por que hoy atraviesa el pueblo ruso, nos inducen a concurrir en igual forma a mitigar cuando menos esa situación enviando un transporte de la Armada con alimentos de primera necesidad".[47]

También decidió condonar la deuda al Paraguay, consecuencia de la fatídica Guerra de la Triple Alianza.

Transiciones

Durante la guerra se dio un doble proceso, por un lado la instalación de nuevas fábricas para producir lo que el conflicto no dejaba importar, y por otro esas nuevas fábricas y las preexistentes se vieron en dificultades para producir por la falta de insumos importados. De todas maneras por aquellos años aumentó notablemente la capacidad instalada de la industria.

En octubre de 1922 concluía el primer gobierno radical, dejándole paso a otro del mismo signo partidario pero que, desde lo formal y lo ideológico, significará un claro giro hacia la derecha. Los años de Yrigoyen fueron un claroscuro. Como saldo positivo quedaba el impulso a la Reforma Universitaria, la política internacional, todas las medidas tendientes a democratizar la sociedad, extender y promover la educación y

[47] En Claps, *op. cit.*

la salud y a "reparar" algunos vicios del pasado conservador. La mancha negra estará dada por las masacres perpetradas contra los trabajadores en distintos puntos del país y la tolerancia hacia las bandas fascistas como la Liga Patriótica Argentina, corresponsable de muchas de aquellas muertes. Una tolerancia que en pocos años se volvería fatídica para el mismo presidente saliente.

La dignidad rebelde.
El movimiento obrero durante las
presidencias radicales

"Se puede robar a los hombres una buena parte de lo que producen mediante la explotación de su trabajo y con impuestos mil; se les puede privar hasta del derecho a coaligarse para defenderse de la explotación y de la tiranía; se les puede forzar a morir en la miseria detentándoles los medios de producir; se les puede reducir a simples máquinas productoras para de ellos usar y abusar brutal y villanamente, sin pasar por violentos, con tal que se haga en nombre de la ley. Pero no se puede ser sensible a tanta violencia y revolverse contra ella, porque entonces seréis considerados como violentos y sobre vosotros efectuarán toda clase de violencias que, por más que lleguen a privaros de todo, de pensar, de obrar, y hasta de vivir no serán consideradas como tales en tanto sean perpetradas en nombre de la ley."

LA PROTESTA, DIARIO ANARQUISTA, 7 DE JUNIO DE 1902

En el final del segundo volumen de *Los mitos de la historia argentina* decíamos: *"La lucha iba a seguir, la semilla plantada en el granero del mundo iba a fructificar. Ya no les sería tan fácil a los dueños del poder manejar el país como si fuera una estancia".*

Y así fue. El movimiento obrero creció en organización y movilización. No detuvo su expansión porque no se detuvo la injusticia, la irritante y obscena ostentación de banquetes y lujos frente al hambre y la humillación de millones. Para 1916 el proletariado argentino era uno de los mejores organizados de América Latina. Era mayoritariamente izquierdista y finalista, es decir, se proponía un objetivo final: el triunfo de la clase trabajadora sobre los capitalistas y la instalación de una sociedad sin clases. Aquel dinámico y combativo movimiento obrero había recuperado su poder de movilización y lucha tras la sangrienta represión de 1910[1], que había dejado miles de detenidos y deportados, locales gremiales y bibliotecas destruidos o incendiados y a la prensa obrera censurada. Volvía por sus derechos la dignidad rebelde. Volvían los grupos teatrales llamados

---

[1] Ver los *Mitos de la historia argentina 2*.

"cuadros filodramáticos" a acercarle a las familias obreras en forma de ficción la cruda realidad que vivía todos los días y aportarle las vías de acción para el combate por la justicia. Volvían los payadores libertarios a llevar los textos anarquistas en forma de milonga para los peones analfabetos de nuestra pampa. Allí estaban las escuelas modernas para educar a los hijos de los trabajadores en un catecismo de no respondía a las normas de ninguna academia ni, mucho menos, de ninguna Iglesia oficial. Volvía, en fin, la noble tradición de la cultura popular en todas sus formas: las bibliotecas, los clubes de ajedrez, los centros culturales. Seguía la batalla del pensamiento: a pesar de la enorme desproporción de los aparatos de propaganda, la contracultura obrera estaba viva.

El mundo vivía inmerso en su Primera Guerra, y aquí se discutía con fervor. La mayoría de los trabajadores era pacifista porque entendía con Jean Jaurés[2], un gran pensador socialista que nos había visitado en 1911, que en la guerra la carne de cañón la ponían los pobres para que los ricos aumentaran sus fortunas. La Argentina era neutralmente útil a Gran Bretaña, que demandaba sus productos primarios. El "granero del mundo" crecía a costa del sacrificio de las familias trabajadoras. Cañeros en Tucumán, hacheros en el Chaco, Corrientes, Misiones y Santa Fe, vendimiadores de San Juan y Mendoza, peones golondrinas por todo el país. Y hasta el último rincón de la patria llegaban los delegados obreros, los activistas, los difusores de la idea. La "Federación" como se la conocía popularmente a la FORA, la central obrera anarquista, se las ingeniaba para que no quedara rincón del país sin cubrir, para que llegara la prensa obrera, con su otra versión de la historia y la actualidad, para difundir los derechos laborales, para promover la lucha y la dignidad rebelde allí donde hiciera falta.

---

[2] Jean Jaurés (1859-1914), pensador y político francés. Fue electo diputado por el socialismo en 1893. Fue uno de los fundadores del periódico de izquierda *L'Humanité* en 1904. Al año siguiente pudo ver concretado el sueño de la unidad del socialismo en la Sección Francesa de la Internacional Obrera (SFIO), afiliada a la II Internacional. En ese ámbito, Jaurés propuso una huelga general en toda Europa contra los abusos del capitalismo, pero la propuesta fracasó por la oposición de los socialdemócratas alemanes. Fue asesinado en París el 31 de julio de 1914, mientras participaba activamente de la campaña contra la guerra.

El movimiento obrero

Hacia 1916 los obreros se agrupaban en la corriente anarquista, que se expresaba a través del periódico *La Protesta*, y su central sindical, la Federación Obrera Regional Argentina (FORA), y en la corriente socialista, que ya ostentaba una interesante bancada en el parlamento, y su central obrera, la Unión General de Trabajadores (UGT). A ellos se habían sumado a los llamados "sindicalistas revolucionarios" de la Confederación Obrera de la República Argentina (CORA), que en abril de 1915 en el IX Congreso de la FORA habían decidido afiliarse masivamente a la central para disputarle la conducción a los anarquistas. Los anarcosindicalistas se oponían a toda adhesión explícita a una doctrina filosófica o política y pensaban que la lucha debía centrarse en lo sindical, desconfiando de los partidos políticos, aun de aquellos que se proclamaban obreros. Esta concepción de la lucha de los trabajadores resultó inaceptable para la vieja guardia, que en el V Congreso de la FORA, celebrado en 1905, había recomendado a sus afiliados la adhesión a los principios filosóficos del "comunismo anárquico". La FORA se dividió entonces en dos organizaciones: la FORA del V Congreso —anarquista— y la FORA del IX Congreso, sindicalista.

El Apóstol y los trabajadores

Uno de los temas más polémicos de la administración radical fue su relación con el movimiento obrero, que oscilará entre el reconocimiento de los sindicatos como interlocutores válidos, la negociación y la represión.

No fueron pocos los que valoraron los avances que implicó la política social de Yrigoyen. Lisandro de la Torre, quien se había batido a duelo con el caudillo radical, señaló en una carta dirigida a su amigo Alberto Gerchunoff: *"Hago capítulo aparte de la legislación social. Siempre he reconocido que en su gobierno se humanizó y que esa evolución se realizó a despecho de los conservadores"*.[3]

El embajador de los Estados Unidos opinó entonces en un informe

---

[3] Carta a Alberto Gerchunoff, 28-X-1919, en Etchepareborda, Roberto, *Yrigoyen*, Buenos Aires, CEAL, 1984.

a sus superiores: *"[Yrigoyen] es un profundo conocedor de los problemas sociales e industriales y sin duda se acerca a ellos con una genuina y honda pasión en favor del bienestar y mejoramiento de las condiciones bajo las cuales la masa del pueblo vive y trabaja".*[4]

Y el diario *La Nación* se quejaba:

"el Gobierno vio impasible que la huelga detuvo las remesas financieras en casi todo el país, que paralizó durante largos meses el tráfico del puerto, y [...] conferenció de potencia a potencia con los cabecillas de la huelga y escuchó con calma las más audaces y ofensivas proposiciones. Su acción, poco plausible en un Gobierno, se redujo a dar buen empleo a elementos destacados en la organización de aquellas protestas obreras".[5]

El historiador radical de derecha Manuel Gálvez le agradece a Yrigoyen: *"...el haber contenido la revolución social. Al comenzar su gobierno hay mar de fondo en los ambientes obreros. Yrigoyen detiene la revolución social que hubiera triunfado más tarde".*[6]

La llegada de Yrigoyen al gobierno en 1916 despertó ciertas esperanzas en los sectores populares. Los gobiernos anteriores los habían tratado con dureza y se habían desentendido absolutamente de la suerte de los verdaderos generadores de la riqueza nacional, haciendo un uso frecuente de las leyes de Residencia y de Defensa Social para impedir manifestaciones y reclamos. Al iniciar su mandato, Yrigoyen intentó promover una legislación social avanzada, pero la mayoría de sus proyectos en este sentido fueron bloqueados por el Senado, en manos de los conservadores.

La mayoría de los obreros pensaron que con Yrigoyen y un gobierno popular todo sería distinto, y en un comienzo la política obrera del radicalismo pareció ir en esa dirección. Pero la actitud vacilante del gobierno en el poder quedó demostrada en la mediación favorable a los trabajadores en la gran huelga ferroviaria de 1917 y en la decidida repre-

[4] Siepe, Raimundo, *Yrigoyen, la Primera Guerra Mundial y las relaciones económicas*, pág. 12; MEMREC: 1920-1921, Buenos Aires, 1923, Anexo E, título IX, pág. 21, "Impresiones del Secretario de Relaciones Exteriores de Estados Unidos, Sr. Bainbridge Colby, luego de su entrevista en la Casa Rosada, con el Presidente Yrigoyen".
[5] *La Nación*, Buenos Aires, 2 de diciembre de 1920.
[6] Manuel Gálvez, *Vida de Hipólito Yrigoyen, el hombre del misterio*, Buenos Aires, Tor, 1951.

sión de la Marina encargada por Yrigoyen contra los obreros de la carne de los frigoríficos Swift y Armour.

Las condiciones de vida de los trabajadores argentinos empeoraron con el comienzo de la Primera Guerra Mundial. La reducción de los embarques de cereal perjudicó al campo. Miles de arrendatarios y obreros rurales debieron trasladarse a las ciudades en busca de empleo, aumentando la ya por entonces importante masa de desocupados. Esto afectó el nivel de trabajo y redujo notablemente los salarios. Para completar el dramático cuadro, entre 1916 y 1919, en la ciudad de Buenos Aires el costo de vida aumentó casi un 100%.

Los paros de protesta y las huelgas generales se hicieron frecuentes por aquellos años. Frente a la creciente agitación social, la clase dirigente se organiza y crea el 20 de mayo de 1918 la Asociación Nacional del Trabajo. Sus dirigentes poco o nada tenían que ver con el trabajo; provenían sin excepción del ámbito empresario, y en ella se nucleaban los mayores propietarios de campos, los más importantes empresarios de la industria, del comercio y del transporte: Sociedad Rural, Ferrocarril Central Argentino, frigorífico La Blanca, Unión Industrial Argentina, Asociación de Exportadores de Cereales, Centro de Navegación Transatlántica, Mercado Central de Frutas, Bolsa de Cereales, Centro de Cabotaje, Asociación de Transportistas Portuarios, Importadores de Carbón, Exportadores de Lana, Anglo-Argentina de Tranvías, Compañía Italiana de Electricidad, Cámara de Comercio, Asociación de Consignatarios. En su primera asamblea fueron electos Pedro Christophersen, presidente de la Bolsa de Comercio, como presidente, y el inglés Lloyd David, presidente del Ferrocarril Central Argentino, como tesorero. Pero el *alma mater* y hombre fuerte de la Asociación fue Joaquín Anchorena, presidente de la Bolsa de Comercio y ex interventor radical de la provincia de Entre Ríos. La organización se planteaba como objetivos la defensa de la *"libertad de trabajo"*, y de los *"derechos e intereses del comercio y de la industria"*[7]. En criollo, la entidad empresaria se proponía combatir la actividad sindical, en particular las huelgas, y contaba con un servicio de rompehuelgas, generalmente reclutados en ambientes delictivos y miembros del hampa, que se dedicaban bajo las órdenes de la "Asociación del Trabajo Ajeno" —como la llamaban los anarquistas—, a amedrentar a los trabajadores y a hostigar e incluso asesinar activistas sindicales.

[7] Edgardo Bilsky, *La Semana Trágica*, Buenos Aires, CEAL, 1984.

Enero sangriento: una masacre obrera conocida como "la Semana Trágica"

Enero es tórrido en Buenos Aires. No suelen ocurrir grandes cosas en enero. En aquella época era muy poca la gente que se iba de vacaciones, simplemente porque eran muy pocos los gremios que habían logrado aquella conquista social para sus trabajadores. Para la mayoría, era un mes más en que se sufría el rigor de la temperatura durante las 12 o 14 horas de trabajo. Sólo la minoría dueña de todas las cosas se daba el lujo de unas inmerecidas vacaciones en la por entonces exclusiva Mar del Plata o en sus quintas de San Isidro o Adrogué. La mayoría sabía que había que "yugarla", lo que no quería decir aguantarse cualquier cosa. Y así ocurrió en aquel verano de 1919 en aquel Buenos Aires donde el tango ya se cantaba (desde que a Pascual Contursi se le ocurrió que era una pena que una música tan maravillosa y con tanta sonoridad se quedara sin letra, sobre todo cuando había tantas cosas para decir). Desde "Mi noche triste", estrenado en 1917, el tango se hacía oír en las barriadas populares y se abría paso en toda la ciudad.

Pocos esperaban que la huelga de los obreros que pretendían mejoras en sus condiciones de trabajo y salarios, iniciada en diciembre de 1918 en los talleres metalúrgicos Pedro Vasena e Hijos (ubicados en Cochabamba y La Rioja, actual plaza Martín Fierro de la ciudad Autónoma de Buenos Aires), terminara en el conflicto sindical generalizado que pasaría a la historia como la Semana Trágica.

La Primera Guerra Mundial, que acababa de finalizar, había perjudicado la provisión de insumos para la industria metalúrgica, y como suele ocurrir en estos casos, los empleadores de Vasena —como muchos de sus compañeros de clase de ayer y de hoy— decidieron que el costo de la crisis la debían pagar los trabajadores, y rebajaron salarios y aumentaron el plantel de empleados con mujeres y niños que padecían condiciones de explotación extrema.

La huelga de los 2.500 trabajadores metalúrgicos había comenzado el 2 de diciembre. No pedían demasiado: jornada de ocho horas, salubridad laboral y un salario justo. Para ese entonces los Vasena habían vendido la fábrica a una empresa inglesa, pero seguían gerenciándola. Los antepasados del que sería ministro de economía de Onganía[8] se

---

[8] Adalbert Krieger Vasena, el ministro en cuestión, era descendiente directo por parte de madre de Alfredo Vasena.

mostraron intransigentes frente a lo que llamaban la "insolencia obrera". Lo que naturalmente puso más "insolentes" a los trabajadores, que decidieron tomar la fábrica y armar un piquete en la puerta del establecimiento en defensa de sus derechos. El señor Vasena tenía buenas relaciones con el gobierno, particularmente con el señor Melo, que además de ser un notable militante radical cercano a Yrigoyen era a la vez asesor legal de Vasena. Y logró que enviaran rápidamente policías y bomberos para castigar la "insolencia" de los explotados organizados.[9]

Todo comenzó el 7 de enero, a eso de las tres y media de la tarde, con un grupo de huelguistas que había formado un piquete tratando de impedir la llegada de materia prima para la fábrica. En ese momento, los conductores[10] que pasaron por donde estaban los huelguistas, develando su verdadera función, comenzaron a disparar sus armas de fuego contra los trabajadores. Al grupo de rompehuelgas se sumaron inmediatamente las fuerzas policiales que estaban destacadas en la zona desde el comienzo de la huelga. Se vivió un clima de pánico en el barrio, la gente corría a refugiarse donde podía.

Cuando terminó de escucharse el ruido ensordecedor de los balazos el saldo fue elocuente: cuatro muertos. Tres de ellos habían sido baleados en sus casas y uno había perecido a causa de los sablazos propinados por la policía montada, los famosos "cosacos". Hubo además, más de 30 heridos. Según *La Prensa* fueron disparados más de 2.000 proyectiles por unos 110 policías y bomberos. Sólo tres integrantes de las fuerzas represivas fueron levemente heridos.

La noticia del ataque corre como un reguero de pólvora en los distintos gremios, y el diario anarquista *La Protesta* titula: "*El tugurio de Vasena debe ser purificado por el sagrado fuego volcánico revolucionario de la época...*".[11]

La historia oficial no recoge los nombres de los muertos del pueblo. Ellos fueron: Juan Fiorini , argentino, 18 años, soltero, jornalero de la fábrica Bozzalla Hnos., que fue muerto mientras estaba tomando mate en su domicilio de un balazo en la región pectoral; Toribio Ba-

---

[9] Resulta por lo menos curioso que los patrones organizados, que resultaron a la largo de nuestra historia infinitamente más nocivos que nuestros trabajadores organizados, nunca fueron calificados de insolentes, y sus instituciones, verdaderos gremios patronales, fueron siempre elogiadas por los "grandes diarios" como señeras, patrióticas y de indudable "bien público".

[10] Estos conductores eran rompehuelgas de la Asociación Nacional del Trabajo.

[11] *La Protesta*, 8 de enero de 1919.

rrios, español, 42 años, casado, recolector de basura, muerto en la avenida Alcorta frente al número 3189, de varios sablazos en el cráneo; Santiago Gómez Metrolles, argentino, 32 años, soltero, recolector de basura, de un balazo en el temporal derecho mientras se hallaba en la fonda de avenida Alcorta 3521, de Lázaro Alberti; Miguel Britos, casado, jornalero, muerto a consecuencia también de heridas de bala.[12]

Según el propio parte policial que reproduce *La Nación*, ninguno fue muerto en actitud de combate, ninguno estaba agrediendo a las fuerzas represivas.

El día 8 se convoca a una reunión gremial de urgencia y la FORA V anarquista proclama la huelga general para el día 9, fecha prevista para el entierro de las víctimas. La FORA IX, más moderada, declara duelo e invita a sus afiliados a concurrir al entierro de las víctimas en estos términos:

"El Consejo Federal de la FORA, en conocimiento de los sucesos sangrientos ocurridos el día 7 del corriente en el barrio de Nueva Pompeya, entre personal huelguista de la casa Vasena por una parte, y los 'crumiros'[13] de la misma, policía y bomberos, por otra, expresa su entusiasta solidaridad con los valientes huelguistas de aquella casa metalúrgica y su intensa protesta por el proceder de las fuerzas del Estado, las que no sólo ampararon a los mercenarios armados por Vasena, sino que colaboraron con sus armas en la pretensión de aquellos de intimidar a los obreros en huelga, cuyas peticiones este Consejo Federal considera justas y de imprescindible satisfacción".[14]

Los marítimos, los obreros del calzado, uno a uno los gremios se solidarizan con sus compañeros y comprometen su presencia en el cortejo fúnebre. El joven Fiorini fue velado en el comité socialista de la calle Loria 1341, y el resto de los trabajadores asesinados, en la Sociedad de Resistencia Metalúrgicos Unidos, situada en Alcorta y San Francisco.

En ese clima, el diario radical *La Época* llama a la conciliación de clases y a evitar males mayores:

---

[12] *La Nación*, 8 de enero de 1919.
[13] Palabra que significa rompehuelgas, carnero.
[14] Declaración de la FORA IX, en *La Protesta*, 8 de enero de 1919.

"Las huelgas fracasarán directa o indirectamente porque existe imposibilidad absoluta de que prosperen. Pero sus consecuencias repercutirán largamente sobre nuestra economía prolongando y robusteciendo, cabalmente, ese malestar que los obreros quieren destruir airadamente mediante la huelga.

Convendría que estas verdades sencillas fueran examinadas por los trabajadores. Que éstos desoyeran por un momento la propaganda de meneurs [líderes] que halagan sus deseos de mejoramiento para advertir que cualquier camino airado ha de conducirles, fatalmente, a peores consecuencias.

El bienestar común emanará de un mejoramiento general de la situación económica del país. A los obreros conviene impulsarlos en su esfera de actividad, como al capital y al estado en las suyas. Por lo que hace al Ejecutivo, está demostrada su preocupación por la situación de los trabajadores, atendida siempre con preferencia y que trata de mejorar por todos los medios a su alcance. Es necesario, entonces, que nadie segregue su esfuerzo de la tarea común. Y, como sobre todo, que nadie emplee sus energías en daño del bienestar social, pues con ello labra su propio daño. La consigna del momento es la colaboración de todas las fuerzas sociales. Y las huelgas airadas e inoportunas, al desobedecer a una consigna impuesta por las circunstancias, conspiran contra el interés colectivo".[15]

En tanto, el diario anarquista *La Protesta* veía las cosas un poquito diferentes y marcaba sus profundas diferencias con la actitud asumida por los socialistas y los sindicalistas de la FORA IX:

"Y cerramos esta crónica haciendo un llamado a todas las organizaciones obreras de la ciudad. Sin falta, trabajadores, vengad este crimen. Dinamita hace falta ahora más que nunca. Esto no puede morir en silencio. No, y mil veces ¡No!, el pueblo no ha de dejarse matar como mansa bestia. Incendiad, destruid sin miramientos, obreros. ¡Vengaos, hermanos, frente al crimen de la justicia histórica, la violencia del pueblo como única e inmediata consecuencia y solución!"[16]

---

[15] Diario *La Época*, 8 de enero de 1919.
[16] *La Protesta*, 8 de enero de 1919.

Frente a la gravedad de los hechos, uno de los causantes de toda esta tragedia, don Alfredo Vasena, se dignó a reunirse con los delegados gremiales en el Departamento de Policía y les ofreció la reducción de la jornada laboral a 9 horas, un 12 % de aumento de jornales y admisión de cuantos quisieran trabajar. Como la reunión se hizo larga, se decidió continuarla al día siguiente en la propia fábrica. Los obreros llegaron puntualmente a las diez, pero don Vasena se negó a reunirse argumentando que entre los delegados había activistas que no pertenecían a su plantel. Los obreros armados de cierta paciencia conformaron otra delegación que presentó el pliego de condiciones de los huelguistas: jornada de 8 horas, aumentos de jornales comprendidos entre el 20 y el 40 %, pago de trabajos y horas extraordinarias, readmisión de los obreros despedidos por causas sindicales y abolición del trabajo a destajo. Vasena prometió contestar al día siguiente y, a pedido de los obreros, ordenó que dejaran de circular las chatas de transportes. Pero los hechos se iban a precipitar.

Los muertos que vos matáis

Aquel jueves 9 de enero de 1919 Buenos Aires era una ciudad paralizada. Los negocios habían cerrado, no había espectáculos, ni transporte público, la basura se acumulaba en las esquinas por la huelga de los recolectores, los canillitas habían resuelto vender solamente *La Vanguardia* y *La Protesta*, que aquel día titulaba: *"El crimen de las fuerzas policiales, embriagadas por el gobierno y Vasena, clama una explosión revolucionaria"*[17]. Más allá de las divisiones metodológicas de las centrales obreras, la clase trabajadora de Buenos Aires fue concretando una enorme huelga general de hecho. Los únicos movimientos lo constituían las compactas columnas de trabajadores que se preparaban para enterrar a sus muertos. Eran hombres, mujeres y niños del pueblo, con sus crespones negros y sus banderas rojas y negras, eran socialistas, anarquistas y sindicalistas revolucionarios que salían a la calle para demostrar que no le tenían miedo a la barbarie "patriótica" de los dueños del país, de los "niños bien" de la "Liga Patriótica Asesina" como ya se la conocía en los ambientes obreros, para dar claro testimonio de que no los asustaban las policías bravas y ahí andaban con su única propiedad, sus hijos, por las calles de aquella Bue-

---

[17] *La Protesta*, número 3.611, del 9 de enero de 1919.

nos Aires que hacía historia. Lo único que pretendían era homenajear a sus mártires y repudiar la represión estatal y paraestatal. Previsor, el jefe de policía Elpidio González había solicitado y obtenido aquel mismo día del presidente Yrigoyen un decreto que aumentaba en un 20 % el sueldo de los policías a los que les esperaba una dura faena. En vísperas de lanzar una furibunda represión contra el movimiento huelguístico, esto decía un miembro prominente del Partido Radical, Horacio Oyhanarte, en el parlamento nacional:

"Desde el 12 de octubre de 1916[18] sabe la clase trabajadora argentina que se ha iniciado en el país una nueva era; que ninguno de sus derechos será hollado; que ninguna de sus legítimas aspiraciones será defraudada [...] Hoy como nunca saben las clases trabajadoras del país [...] que una gran justicia y una gran seguridad se ciernen en nuestro ambiente y que ya pasaron felizmente los espectáculos bochornosos a que nos tenía acostumbrados el régimen, cuando creía desarmar con el pararrayos de la fuerza las más legítimas reivindicaciones sociales. Ya sabe el pueblo trabajador argentino que no se han de esgrimir injustamente las armas manejadas por nuestros conscriptos contra su pecho. Están convencidos, además, no ya los trabajadores, sino también los industriales y todos los ciudadanos del país, que la vida del más humilde y anónimo de los habitantes de la república es sagrada para los que tienen en este momento la gran responsabilidad del gobierno.
Todo el mundo conoce que el presidente de la república ha sido acusado de parcialidad, pero no a favor de las empresas ni de los patrones –y aunque sea injusta la acusación, mejor es que se haya producido en esta dirección– sino a favor de los obreros. Cuando se produjeron las huelgas ferroviarias [...] todo el mundo clamaba, en la ceguera, de una ofuscación sanguinaria, [...] que se estaba procediendo con debilidad por parte del gobierno, porque no dirimía los conflictos entre el capital y el trabajo a tiros, con las bayonetas, como se gloriaba de hacerlo el régimen diciendo que así se demostraba su fuerza y energía [...]".[19]

---

[18] Fecha de la asunción de Yrigoyen.
[19] *Diario de Sesiones de la Cámara de Diputados, 1918-1919*, tomo V, p. 68, sesión del 8 de enero de 1919, en Hugo del Campo, "De la FORA a la CGT", en *Historia del movimiento obrero*, volumen 3, Centro Editor de América Latina, Buenos Aires, 1985.

Masacre en el cementerio

A eso de las tres de la tarde partió el cortejo fúnebre encabezado por la "autodefensa obrera", unos cien trabajadores armados con revólveres y carabinas. Detrás, una compacta columna de miles de personas, "el pobrerío" como les gustaba llamarlos a los pitucos. El cortejo enfiló por la calle Corrientes hacia el Cementerio del Oeste (La Chacarita). Al llegar a la altura de Yatay, frente a un templo católico, algunos manifestantes anarquistas comenzaron a gritar consignas anticlericales. La respuesta no se hizo esperar: dentro del templo estaban apostados policías y bomberos que comenzaron a disparar sobre la multitud cobrándose las primeras víctimas de la jornada. Al paso de la columna por las armerías, éstas eran asaltadas por algunos de los manifestantes que "expropiaban" armas cortas, carabinas y fusiles para "la revolución social".

Aproximadamente a las 17 horas de aquel 9 de enero la interminable y conmovedora columna obrera llegó a la Chacarita, la gente se fue acomodando como pudo entre las tumbas y comenzaron los discursos de los delegados de la FORA IX. En primera fila estaban los familiares de los muertos. Madres, padres, hijos, hermanos desconsolados y acompañados en el dolor y la necesidad de justicia por miles de personas. Mientras hablaba el dirigente Luis Bernard, surgieron abruptamente detrás de los muros del cementerio miembros de la policía y del ejército que comenzaron a disparar sobre la multitud. Era una emboscada. La gente buscó refugio donde pudo, pero fueron muchos los muertos y los heridos. Los sobrevivientes fueron empujados a sablazos y culatazos hacia la salida del cementerio. Según los diarios, hubo 12 muertos y casi doscientos heridos. La prensa obrera habló de 100 muertos y más de cuatrocientos heridos. Ambas versiones coinciden en que entre las fuerzas militares y policiales no hubo bajas. La impunidad iba en aumento. No había antecedentes de semejante matanza de obreros.

Pese a todo, el pueblo movilizado no se amilanó y siguió en la calle exigiendo justicia y pidiéndoles a sus dirigentes que continuara la huelga general, cosa que efectivamente ocurrió. La agitación seguía, y mientras se producía la masacre de la Chacarita un nutrido grupo de trabajadores rodeó la fábrica Vasena y estuvo a punto de incendiarla. En el interior del edificio se encontraban reunidos Alfredo Vasena, Joaquín Anchorena de la Asociación Nacional del Trabajo y el empresario británico comprador, que ante el devenir de los hechos pidió protección a su embajada, que rápidamente se comunicó con la Casa Rosada desde donde partió el flamante jefe de policía y futuro vicepresidente de Alvear, don Elpidio González, a parlamentar con los obreros y pedirles calma. No era el mejor momento y no fue bien recibido. La comitiva encabezada por el funcionario fue atacada, y el propio auto del jefe de policía fue incendiado por la multitud. González debió volverse en taxi a su despacho, pero envió a un grupo de 100 bomberos y policías armados hasta los dientes que dispararon sin contemplaciones sobre la multitud, provocando −según el propio parte policial− 24 muertos y 60 heridos.

En toda la ciudad se produjeron actos de protesta expresando la indignación de los trabajadores por la acción represiva del Estado.

Casi un golpe de Estado

En medio de la conmoción general, cuando caía la tarde del 9 de enero de 1919, el general Luis F. Dellepiane[20], comandante de la guarnición de Campo de Mayo, decidió bajar a Buenos Aires y presentarse en la Casa Rosada. Algunos cuentan que cuando Yrigoyen vio llegar al general con su tropa le habría ofrecido su renuncia y le habría dicho "general, soy su prisionero", pensando que se trataba de un golpe de Estado. Esto tenía que ver con rumores que le habían llegado al presidente, confirmados por Dellepiane, acerca de que camino a Buenos Aires la tropa había sido interceptada por un grupo de oficiales retirados que le ofrecieron ponerse al frente de una conspiración cívico-militar. Así lo relata el propio general en un reportaje concedido años después al diario *Noticias Gráficas*:

"En la semana llamada de enero, al contemplar a Buenos Aires entregada al pillaje por el auge de elementos maleantes y aumentándose el desorden por gente que lo aprovechaba para dedicarse a

[20] Luis J. Dellepiane (1865-1941) participó de la Revolución del Parque con el grado de capitán. En 1891 se recibió de ingeniero civil en la UBA. Fue profesor de la Facultad de Ciencias Exactas y Naturales. Fue el sucesor de Ramón L. Falcón como jefe de policía de la Capital. Participó activamente desde ese cargo en la represión de los huelguistas en 1910.

la 'caza de los rusos' y a la persecución de obreros pacíficos, me dirigí por propia decisión con las tropas de la Segunda División bajo mi mando, y, convertido en el Supremo Jefe Militar de la misma, el orden renació en breve. En esa oportunidad, enemigos del presidente Yrigoyen me pidieron intentara su derrocamiento".[21]

Dellepiane se mostró leal a Yrigoyen, su viejo correligionario de la Revolución de 1890, pero le puso condiciones a su lealtad y la del Ejército: mano dura con los huelguistas. A partir de entonces la actitud dubitativa del gobierno mutó en decidida acción represiva, con la luz verde de Yrigoyen.

En apenas 24 horas son acantonados en Buenos Aires más de 10.000 uniformados entre policías, bomberos, soldados del Ejército y de la Marina, todos bajo el mando de Dellepiane, quien instala su comandancia en el Departamento Central de Policía.

En la mañana del 10, el general, haciendo gala de la "obediencia debida" pero tomándose, como suele ocurrir, algunas licencias, arengó a su tropa en estos términos: *"Señores, si en el plazo de 48 horas no se restablece la normalidad y la situación se agrava, haré emplazar la artillería en la plaza Congreso*[22] *para atronar con los cañones la ciudad. Y el escarmiento será tan ejemplar que por 50 años nadie osará alzarse para perturbar la vida y la tranquilidad pública".*[23]

El general no se limitó a las bravuconadas y envió un radiograma a todas las comisarías porteñas ordenando abrir fuego contra todo huelguista que las fuerzas consideraran que actuaba sospechosamente.

Afortunadamente, nadie le hizo caso al general histriónico. En los cincuenta años siguientes el proletariado argentino creció en organización y combatividad y siguió peleando por sus derechos pese a las balas y a los discursos. Y exactamente 50 años después de que Dellepiane pronunciara su bravata, en otra ciudad, la segunda del país, todo un pueblo se levantaría nuevamente contra la injusticia: fue el Cordobazo.

---

[21] En Etchepareborda, Roberto, *Yrigoyen/2*, Buenos Aires, CEAL, 1984.
[22] En la plaza Congreso estaba acantonada la Segunda División del Ejército.
[23] Carlos Echagüe, *Las grandes huelgas*, Buenos Aires, Centro Editor de América Latina, 1971.

La Liga Patriótica, asesina

Por aquellos primeros días de 1919 a los miembros "más destacados de la sociedad" les dio un fuerte ataque de paranoia. En su fértil imaginación florecían selváticamente las teorías conspirativas. La Revolución Bolchevique se había producido hacía menos de dos años y el simple recuerdo de los soviets de obreros y campesinos decidiendo el destino de la nación más grande del mundo hacía temblar a los dueños de todo en la Argentina. Había que frenar el torrente revolucionario. Comenzaron a reunirse para presionar al gobierno radical, al que veían como incapaz de llevar adelante una represión como la que ellos deseaban y necesitaban. Según los jefes las familias más "bien" de la Argentina, se hacía necesario el empleo de una "mano dura" que les recordara a los trabajadores que su lugar en la sociedad viene por el lado de la obediencia y la resignación. Así fue como un grupo de jóvenes de aquellas "mejores familias" se reunieron en la Confitería París y decidieron "patrióticamente" armarse en "defensa propia". Las reuniones continuaron en los más cómodos salones del "Centro Naval" de Florida y Córdoba, donde fueron cálidamente recibidos por el contralmirante y recontra reaccionario Manuel Domecq García[24] y su colega el contralmirante Eduardo O'Connor[25], quienes se comprometieron a darle a los ansiosos muchachos instrucción militar. O'Connor dijo aquel 10 de enero de 1919 que Buenos Aires no sería otro Petrogrado e invitaba a la "valiente muchachada" a atacar a los "rusos y catalanes en sus propios barrios si no se atreven a venir al centro". Los jovencitos "patrióticos" partieron del centro naval con brazaletes con los colores argentinos y armas automáticas generosamente repartidas por Domecq, O'Connor y sus cómplices.

---

[24] Manuel Domecq García (1859-1951) participó en la llamada Conquista del Desierto. Fue comandante de la Fragata Sarmiento y director de la Escuela Naval. Fue observador argentino durante la guerra ruso-japonesa. Fue el inspirador de la Liga Patriótica Argentina y como premio a sus "servicios" fue designado por el presidente Alvear como ministro de Marina. Tuvo un notable homenaje póstumo. Durante la dictadura, su colega el almirante Emilio Eduardo Massera bautizó con su nombre los astilleros en los que se iban a construir los primeros submarinos argentinos. De las enormes instalaciones del astillero Domecq García nunca salió ningún submarino, pero a los bolsillos del almirante Massera y sus cómplices ingresaron varios millones de dólares.
[25] Eduardo O'Connor (1858-1921) egresó de la Escuela y realizó misiones en Francia. Participó a bordo del transporte *Villarino* en los trabajos de límites con Chile en 1890 y 1891. Fue agregado naval en Francia y director general de Administración del Ministerio de Marina.

Este grupo inicialmente inorgánico se va a constituir oficialmente como Liga Patriótica Argentina el 16 de enero de 1919. Domecq García ocupó la presidencia en forma provisional hasta abril de 1919, cuando las brigadas eligieron como presidente a Manuel Carlés[26] y vice a Pedro Cristophersen. En aquella notable ocasión el jefe de la Liga dijo que los objetivos de la organización político militar eran:

"Estimular, sobre todo, el sentimiento de argentinidad tendiendo a vigorizar la libre personalidad de la Nación, cooperando con las autoridades en el mantenimiento del orden público y en la defensa de los habitantes, garantizando la tranquilidad de los hogares, únicamente cuando movimientos de carácter anárquico perturben la paz de la República. Inspirar en el pueblo amor por el ejército y la marina. Los miembros de la Liga se comprometen, bajo su fe y honor de argentinos, a cooperar por todos los medios a su alcance, e impedir:
1° La exposición pública de teorías subversivas contrarias al respeto debido a nuestra patria, a nuestra bandera y a nuestras instituciones.
2° Las conferencias públicas y en locales cerrados no permitidos sobre temas anarquistas y maximalistas que entrañen un peligro para nuestra nacionalidad.
Se obligan igualmente a usar de todos los medios lícitos para evitar que se usen en las manifestaciones públicas la bandera roja y todo símbolo que constituya un emblema hostil a nuestra fe, tradición y dignidad de argentinos".[27]

Aquello parecía una reunión social VIP, allí estaban los representantes del Jockey Club, el Círculo de Armas, el Círculo Militar, el Yacht Club, la Asociación de Damas Patricias y, por supuesto, miembros de la jerarquía eclesiástica. En su comité de finanzas militaban Samuel Hale Pearson (director del Ferrocarril Central Argentino) y Santiago O'Farrell (director del Ferrocarril Pacífico), un Mihanovich, un Lacroze y hasta un Chevalier Boutell (¡buen nombre para un vino!). Los vicepresidentes

---

[26] Manuel Carlés (1875-1946). Nació en Rosario. Se graduó de abogado en la UBA y fue profesor del Colegio Nacional de Buenos Aires y en la Escuela Superior de Guerra. Fue el inspirador y *alma mater* de la Liga Patriótica Argentina, que presidió hasta su muerte. Fue interventor del gobierno de Yrigoyen en las provincias de Salta y San Juan y participó activamente desde Buenos Aires en el apoyo a la represión de los trabajadores en huelga de Santa Cruz que culminó con 1.500 trabajadores fusilados. Murió el 25 de octubre de 1946.
[27] *La Nación*, 16 de enero de 1919.

primero y segundo eran, respectivamente Luis S. Zuberbühler, ex presidente de la Bolsa de Comercio y director del Banco de la Nación, y el general Eduardo Munilla, ex presidente del Círculo Militar. El presidente de la Liga era Manuel Carlés.

Si, como se dice vulgarmente, de muestra vale un botón, qué mejor entonces que leer el texto siguiente de un discurso de Manuel Carlés:

"Los perturbadores de las viejas ciudades, los hijos sin madre y con patria mutilada, angustiados por quimeras, venidos nadie sabe cómo del extranjero, importaron los problemas de su país natal. Junto con la aftosa y el gorrión, de la Europa estrecha, agostada y pendenciera, vinieron los perseguidos del dolor social trayendo dos tendencias y un solo afán. El humanitarismo frenético resucitó en tiempos de Saint Simon, trayendo dos dolores: del dolor político nació el socialismo y del dolor económico el sindicalismo. [...] Cuando parecía que la civilización argentina hubiera de malograrse por la acción de la audacia desenfrenada del extranjerismo sectario, la providencia, custodia de los argentinos, creó la Liga Patriótica Argentina y ¡basta! dijimos a la insolencia. A pesar de su prensa procaz, conseguimos enjaular a la fiera y salvar a los trabajadores amedrentados".[28]

Según *La Nación*, la comisión directiva de la Liga quedó integrada por: Joaquín S. de Anchorena, Dardo Rocha, Manuel Domecq García, José Luis Murature, Pastor S. Obligado, Ezequiel P. Paz, Juan Pablo Sáenz Valiente, Manuel de Iriondo, Estanislao S. Zeballos, Luis Agote, Manuel Carlés, Vicente Gallo, Eduardo Munilla, Francisco P. Moreno, Tomás Santa Coloma, Juan Canter, José A. Cortejarena, Teófilo Diana, José María Eizaguirre, Federico Leloir, Aquiles González Oliver, monseñor D'Andrea, José Saravia, Carlos Aubone, Carlos Ibarguren, Nicolás Calvo, Justo E. Diana.[29]

La ideología de la Liga se emparentaba con lo más reaccionario de la derecha católica argentina. Promovieron la xenofobia fomentando el odio y la desconfianza hacia los inmigrantes, particularmente aquellos provenientes de Rusia y los países del Este. En ellos veían a agentes soviéticos. A pesar de militar muchos de sus miembros, como Carlés, en

---

[28] En María Silvia Ospital, *Inmigración y nacionalismo. La Liga Patriótica y la Asociación del Trabajo (1910-1930)*, Buenos Aires, CEAL, 1994.
[29] *La Nación,* 2 de febrero de 1919.

el radicalismo, desconfiaban de los partidos políticos, que veían blandos frente al avance de las ideologías obreristas.

La Liga prenuncia los que serán los elementos fundamentales del nacionalismo elitista argentino: autoritarismo, rechazo a la inmigración extranjera, antisemitismo, admiración por las fuerzas armadas, patriotismo fanatizado, anticomunismo. Se hará famosa por sus actividades paramilitares, especialmente por sus ataques a barrios obreros, la quema de bibliotecas populares, sindicatos e imprentas. En ella convivían católicos, conservadores, liberales, nacionalistas antiliberales y hasta radicales, empresarios nacionales y extranjeros. La mantenían con importantes donaciones "las mejores familias", cuyos jóvenes integraban, manejando los coches de papá, los grupos de choque. El entrenamiento lo daban militares de alta graduación, y el "auxilio espiritual", algunos miembros de la jerarquía eclesiástica como monseñor D'Andrea, a quien la ciudad de Buenos Aires ha homenajeado con la plaza sita en Córdoba y Anchorena.

La patronal británica a través de su órgano de prensa echaba leña al fuego y proponía una "saludable" solución al conflicto:

> "Somos de la opinión que es necesario implantar sin esperar más el Estado de Sitio, si los líderes anarquistas fueran arrestados (puede hacerse fácilmente) y enviados a Tierra del Fuego, y finalmente, si la ley contra la portación de armas es reforzada, el fondo de este movimiento insensato será quebrado; para la gran tranquilidad del sector amante del orden de la población".[30]

El diario radical *La Época* siempre se refería a la Liga con mucho respeto y el ministro del Interior Gómez permitió la fijación de carteles propagandísticos de la Liga en organismos oficiales

El diario *La Nación* informa que en los comités radicales se anotan civiles "en defensa del orden". La acción de estos civiles será canalizada por la organización político-militar conocida como Liga Patriótica Argentina. Dice *La Nación*:

> "EN DEFENSA DEL ORDEN. COOPERANDO A LA ACCIÓN OFICIAL.
> Continuaron ayer las iniciativas particulares tendientes a secundar la acción oficial en defensa del orden. Damos a continuación las novedades ocurridas al respecto en las últimas veinticuatro horas:

---

[30] *Review of the River Plate*, 10 de enero de 1919.

En el comité del partido radical se recibieron ayer informaciones de varios comités seccionales, dando cuenta de que se habían presentado numerosos ciudadanos a ofrecer sus servicios para mantener el orden público en caso necesario. Por disposición de las autoridades del comité central se resolvió autorizar a los referidos comités para que gestionaran la inscripción de dichos ciudadanos en las comisarías de la sección correspondiente. El número de inscriptos se calcula en 1.000 ciudadanos".[31]

¿A qué se dedicaban estos ciudadanos preocupados por el orden? Las bandas terroristas armadas que operaban bajo el rótulo de Liga Patriótica Argentina lo hacían con total impunidad y la más absoluta colaboración y complicidad oficiales. Se reunían en las comisarías y allí se les distribuían armas y brazaletes. Desde las sedes policiales partían en coches último modelo manejados por los jovencitos oligarcas, y al grito de "Viva la Patria" se dirigían a las barriadas obreras, a las sedes sindicales, a las bibliotecas obreras, a la sede de los periódicos socialistas y anarquistas para incendiarlos y destruirlos, todo bajo la mirada cómplice de la policía y los bomberos.

El barrio judío de Once fue atacado con saña por las bandas patrióticas que se dedicaban a la "caza del ruso". Allí fueron incendiadas sinagogas y las bibliotecas Avangard y Paole Sión. Los terroristas de la Liga atacaban a los transeúntes, particularmente a los que vestían con algún elemento que determinara su pertenencia a la colectividad. La cobarde agresión no respetó ni edades ni sexos. Los "defensores de la familia y las buenas costumbres" golpeaban con cachiporras y las culatas de sus revólveres a ancianos y arrastraban de los pelos a mujeres y niños. Así recuerda el episodio Pedro Orgambide en una milonga:

> *"Milonga del barrio Once*
> *Milonga del diecinueve,*
> *Cuando se armó aquella bronca*
> *Y sufrió tanto inocente*
> *Patucos del barrio Norte*
> *Vinieron de prepotentes,*
> *Quemaron la sinagoga*

[31] *La Nación*, 14 de enero de 1919.

Y le pegaron al zeide[32]
Los varones de mi sangre
Supieron hacerle frente,
La gente trabajadora
Que da la mano al más débil
Por eso yo estoy cantando
Milonga del diecinueve...
¡Nadie me borre la historia
Que también hizo mi gente![33]

Tras conocer estos incidentes que tomaron por sorpresa a los vecinos del Once, en algunos barrios, como en La Boca, los vecinos comenzaron a tomar precauciones, y los chicos de la Liga, si se animaban a atacar, no lo pasarían nada bien. En la barriada conocida como la "Tierra del Fuego" porque estaba habitada por muchos anarquistas que habían pasado por el penal de Ushuaia, los estaban esperando. Hombres, mujeres y niños, armados con lo que tenían, preparaban la defensa. Desde las terrazas les tiraban agua hirviendo y piedras, y los francotiradores abrían fuego contra los coches de la Liga. Cuenta el oficial de policía Romariz, que:

"Se nos hacía fuego desde varios lugares a la vez: desde lo alto de las azoteas, por las ventanas abiertas de las casas de madera, y aun desde los zaguanes. Estábamos bloqueados y en el más completo aislamiento, ya que nadie concurría en nuestro apoyo o protección. Me asaltó en esas difíciles circunstancias la idea de que de allí no saldríamos con vida. Pensé que la revolución, que adjudicábamos a un sector circunstancial de la población, tomaba las graves proporciones de una insurrección armada de todo el pueblo".[34]

Por La Boca los niños "bien" de la Liga no volvieron más...

---

[32] Abuelo en ídish, la lengua de los judíos asquenazíes provenientes del centro y Este de Europa.

[33] "Milonga del diecinueve", de Pedro Orgambide, en Ricardo Feierstein, *Historia de los judíos argentinos,* Buenos Aires, Galerna, 2006.

[34] José Romariz, *La Semana Trágica. Relato de los hechos sangrientos del año 1919,* Buenos Aires, Hemisferio, 1952.

Éramos pocos y llegaron los soviets

Los sectores más reaccionarios de la sociedad quisieron ver en las justas demandas obreras un complot que tenía sus raíces en la Unión Soviética, y asustaban a las clases medias con los peligros de una revolución bolchevique en las pampas. La gran huelga de enero no era producto de la injusticia reinante sino de una especie de agresión extranjera a la que había que oponerle una "causa nacional", la defensa sin distinción de clases de la patria agredida por los bolcheviques. Todo lo ruso resultó peligroso, y esa sospecha se extendió a la colectividad judía, lanzándose una verdadera campaña antisemita. Así lo cuenta el embajador francés en un informe a su gobierno:

"Para Yrigoyen, el balance de los sucesos puede establecerse de la siguiente manera: durante dos días dejó las manos libres a los elementos revolucionarios, los dos o tres días siguientes, dejó actuar a la policía, la cual abusó como yo ya lo indiqué... lo que exasperó al pueblo. [...]La policía masacró de una manera salvaje todo lo que era o pasaba por ruso. Uno de los jefes del partido en el poder se jactó, en una reunión de 20 personas, de haber matado con sus manos unos 40. Los guardias blancos compuestos de aficionados, se distinguieron particularmente en la caza al hombre que duró dos o tres días enteros".[35]

El diario radical *La Época* traía una noticia sensacional: un cable fechado en La Haya daba cuenta de la generosidad de maximalistas rusos que estaban financiando la revolución por todo el mundo. El cable reproducido gustosamente por el diario de Yrigoyen explicaba que el mecanismo consistía en hacer *"emigrar a millares de rusos para que propaguen sus doctrinas destructoras en las naciones a que pueden arribar y la Argentina sería uno de los pueblos preferidos para esa emigración"*.[36]

Mientras tanto, como da cuenta el diario *La Nación*, la policía se preciaba de haber detectado un complot soviético y detenido a los "jefes del movimiento maximalista". Por supuesto, todo era una patraña y una maniobra distractiva de la masacre perpetrada. Pero el efecto sería muy grave. Los jóvenes, y no sólo de la Liga Patriótica, se lanzarían a la "caza

---

[35] Bilsky, *op.cit.*
[36] *La Época,* 15 de enero de 1919.

del ruso", matando a decenas de personas. Este es el texto publicado por *La Nación*:

"LA AGITACIÓN ÁCRATA EN LA CAPITAL Y EN EL INTERIOR. EL 'GO-BIERNO' MAXIMALISTA.

Los supuestos jefes del movimiento maximalista continúan deteni-dos en el departamento central de policía, el 'dictador' Pedro Wald[37], en el cuartel de bomberos, y Sergio Suslow[38], secretario general, en investigaciones.

Entrevista con Suslow:

En el departamento central de policía pudimos conversar ayer tarde breves instantes con Sergio Suslow, presunto secretario general del llamado soviet central de la república. Se trata de un hombre joven, que representa alrededor de 26 años, que tiene buen aspecto y que parece poseer no escasa inteligencia. Habla el español un poco, encontrando a menudo dificultad para expresarse en ese idioma.

—¿Cómo se explica la acusación que pesa sobre usted?

—No lo sé. Repito que nada tengo que ver con el movimiento maxi-malista. Nací y me eduqué en Rusia. No soy ni he sido secretario de ninguna organización maximalista. Fui, sí, secretario de una aso-ciación obrera formada por rusos, y que contaba con 40 miembros, pero nuestra sociedad no tenía más fin, como muchas otras, que tra-bajar por la obtención de mejoras en las condiciones de trabajo y en los salarios".[39]

Al comprobar que se les había ido la mano con el invento de la cons-piración soviética y sus consecuencias, se vieron obligados a hacer algu-nas aclaraciones:

"Se han producido en estos días muchas lamentables confusiones entre elementos rusos, de acción disolvente muchos de ellos, y ele-mentos israelitas que, rusos también en la mayoría de los casos, viven aquí desde hace mucho tiempo una vida de trabajo honesto y meri-

---

[37] Pedro Wald era un humilde afiliado al Partido Socialista que trabajaba como perio-dista en el diario *Di Presse* y en el periódico de la colectividad judía *Avangard*. Sus artículos se destacaban por su moderación muy lejos del "maximalismo", —la defen-sa del programa de máxima de la Revolución Bolchevique—. Tanto Wald como Sus-low debieron ser puestos en libertad por "absoluta falta de méritos".

[38] Suslow era un humilde comerciante ucraniano del barrio de La Boca.

[39] *La Nación*, 14 de enero de 1919.

torio. La ofuscación ha hecho que se incurriese en injusticias, y ello ha llegado a tal extremo que los representantes de la colectividad israelita, nada sospechosa, por cierto, creyeron ayer necesario pedir a las autoridades que por sus antecedentes tiene aquélla derecho. [...] El comandante en jefe de las fuerzas de la ciudad atendió deferentemente a los delegados, y, como consecuencia de la entrevista, fue dirigida a los comisarios seccionales una circular que dice así: 'A solicitud de parte interesada, y por creerlo un estricto deber de justicia, les hago presente que deben ustedes establecer una perfecta distinción y divulgar estas ideas, de que nada tienen que ver los criminales cuyos atentados estamos todavía reprimiendo, con los pacíficos y laboriosos miembros de la colectividad israelita, que contribuyen en toda forma al progreso y grandeza de la república'".[40]

Otro invento notable fue el supuesto ataque al Departamento Central de Policía que los "grandes diarios" atribuyeron a elementos "huelguísticos"· Leamos el relato de los hechos escrito por un oficial de policía testigo del suceso:

"Al sonar los primeros tiros, no se supo disparados por quién, uno de los sargentos de servicio, por propia determinación, corrió al tablero de las llaves de luz y las cerró, dejando a oscuras a todo el edificio, es decir a todo el Departamento de Policía. La batahola se hizo entonces infernal. Los agentes corrían desesperadamente haciendo fuego al aire, los oficiales, al salir de las oficinas para asumir el mando de sus secciones y no obstante sus voces de mando, tenían que volver a refugiarse en el casino, dormitorios, etc., pues no sólo les era imposible dominar el tumulto, sino que hasta se veían en peligro de ser muertos por las balas que disparaban en todo sentido las tropas dominadas por el pánico".[41]

Como en una comedia de enredos, los policías se tirotearon entre ellos. Incluso el todopoderoso general Dellepiane fue baleado por la guardia, resultando ileso milagrosamente. Lo notable es que decenas de obreros fueron condenados por el inexistente ataque al Departamento Central de Policía y el hecho sirvió de argumento para justificar el "complot maximalista". Recuerdos del futuro...

[40] *La Nación*, 14 de enero de 1919.
[41] Romariz, *op.cit.*

El triunfo de la huelga

Finalmente el 11 de enero el gobierno radical llegó a un acuerdo con la FORA IX basado en la libertad de los presos que sumaban más de 2.000, un aumento salarial de entre un 20 y un 40 %, según las categorías, el establecimiento de una jornada laboral de nueve horas y la reincorporación de todos los huelguistas despedidos. Poco después las autoridades de la FORA y del Partido Socialista resolvieron la vuelta al trabajo.

El vespertino *La Razón* titulaba: *"Se terminó la huelga, ahora los poderes públicos deben buscar los promotores de la rebelión, de esa rebelión cuya responsabilidad rechazan la FORA y el PS..."*[42] Pero el dolor y la conmoción popular continúan. Los trabajadores se muestran renuentes a volver a sus trabajos. En las asambleas sindicales las mociones por continuar la huelga general se suceden. Por su parte, la FORA V se opone terminantemente a levantar la medida de fuerza y decide *"continuar el movimiento como forma de protesta contra los crímenes de Estado"*.[43]

Finalmente, el jefe del Poder Ejecutivo de facto, general Dellepiane, recibió el martes 14 de enero por separado a las conducciones de las dos FORA y aceptó sus coincidentes condiciones para volver al trabajo que incluían *"la supresión de la ostentación de fuerza por las autoridades"* y el *"respeto del derecho de reunión"*. Pero pasando por encima del general, la policía y miembros de la Liga Patriótica se dieron un gusto que venían postergando: saquearon y destruyeron la sede de *La Protesta*. Esto motivó la amenaza de renuncia de Dellepiane, que fue rechazada al día siguiente por el propio presidente Yrigoyen, quien además ordenó efectivizar la puesta en libertad de todos los detenidos.

Para el jueves 16, Buenos Aires era casi una ciudad normal: circulaban los tranvías, había alimentos en los mercados, y los cines y teatros volvieron a abrir sus puertas. Las tropas fueron retornado a los cuarteles y los trabajadores ferroviarios fueron retomando lentamente los servicios. Recién el lunes 20 los obreros de Vasena, tras comprobar que todas sus reivindicaciones habían sido cumplidas y que no quedaba ningún compañero despedido ni sancionado, decidieron volver a sus puestos de trabajo.

---

[42] *La Razón*, 11 de enero de 1919.
[43] En Diego Abad de Santillán, *La FORA*, Buenos Aires, Ediciones Nervio, 1933.

Según el historiador anarquista Diego Abad de Santillán:

"La revuelta popular duró varios días. Faltó entonces la capacidad para canalizar las energías del pueblo y ofrecerles un objetivo revolucionario inmediato. No había en el movimiento obrero hombres de prestigio suficiente para encauzar el espíritu combativo de las grandes masas. Tampoco las organizaciones obreras se encontraban en condiciones. Por lo demás, el movimiento fue inesperado y sorprendió a todos, a los de arriba y a los de abajo. Fue una explosión instintiva de solidaridad proletaria, pero no un movimiento preparado y orientado hacia algo más".[44]

La rebelión social duró exactamente una semana, del 7 al 14 de enero de 1919. La huelga había triunfado a un costo enorme. El precio no lo pusieron los trabajadores sino los dueños del poder, que hicieron del conflicto un caso testigo en su pulseada con el gobierno al que consiguieron presionar en los momentos más graves e imponerle su voluntad represiva.

Muy bien 10 felicitado

No hubo sanciones para las fuerzas represivas, ni siquiera se habló de "errores o excesos"; por el contrario, el gobierno felicitó a los oficiales y a las tropas encargadas de la represión y volvió a hablar de subversión: *"En nombre del Excmo. Señor presidente de la Nación me es altamente satisfactorio felicitar al personal de oficiales y tropa del ejército y de la escuadra, por la forma tan laudable con que supo contribuir al dominar el movimiento subversivo, extraño a la nacionalidad, que estalló en esta capital".*[45]

Por su parte, Dellepiane, el jefe de la represión, dictó la siguiente orden del día:

"Quiero llevar al digno y valiente personal que ha cooperado con las fuerzas del ejército y armada en la sofocación del brutal e inicuo estallido, mi palabra más sentida de agradecimiento, al mismo tiem-

---

[44] *Idem.*
[45] *La Nación*, 18 de enero de 1919.

po que el deseo de que los componentes de toda jerarquía de tan
nobles instituciones, encargadas de salvaguardar los más sagrados
intereses de esta gran metrópoli, sientan palpitar sus pechos únicamente por el impulso de nobles ideales, presentándolos como coraza
invulnerable a la incitación malsana con que se quiere disfrazar
propósitos inconfesables y cobardes apetitos".[46]

El embajador de Yrigoyen en Gran Bretaña, Álvarez de Toledo, tran-
quiliza a los inversores extranjeros en un reportaje concedido al *Times*
de Londres y reproducido por *La Nación:*

"Los recientes conflictos obreros en la República Argentina no
fueron más que simple reflejo de una situación común a todos los
países y que la aplicación enérgica de la ley de residencia y la
deportación de más de doscientos cabecillas bastaron para detener
el avance del movimiento, que actualmente está dominado. [Agregó
que] la República Argentina reconoce plenamente la deuda de gratitud hacia los capitales extranjeros, y muy especialmente hacia los
británicos por la participación que han tenido en el desarrollo del
país, y que está dispuesto a ofrecer toda clase de facilidades para otro
desarrollo de su actividad"[47]. [A modo de balance decía La Nación]:
"Todos los partidos políticos, todos los hombres de significación han
estado junto al gobierno, sobre todo cuando se percataron de la
gravedad que podía tener el movimiento; los más enconados enemigos del radicalismo se unieron a la obra de la autoridad: los diarios más opositores suavizaron sus artículos y pusieron sordina a sus
quejas; instituciones nacidas sólo para el combate al gobierno se le
ofrecieron para formar en las filas del orden dentro de la libertad y
la democracia. Ha sido un espectáculo reconfortante y hermoso"[48].

Donaciones de almas caritativas

Los sectores más pudientes de la sociedad se mostraron muy agra-
decidos con los miembros de las fuerzas represivas y quisieron premiar-
las con lo único que a ambas partes les interesa a la hora de los home-

---

[46] *La Nación*, 14 de enero de 1919.
[47] *La Nación*, Bs. As., 13 de julio de 1919.
[48] *La Nación*, 12 de enero de 1919

najes: dinero. Las empresas beneficiadas con la "disciplina social", las damas de beneficencia y otras entidades "de bien público" iniciaron colectas "pro defensores del orden". Así lo detalla *La Nación*:

"En el local de la Asociación del Trabajo se reunió ayer la Junta Directiva de la Comisión pro defensores del orden, que preside el contralmirante Domecq García, adoptándose diversas resoluciones de importancia. Se resolvió designar comisiones especiales que tendrán a su cargo la recolección de fondos en la banca, el comercio, la industria, el foro, etc., y se adoptaron diversas disposiciones tendientes a hacer que el óbolo llegue en forma equitativa a todos los hogares de los defensores del orden. Se han abierto cuentas especiales en varios bancos, bajo el rubro Comisión pro defensores del orden, para que los donantes puedan hacer en ellos la entrega de fondos. [...] La empresa del ferrocarril del Oeste ha resuelto contribuir con la suma de 5.000 pesos al fondo de la suscripción nacional promovida a favor de los argentinos que han tenido a su cargo la tarea de restablecer el orden durante los recientes sucesos. Un grupo de jóvenes radicados en la sección 15 de la policía ha iniciado una colecta entre los vecinos con objeto de entregar una suma de dinero a los agentes pertenecientes a la citada comisaría, con motivo de su actuación en los últimos sucesos".[49]

"La comisión central pro defensores del orden recibió ayer las siguientes cantidades:

Frigorífico Swift	$ 1.000
Club Francais	500
Eugenio Mattaldi	500
Escalada y Cía.	100
Leng Roberts y Cía.	500
Juan Angel López	200
Matías Errázuriz	500
Horacio Sánchez y Elía	7.000
Jockey Club	5.000
Cía. Alemana de electricidad	1.000
Arable King y Cía	100
Elena S. de Gómez.	200
Las Palmas Produce Cía.	1.000
Mac Donald	300
Frigorífico Armour	1.000

[49] *La Nación*, 16 de enero de 1919.

La lista abierta por *La Nación* para las familias de los caídos en
defensa del orden recibió ayer estos aportes:

Suma anterior	15.413,10
Podestá Hnos.	30
Juan B. Podestá	25
Total	15.468,10"[50]

Fieras hambrientas

Nadie se acordó de los familiares de los 700 muertos y de los más de
4.000 heridos. Eran gente del pueblo, eran trabajadores, eran, en términos de Carlés, "insolentes" que habían osado defender sus derechos. Para
ellos no hubo "suscripciones" ni donaciones para aquellas viudas con
sus hijos sumidos en la más absoluta tristeza y pobreza, para los hijos
del pueblo no hubo ningún consuelo. La caridad tenía una sola cara.

Sólo varios meses después de terminada la represión de aquella
Semana Trágica, las damas de caridad y la jerarquía de la Iglesia Católica lanzaron una colecta para reunir fondos para darle limosnas a las
familias más necesitadas. Lo hacían evidentemente en defensa propia.
Si a alguien le queda alguna duda, he aquí parte del texto de lanzamiento
de la Gran Colecta Nacional: *"Dime: ¿qué menos podrías hacer si te vieras acosado o acosada por una manada de fieras hambrientas, que
echarles pedazos de carne para aplacar el furor y taparles la boca? Los
bárbaros ya están a las puertas de Roma"*.[51]

Lucha y sangre en el quebrachal

La base fundamental de la producción de la empresa inglesa La
Forestal[52] era la explotación del quebracho colorado para extraer tanino −utilizado para curtir cueros− y en la exportación de rollizos para
la fabricación de durmientes para las vías ferroviarias. Sus actividades
comenzaron en 1905 y sólo en la provincia de Santa Fe sus propieda-

---

[50] *La Nación*, 6 de febrero de 1919.
[51] En José Luis Romero, *Las ideas en la Argentina del siglo XX*, Buenos Aires, FCE, 1987.
[52] El nombre oficial de la empresa era: "The Forestal Land, Timber and Railways
Company Limited".

des llegaban a las 2.100.000 hectáreas. El diario *La Razón* se quejaba de una práctica que haría escuela entre las "empresas a las que les interesa el país": *"Entretanto que esa empresa (La Forestal) y muchas otras pagan enormes impuestos al extranjero las leyes argentinas, con una liberalidad inconcebible, no les reclaman ninguna contribución que importe una mínima parte de las dos partidas que ese balance computa. No pasa tal cosa en ninguna nación del mundo bien administrada".*[53]

Las condiciones laborales de los trabajadores eran terribles. Los hacheros y sus familias vivían en ranchos improvisados con ramas y troncos y la jornada era interminable.

"El obraje es una caverna humana, un ir y venir de gente, gente sin sosiego; están días y días en él, a veces meses, y con la esperanza de un porvenir mejor, desarman sus viviendas, guardan sus camas (que son un montón de bolsas), atan sus pilchas y cabizbajos, con la compañera al lado y sus hijos por detrás, se van a lomo de mula o carretas".[54]

Para ejemplo, bastaría con reproducir un contrato de trabajo tipo:

"Todo peón que abandone el trabajo sin permiso del patrón, ausentándose del establecimiento, será considerado prófugo y el patrón queda autorizado a perseguirlo por las autoridades o comisiones, para hacerle cumplir sus compromisos. Si el peón pierde su libreta, tendrá que someterse a los datos que arrojen los libros del establecimiento. Es obligación del peón trabajar todos los días que el patrón o el mayordomo habilite, sin excluir los domingos, días feriados o lluviosos, como asimismo de noche, siempre que la inclemencia del tiempo impidiera hacerlo de día. El peón que trabaje día domingo tendrá derecho a cobrar un peso moneda nacional por cada día. La falta de uno o dos artículos de manutención no da derecho al peón a negarse a continuar el trabajo. Si por falta de voluntad alegase enfermedad a fin de no trabajar, sobre todo el día domingo, pagará por la comida cincuenta centavos diarios, descontándosele además del sueldo".[55]

Los miembros de la patronal, en su mayoría ingleses, no la pasaban nada mal en los terrenos de La Forestal, donde ondeaba la bandera in-

---

[53] *La Razón*, Buenos Aires, 4 de septiembre de 1917.

[54] Testimonio de una maestra de la zona en Gastón Gori, *La Forestal*, Buenos Aires, Proyección, 1965.

[55] Diego Abad de Santillán, *Historia argentina*, Buenos Aires, TEA, 1971.

glesa y se celebraba el cumpleaños del rey de Inglaterra. Tenían sus salones de té, sus orquestas, sus teatros, salones de box y centros deportivos, sus bibliotecas y restaurantes. No extrañaban su tierra natal y habían logrado reproducir su hábitat nacional en medio del quebrachal y la miseria ajena.

En el reino de La Forestal no circulaba la moneda nacional. Los obreros cobraban en vales que sólo podían ser canjeados en los almacenes de la empresa, donde los productos eran carísimos. Las ganancias obtenidas a través de estos almacenes eran enormes: por ejemplo, en el ejercicio de 1918 la empresa pagó 3.100 pesos de impuestos por las ganancias obtenidas en estos comercios de Villa Guillermina y 5.000 pesos por todo lo producido por la fábrica de tanino de esa misma ciudad. De lo que podemos concluir que la empresa evadía escandalosamente con la complicidad de las autoridades locales y nacionales y que estafaba extraordinariamente a los trabajadores con las mercaderías vendidas en sus "exclusivos almacenes".

Para los que se siguen llenando la boca y nos llenan a nosotros otras partes del cuerpo con el inmoral verso de las ventajas de cualquier e indiscriminada inversión extranjera "portadora de progreso y civilización" van aquí algunos datos: en la zona de administración de la empresa la mortalidad infantil llegó al 55,3 %. Un 25 % de los fallecidos por causas evitables tenían entre 11 y 35 años. De los habitantes varones que se presentaron para hacer el servicio militar, el 50 % fue declarado físicamente inepto. El informe decía:

> "La ineptitud de los jóvenes proviene de la mala alimentación y de la escasa que tuvieron en la niñez; exceso de trabajos rústicos y mala vida de los 11 a los 20 años, para ganar un mal vivir, taras físicas y hereditarias y, por regla general, no atendidas a tiempo; adquisición temprana, de 13 a 16 años, de venéreas. La región no progresa. El trust de la industria forestal es el motivo legalizado del atraso absoluto de este distrito".[56]

---

[56] Informe de Hugo B. Longhi sobre la situación social en Tartagal, en Rafael Virasoro, *La Forestal Argentina*, Buenos Aires, CEAL, 1971.

La rebelión

Tanta injusticia no podía quedar impune. Desde los comienzos de la instalación de La Forestal los trabajadores se fueron organizando y comenzó la lucha por los derechos laborales. Allá por 1920 en el país gobernaba Yrigoyen, y en el Chaco santafecino gobernaba La Forestal, que se oponía a todo tipo de organización sindical y perseguía a los delegados y "agitadores" sindicales. La actividad gremial no podía realizarse a la vista de la empresa, y en plena democracia los trabajadores sindicalizados tuvieron que actuar desde la clandestinidad para enfrentar a la policía privada de la empresa que los perseguía implacablemente.

A pesar de las dificultades, los trabajadores organizados pudieron redactar un documento con sus reclamos y en julio de 1919 lanzaron la primera huelga. Pedían aumento de salarios y la reducción de la jornada laboral de 12 a 8 horas por trabajo insalubre. La "democrática" Forestal no tardó en responder desconociendo todo tipo de reclamo y lanzando una feroz represión. Pero los trabajadores que gracias a la paciente labor de los delegados se habían afiliado masivamente a la Federación Obrera Regional Argentina (FORA) –que fundó escuelas de primeras letras y de capacitación sindical para los trabajadores de la zona– resistieron heroicamente a las tropas de la policía privada, a la policía provincial enviada por el gobernador Mosca –después candidato a vicepresidente por la Unión Democrática en las elecciones de 1946 que ganaría Perón– y a mercenarios conocidos como los "Penachos Colorados" o "Cardenales", contratados a medias por la provincia y la empresa.

> "Los delegados de la FORA han llegado hasta el corazón de la selva, diciendo cosas desconocidas a los hermanos que viven en la miseria, en la abyección. La FORA ha incorporado al movimiento sindical al indio y al criollo, quienes al adquirir conciencia de clase, constituirán una fuerza incontenible en las reivindicaciones proletarias. Lo que no pudieron o no quisieron hacer el Poder Ejecutivo y el congreso, lo está haciendo la FORA".[57]

Estos paramilitares se dedicaron a amedrentar de todas las maneras posibles a los huelguistas, arrasando sus ranchos, robándoles lo poco

---

[57] Opinión de Alfredo Palacios en Sebastián Marotta, *El movimiento sindical argentino*, tomo II, Buenos Aires, Lacio, 1961.

que tenían los trabajadores y sus familias, a secuestrar y torturar delegados y activistas obreros, y a bloquear la llegada de los "trenes aguateros", que eran la única fuente de agua potable para aquellas regiones.

Esto no sirvió más que para agravar las cosas. A mediados de diciembre se lanzó un conflicto que duraría casi un mes. Pero el coraje y espíritu rebelde prefería morir peleando que vivir en el infierno. La Forestal consiguió sin demasiado esfuerzo que llegaran las tropas del Regimiento 12 de Infantería. En los primeros meses de 1920 se generaliza la represión y varios dirigentes sindicales son detenidos y sus compañeros deciden el 23 de abril la toma de la fábrica. Se produce un tiroteo en que mueren el gerente general de la empresa y un obrero. A partir de entonces la represión alcanza su grado máximo de ferocidad. La disparidad de fuerzas era enorme, y a pesar de las múltiples muestras de heroísmo de los obreros y hacheros de La Forestal, la huelga fue sofocada y se desató la revancha de clase: despidos, listas negras, encarcelamientos de dirigentes. El 12 de Infantería recupera la fábrica a sangre y fuego y fusila a 20 trabajadores. Cuenta uno de los hacheros sobrevivientes: *"Quien nos ha hecho trabajar como burros y nos ha apaleado hasta que ha querido fue la gendarmería. El sargento primero Varola nos ponía en fila de indio y nos hacía pasar al trote frente a él con una bolsa de tanino al hombro y al enfrentarlo nos aplicaba garrotazos con el machete. Así trabajamos una mañana acarreando tanino y una tarde apilando leña".*[58]

Pero era sólo una tregua, la lucha iba a continuar. En enero de 1921 los trabajadores volvieron a la carga por las mismas reivindicaciones que seguían siendo ignoradas por la empresa. En las refriegas contra los trabajadores un "cardenal" mató por error al comisario Celestino Alfonsín. La muerte fue inmediatamente adjudicada a los huelguistas. Cuenta Gastón Gori en su notable trabajo *La Forestal* que *"la represión tuvo caracteres de caza del hombre y en los bosques se comenzó a vivir ambiente de guerrilla para salvarse de la muerte [...] El tiroteo es continuo y en todas direcciones, unos 150 hombres armados se atrincheraron en los bosques y la policía no entraba allí".*[59]

Finalmente a fuerza de balas y terror, todo vuelve a la "normalidad". La empresa despide a miles de trabajadores y, con el aval de los gobiernos provincial y nacional, siguió operando con su clásica impunidad.

---

[58] Declaraciones del hachero Jumelio Méndez en Rafael Virasoro, *op. cit.*
[59] Gastón Gori, *La Forestal*, Buenos Aires, Proyección, 1965.

Pero la actividad sindical impulsada por la FORA y la USA continuaría aun en las peores condiciones.

La Patagonia también es rebelde

Dos años después de los hechos de la Semana Trágica estalló en la provincia de Santa Cruz una prolongada huelga de trabajadores rurales enrolados en la Federación Obrera de Río Gallegos afiliada a la FORA. El precio de la lana y de la carne de cordero, principales productos de la región, había crecido notablemente durante el desarrollo de la Primera Guerra Mundial, generando una notable prosperidad en los escasos propietarios de los millones de hectáreas y ovejas patagónicas. Por supuesto que esa prosperidad no se transmitió a los trabajadores, que siguieron cobrando salarios miserables y viviendo y trabajando en condiciones infrahumanas. Pero con el fin de la guerra bajó la demanda y con ella el precio de las exportaciones primarias patagónicas, y entonces sí los estancieros y dueños de frigoríficos quisieron asociarse con sus trabajadores, claro que para compartir su déficit. En el verano de 1921 decidieron despedir empleados y rebajar unilateralmente los de por sí misérrimos salarios.

Apelando al mundo civilizado

Pero la organización obrera reaccionó inmediatamente lanzando una campaña de afiliación sindical masiva y emitiendo un comunicado dirigido *"Al mundo civilizado"* que decía:

"Los estancieros pretenden seguir tratando a sus obreros asalariados en la forma brutal en que hasta hoy lo hicieron, confundiéndolos con los hombres de la gleba y de la esclavitud, y convirtiéndolos en nuevo producto de mercados repugnantes, en los que la cotización del hombre no alcanza para sus explotadores a la cotización del mulo, del carnero y del caballo, ya que hoy por hoy los estancieros consideran que un hombre se sustituye por otro sin costo alguno y en cambio cualquiera de los irracionales cuesta una determinada suma a pagar".[60]

---

[60] Osvaldo Bayer, *La Patagonia rebelde*, Buenos Aires, Hyspamérica, 1985.

La Federación presentó un petitorio a los estancieros con reclamos básicos que no incluían aumentos salariales sino que apuntaban a humanizar las condiciones de vida en las estancias, pero el documento fue rechazado de plano por los patrones. La Federación convocó a una asamblea que decretó la huelga general. Como en muchas estancias los trabajadores comenzaron a ser expulsados compulsivamente, se fueron formando campamentos de obreros desplazados que se fueron uniendo y decidieron tomar algunas estancias y expropiar caballos y alimentos a cambio de vales emitidos por la Federación. Al llegar a la estancia La Anita, propiedad de los Menéndez Behety, los huelguistas fueron recibidos a balazos por fuerzas policiales. Los trabajadores se defendieron y dieron muerte al sargento Sosa y su chofer, e hirieron a un cabo y al sargento Jorge Ernesto Pérez Millán Témperley. Pocas horas después, en otro enfrentamiento, morirán el obrero Gracián y el agente Peralta.

Los diarios magnificaron el episodio hablando de la insurrección patagónica, de los bandoleros del sur. *La Prensa* decía:

"Los principales industriales, comerciantes y estancieros de Río Gallegos enviaron un telegrama al Ministerio del Interior, pidiendo que se mande un regimiento de caballería a fin de terminar con las devastaciones de que está siendo víctima esa región por parte de una banda de pretendidos huelguistas. Hay que impedir la reproducción de sucesos tan graves y tan vergonzosos como los que se están desarrollando en Santa Cruz".[61]

El gobierno radical, presionado por las patronales, envió al teniente coronel Héctor Benigno Varela, que había participado activamente en la represión de la Semana Trágica a las órdenes de Dellepiane. El militar estudió la situación y elaboró un informe en el que concluía que los responsables de la situación eran los estancieros por los niveles de explotación a los que tenían sometidos a sus peones y redactó un proyecto de acuerdo para solucionar el conflicto. El acuerdo, que contemplaba las demandas obreras y los obligaba a deponer las armas, devolver los bienes tomados en las estancias y entregar a los rehenes, es firmado con sabor a victoria por parte de la Federación y a regañadientes por la patronal.

[61] *La Prensa*, 17 de enero de 1921.

Cumplida su misión, Varela y su regimiento, el 10 de Caballería, se disponen a partir. Antes de embarcarse, a un estanciero lo asaltó la duda sobre el mantenimiento de la paz social y le dijo a Varela: *"'Usted se va y esto comienza de nuevo' y Varela le contestó: 'Si se levantan de nuevo volveré y fusilaré por decenas'".*[62]

Tenía razón el estanciero, sólo que los que no cumplieron con lo acordado no fueron los obreros sino los estancieros, que hicieron del acuerdo letra muerta. Ni siquiera pagaron los sueldos atrasados y comenzaron los despidos. Tras largas deliberaciones, la Federación decidió volver a la lucha con la misma metodología que en la primera huelga. Sus dirigentes recorrerán todo el territorio de la provincia para garantizar la efectividad de la medida, Ramón Outerello, español de profesión camarero, llamado por sus compañeros "el coronel", comandaba a los huelguistas de la zona central y coordinaba todo el movimiento; Antonio Soto, el secretario de la Federación, actor de teatro, fue designado segundo jefe y comandaba a sus compañeros del sur; el tropero entrerriano José Font —alias "Facón Grande"— era el tercer jefe y comandaba a los huelguistas del norte santacruceño.

La tarea dio sus frutos y para fines de octubre todo el territorio de la provincia estaba en huelga.

Esa maldita obediencia debida

Ante la gravedad de los hechos, el gobernador interino de la provincia pidió auxilio al gobierno nacional, que a su vez estaba siendo presionado por el embajador de Gran Bretaña y el encargado de negocios de Estados Unidos, que se presentaron ante el canciller Honorio Pueyrredón para pedirle garantías por las vidas y haciendas de sus súbditos que habitaban en Santa Cruz. El gobierno decide enviar nuevamente al teniente coronel Varela. Osvaldo Bayer recogió distintas versiones sobre las órdenes recibidas por el militar:

> "El senador nacional radical Bartolomé Pérez nos ha señalado que las instrucciones dadas a Varela de implantar la ley marcial y proceder con todo rigor partieron del propio primer mandatario y fueron

[62] Osvaldo Bayer, *op. cit.*

dadas a Varela por el ministro de Guerra, doctor Julio Moreno: 'hay que liquidar la situación de cualquier manera', fue la consigna. Otros dirigentes radicales nos han manifestado, por el contrario, que Varela actuó así por orden directa del ejército, más precisamente, del comandante de la segunda división, general Dellepiane".[63]

Varela llegó a Río Gallegos, se negó a recibir a los delegados de la Federación y lanzó un bando decretando la pena de muerte para los "subversivos", a pesar de que el 1º de octubre el Congreso Nacional había abolido, con el voto mayoritario del bloque radical, la pena capital.

Es interesante destacar que antes de iniciar su matanza Varela remite el siguiente informe al gobierno donde reconoce que los dueños de las estancias y los medios que les responden han exagerado las cosas:

"Puedo asegurar que las notas que en ésa se reciben –aun las que pueda trasmitir esta gobernación– son exageradas. Regreso de visitar numerosas estancias de la parte sur del territorio que, según comunicaciones recibidas en ese Ministerio, fueron asaltadas. Ninguna de ellas tiene desperfectos en sus edificios ni en sus materiales de trabajo, excepto la del Sr. Ibón Noya, a quien le fue quemado el galpón de esquila. Las estancias están todas abandonadas por sus administradores y dueños, y muchas de ellas sin personas que las cuiden, no obstante lo cual ninguna ha sido saqueada. Los peones de la mayor parte de las estancias, algunos capataces se han levantado en huelga y actualmente existen numerosos grupos capitaneados por individuos de malos antecedentes, los mismos que intervinieron en el movimiento huelguista del año anterior, cuyas capturas dejé recomendadas al gobernador del territorio después que los sometí. Las tropas a mis órdenes proceden con empeño a someterlos; algunos se han presentado ya a trabajar. Creo que pronto se restablecerán la tranquilidad y el orden. La situación por que atraviesa el territorio no es alarmante".[64]

A pesar de sus declaraciones, Varela lanza una feroz represión contra los huelguistas, aquellos que habían "osado" defender sus derechos, aquellos que se le habían atrevido al poder.

---

[63] Osvaldo Bayer, *op. cit.*
[64] Telegrama de Varela al Ministerio de Guerra, reproducido por *La Prensa*, el 21 de noviembre de 1921.

La Vanguardia describe claramente la situación que se desata a partir de la llegada de Varela y sus tropas, a las que se incorporan estancieros nucleados en la Liga Patriótica Argentina. Todo peón es sospechoso y se lanza una verdadera "caza del huelguista" como la llama el diario socialista. El diario radical *La Época* alerta sobre la campaña propagandística de los estancieros:

"En las informaciones oficiales no se cita un solo atentado contra la vida de los pobladores, ni un solo ultraje al honor de las personas. Todo lo que hayan dicho sobre el particular los grandes matutinos resulta perfectamente falso. Los huelguistas sediciosos se han conducido con laudable corrección y prudencia, limitándose en general a hacer requisiciones de víveres y armas en las estancias y llevar como rehenes a algunos propietarios o administradores que resistían aceptar las condiciones impuestas por los obreros. Cuando fueron hostilizados por un corto contingente de tropas se dispersaron o se entregaron, resistiéndose solamente los elementos maleantes que explotaban la situación de ánimo de los trabajadores".[65]

Varela comenzó a dar cumplimiento a su bando y a su afán de revancha de clase. Una a una fueron recuperando las estancias. Facón Grande había comandado a sus compañeros en el único combate librado entre las tropas de Varela y los huelguistas en la que murió la única víctima del regimiento de Varela. Facón pensaba que en un tren venían rompehuelgas y lo quiso detener. Él y sus compañeros hicieron retirar a la tropa que estaba comandada personalmente por Varela. La afrenta era muy grande para el honor del teniente coronel. José Font había ido perdiendo su nombre: para todos era Facón Grande, aquel gaucho noble, dueño de una tropa de carros, de un relativo buen pasar, que se unió a la huelga por no soportar tanta injusticia. A él recurrían los paisanos para pedirle consejos, para saber cómo enfrentar las arbitrariedades de sus patrones. Era un ejemplo para los peones rurales que agradecían su coherencia y lo seguían a muerte. Facón era una las presas más preciadas por Varela. Sabía que no iba a poder con él en un combate franco y decidió capturarlo tramposamente a través de un ardid. Le hizo llegar un telegrama en el que le ofrecía parlamentar bajo la base de aceptar el convenio firmado con su aval. El digno gaucho

---

[65] *La Época*, 28 de diciembre de 1921.

entrerriano, confiando en la institución criolla de la palabra empeña-
da, llegó acompañado de un delegado. A poco de llegar y de anunciar
que venía a parlamentar, la mirada de Varela se dirigió a un grupo de
soldados y ordenó secamente "deténganlo" mientras un segundo de Varela disparaba impunemente contra el gaucho Cuello, delegado de la
Federación que acompañaba a Font, matándolo en el acto. No fue fácil
sujetar a Facón, quien se resistió hasta último momento. Finalmente
fue reducido y maniatado. Varela, con su mirada gélida, levantó su
mano y escondió el dedo pulgar, quedando cuatro dedos a la vista. Sus
subordinados ya conocían el lenguaje de señas de su jefe: cuatro tiros.
Facón no paró de insultar a su fusilador y cayó dignamente, como
había vivido, bajo las balas del 10 de Caballería.

Masacre en la Anita

Los trabajadores reunidos en la Anita, una de las estancias de los
Menéndez Behety, rodeados por las tropas de Varela, le enviaron la
siguiente nota al teniente coronel:

> "Venimos a pedir a Ud. por medio de la presente de la cual son por-
> tadores dos obreros genuinos, quiera tener la bondad que le agrade-
> ceremos, de indicarnos las condiciones exigidas por el ejército
> nacional al cual estamos dispuestos a respetar, siempre que nos
> garanta la vida contra las autoridades de policía las cuales no nos
> inspiran la más mínima confianza. Obran en nuestro poder 80 pri-
> sioneros, 3.000 caballos, 450 armas largas, 300 cortas, 15.000 tiros
> de armas largas y 3.000 de cortas; todos los cuales estamos dis-
> puestos a entregar al ejército con la suficiente garantía de que se nos
> garantan nuestras vidas y nuestra libertad para volver a nuestras fae-
> nas en las condiciones que el señor Jefe del 10 de caballería señor
> Varela, nos dejó el año próximo pasado. Tenemos la convicción los
> obreros de que gallardía que es peculiar en todo militar de honor ha
> de salvarnos de la rapacidad de los señores latifundistas de la Pata-
> gonia que explotan las tierras que le pertenecen al superior Gobier-
> no. Ansiamos una contestación de Ud."[66]

---

[66] Diario *El Trabajo*, 28 de diciembre de 1921.

Varela les contestó que la rendición sería incondicional y que tenían tres horas para pensarlo antes de que los "cague a tiros a todos". Tras una asamblea presidida por Antonio Soto debatieron si continuar la lucha o entregarse a las tropas de Varela sin condiciones. Soto y otros dirigentes les advirtieron a sus compañeros que no confiaran en el teniente coronel, que no se entregaran porque serían masacrados. Que ya los habían declarados culpables y que esa culpa era la de ser trabajadores y atreverse a rebelarse contra la injusticia.

La asamblea decidió por amplia mayoría entregarse. Era un final insoportable para Soto, quien por primera vez desobedeció la decisión de la mayoría y decidió partir a Chile con un grupo de compañeros. A los trabajadores de La Anita que se entregaron, unos 400, se los trató peor que al ganado que va camino al matadero. Primero fueron despojados absolutamente de sus pocos bienes materiales por los "defensores de la propiedad privada": alianzas de casamiento, rastras, dinero, cheques de sueldos, relojes, cadenitas de oro, monturas y hasta los quillangos[67] y mantas. El botín fue repartido entre la tropa, eso sí, siguiendo el orden jerárquico: el oro y el dinero para los oficiales, el resto para la tropa. Luego debieron pasar por estrechos corrales donde fueron golpeados a gusto por la soldadesca y finalmente fueron rapados con las máquinas de esquila y encerrados en los galpones de las estancia. Allí, sentados espalda contra espalda, cada uno debía portar una vela para su mejor vigilancia. Otros, a aquellos que se los encontró con "ropa de estancieros" fueron desnudados y atados a los alambrados. Amanecieron muertos de frío. El resto fue despertado violentamente y obligado a formar en dos largas columnas. Varela en persona, acompañado de los estancieros y miembros de la Liga Patriótica Gerardo Dobreé, inglés, hacendado de Santa Cruz; Robert Saller, norteamericano, propietario del garaje Auto Equipo de Santa Cruz; Alan Mac Donald, inglés, gerente en la América del Sur de la casa Cooper y Nephews; Otto Huich, alemán, inspector de la S. A. Importadora y Exportadora de la Patagonia; Jacinto Nogore; Vittorio Brun, y Aníbal Bosso[68], entre otros, identificaban a los delegados de estancia. El estanciero mister Bond hizo fusilar a 37 peones de su estancia porque le faltaron 37 caballos. A los delegados identificados, a los sospechosos, a los no simpáticos o no del todo complacientes, a los que les debían más de tres meses de sueldo, todos ellos cayeron bajo las

[67] Pieles usadas para el abrigo.
[68] Osvaldo Bayer, *op. cit.*

balas del Regimiento 10 de Caballería comandado por Héctor *Benigno* Varela quien previamente les hizo cavar a cada uno su propia tumba. En total fueron salvajemente fusilados ilegal e ilegítimamente en todo el territorio de Santa Cruz unos 1.500 trabajadores. A ninguno se le inició causa judicial alguna, ninguno fue acusado de nada ante estrados judiciales, ninguno pudo disponer del legítimo derecho de defensa ni de ninguno de los derechos garantizados por el artículo 18 de la Constitución Nacional. Para ellos no hubo ley, sólo hubo muerte.

El diario *La Razón*, vinculado a la Liga Patriótica, decía: *"No es del caso considerar lo que ocurrió después de la rendición de los sediciosos. No queremos hacernos eco de lo que nos han contado, por tratarse de hechos consumados. En general regresaron libremente de La Anita los peones reclamados por los hacendados. No se conoce con exactitud el número de fusilados en Lago Argentino".* [69]

Terminada la faena, Varela le da franco a la tropa. En Puerto San Julián se produce un maravilloso episodio de resistencia. Las trabajadoras sexuales del prostíbulo La Catalana se niegan a "atender" a los hombres de Varela y los echan a escobazos al grito de "asesinos de trabajadores". Las valientes mujeres serán detenidas pero deberán ser liberadas "por falta de méritos". Si hubo quienes tuvieron méritos fueron estas valientes mujeres de San Julián, para quienes Osvaldo Bayer reclama hace años un monumento.[70]

Misión cumplida

Cumplida su sangrienta misión, Varela regresó a Buenos Aires y —nobleza y obediencia debida obligan— se entrevistó con el ministro de Guerra. A la salida del "cónclave" formuló las siguientes declaraciones, en las que se adelantaba a sus futuros colegas de los años 70 y atribuía todo a un complot subversivo:

---

[69] *La Razón*, 29 de diciembre de 1921.

[70] Acompañamos al querido maestro en ese reclamo con la confianza de que lo conseguirá, como ya lo hizo con el hermoso monumento que se enseñorea en las soledades de la ruta 3 al querido y corajudo gaucho Facón Grande y con la calle Antonio Soto, en pleno centro de Río Gallegos, mientras esperamos un monumento para el extraordinario dirigente sindical Antonio Soto, como el que tiene en su Galicia natal, para homenajear en él a todos aquellos heroicos luchadores sociales patagónicos que cayeron soñando con un mundo mejor.

"Mi opinión sobre el movimiento producido es concluyente en lo que se refiere a su organización. No se trata de un hecho aislado, sino que respondía a un amplio plan de alteración del orden en todo el país. Diversas comunicaciones, ciertas y documentos secuestrados a los revoltosos abonan lo que digo, con el agregado de que, en general, pudo apreciarse una determinada tendencia en contra de cuanto significaba la existencia regular de la Nación, dentro de cuyo territorio estaban viviendo los revoltosos, en su mayoría extranjeros. La poca atención que prestaran en el primer momento las autoridades civiles y la carencia de recursos y elementos de parte de éstas, permitió iniciar la revuelta en inmejorables condiciones, añadiéndose enseguida la sublevación, merced al imperio de los desmanes que cometieron, mientras aumentaban sus parques de armas, caballos, automóviles y aprovisionamientos, requisando por la fuerza cuanto encontraron a su paso, y efectuando una verdadera leva de civiles, destinada en parte a sus cuadros de combate, y el resto a servir de rehenes para las emergencias más difíciles".[71]

Algunos esperaban una sanción, un pedido de informes, algo que hablara de la preocupación de Yrigoyen por la matanza ya conocida por todos. El presidente premió a Varela nombrándolo director de la Escuela de Caballería de Campo de Mayo. Poco después fue homenajeado con un gran banquete ofrecido por la Liga Patriótica Argentina. A los postres, habló su inefable presidente, Manuel Carlés y dijo: *"Las dianas de la Liga Patriótica Argentina saludan a los bizarros escuadrones del 10 y del 2 de Caballería que restauraron el orden en las lejanías de la República. Cuando el desmán alardeó en los ámbitos del Sud, asolando la civilización incipiente de la Patagonia, allá fue el Ejército de línea para cumplir otra vez la misión de amparar la vida, honra y fortuna en la Nación; y allá fue también la Liga Patriótica llevando la palabra persuasiva a los corazones conmovidos. [...] La Liga Patriótica es una escuela de moral para depurar las virtudes cívicas y es un cuartel donde se aprende a defender el orden y hacer respetar la nacionalidad. En este momento representamos la gratitud argentina para honrar el mérito de los valientes que restauraron el imperio de las instituciones nacionales en el Sud de la República".*[72]

[71] Declaraciones de Varela en *La Nación*, 26 de enero de 1922.
[72] Biblioteca de la Liga Patriótica Argentina, Buenos Aires, 1922.

Cuatro tiros

El veintisiete de enero de 1923 amaneció caluroso. El comandante Varela se disponía a salir de su casa hacia su "destino" militar en Campo de Mayo. El hombre estaba tranquilo, había ganado un enorme prestigio entre la mayoría de sus camaradas de armas y los sectores más adinerados y por ende conservadores de la sociedad por su matanza patagónica. Pero la vida le tenía reservado otro destino. A poco de bajar las escaleras de su casa de la calle Fitz Roy 2461 del barrio de Palermo, le salió al encuentro un hombre alto y delgado que sin decirle una sola palabra le arrojó una bomba y le descerrajó cuatro tiros, los famosos cuatro tiros que ordenaba con sus dedos Varela para ahorrar palabras. Ahora era él el que los había recibido y yacía en la vereda de su propia casa. Algo había salido mal, no esperaba este final, pero ahí estaba, asesinado por un anarquista, seguramente extranjero. Alcanza a lanzarle una puteada a su agresor, quien sólo le contesta: "he vengado a mis hermanos". El atacante también está herido, porque en el momento de arrojarle la bomba a Varela se cruzó una niña de 9 años, y para no lastimarla el hombre interpuso su cuerpo entre el artefacto y la pequeña, que resultó ilesa.

No se equivocaba el teniente coronel. Su matador era anarquista y era extranjero, alemán para más datos, de 36 años de edad. Se llamaba Karl Gustav Wilckens y pudo ser detenido fácilmente por los agentes Adolfo González Díaz y Nicanor Serrano, que lo trasladaron a la comisaría 31. Wilckens le contará a periodistas del diario *Crítica:*

> "Estos son músculos de trabajador, y si me hubiera resistido a los agentes que me detuvieron, les habría costado trabajo el reducirme, pero yo me entregué y a pesar de todo me pusieron cadenas, tan brutalmente, que mis huesos crujían. Aún hoy me duelen. Asimismo, a pesar de mi grave herida de la pierna, me llevaron a pie hasta el local de la Comisaría, que dista cinco cuadras del lugar del hecho. Como usted comprende, me exponían a perder la pierna. En ninguna parte del mundo me pusieron cadenas tan fuertes, tan dolorosas".[73]

El atentado de Wilckens es saludado por muchos gremios del país y por el diario *La Protesta:*

---

[73] *Crítica*, 3 de febrero de 1923.

"Un ejemplo digno de imitarse es el llevado a cabo por los trabajadores federados de Puerto Ingeniero White, que en asamblea de
hoy, y de común acuerdo decidieron llevar a cabo una colecta en
beneficio del camarada Wilckens, que, dando un ejemplo de altruis-
mo y abnegación y haciendo uso de una conciencia sana hacia el
ideal anárquico, como la vida desgraciada del que fue el más ruin de
los degenerados representantes de la fuerza bruta: el trágico y
canallesco teniente coronel Varela, brazo ejecutor de la masacre sistemática de los trabajadores federados del territorio de Santa Cruz.
Vaya, pues, nuestra palabra de aliento hacia el compañero Wilckens,
que con su gesto magnífico demostró a la canalla ensoberbecida,
hasta dónde puede llegar el hombre en su sed de venganza por la
justicia del pueblo. ¡Camarada Wilckens, hombre justiciero! Todos
los trabajadores te saludan de corazón; todos los hombres conscientes están de parte tuya. ¡Salud, querido amigo!"[74]

Wilckens fue procesado inmediatamente, la causa cayó en manos del
juez Malbrán, quien decidió el traslado del anarquista de la Penitenciaría Nacional a la Cárcel de Caseros. En la noche del 15 de junio de 1923,
impunemente ingresó al presidio un miembro de la Liga Patriótica dis-
frazado de guardiacárcel empuñando un máuser. Se encaminó directamente a la celda de Wilckens, que se encontraba en su cama, y le disparó un certero tiro en el pecho. El hombre se llamaba Jorge Ernesto Pérez
Millán Témperley, había participado activamente en la masacre patagónica y, como muchos de los miembros de la Liga, era un chico de "buena
familia".

La noticia del asesinato de Wilckens ocupó la tapa de *Crítica* y produjo una enorme conmoción en el movimiento obrero, con fuertes movi-
lizaciones que tuvieron como saldo dos trabajadores muertos por las
balas policiales.

A Pérez Millán Temperley, por su condición social y sus contactos,
se le aplicó la justicia VIP. Se lo condenó a una pena mínima porque el
juez tuvo en cuenta textualmente: *"Su vida anterior, sus aventuras, su
idealismo, sus inclinaciones artísticas, la neurastenia que padece, su intervención en las luchas que sostuvo en el sur con los huelguistas revolucionarios".* Pero la cosa no terminó allí, y como en la cárcel no fue muy

[74] *La Protesta*, 31 de enero de 1923.

bien recibido y llegaban amenazas permanentemente, su familia consiguió en abril de 1925 que lo declararan insano y que lo trasladaran al
Hospicio de las Mercedes a una habitación con un "loco manso", el yugoslavo Esteban Lucich, a su servicio.

El Sur también existe

Mientras tanto, en el Sur argentino comenzaba a planearse el operativo que terminaría con la vida del joven de la Liga Patriótica. La venganza iba a venir del Sur, de muy cerca del "teatro de operaciones" del
comandante Varela y del propio Pérez Millán. En la Siberia argentina,
como era conocido popularmente el penal de Ushuaia, la cárcel más
terrible del sistema penitenciario argentino, estaba detenido el mítico
Simón Radowitzky –autor del atentado que le costó la vida al jefe de
policía Ramón Falcón– junto con varios anarquistas. Entre ellos el ruso
Boris Vladomirovich, autor del primer asalto con fines políticos de la
historia argentina, que inauguró el llamado "anarquismo expropiador".
Vladomirovich comenzó a mostrar síntomas de locura y logró que los
médicos de Ushuaia lo derivaran al Hospicio de las Mercedes. Boris
comenzó a organizar su operación. Trabó amistad con Lucich, a quien
sedujo con sus conocimientos sobre Yugoeslavia. Trabaron una amistad
hasta que Vladomirovich le historió a Lucich lo ocurrido en la Patagonia, el odio de la Liga Patriótica a todos los extranjeros y le hizo conocer el "currículum" de quien estaba atendiendo cotidianamente.

El 9 de noviembre de 1925, Pérez Millán leía una carta de su jefe en
la Liga Patriótica y amigo personal, Manuel Carlés, mientras esperaba
que Lucich le trajera el desayuno. Al rato entró el yugoslavo con el servicio. Cuando Pérez Millán tomó la bandeja, su sirviente extrajo un
revólver de entre sus ropas y le dijo: "Esto te lo manda Wilckens", y le
disparó certeramente en el pecho. Pérez Millán murió al día siguiente.
La policía pudo seguir el hilo de la trama y llegó al cerebro del atentado, Boris Vladomirovich, quien fue torturado salvajemente. Sus torturadores querían saber quiénes más habían participado del operativo, quién
suministró el arma. Vladomirovich no abrió la boca salvo para insultar-
los y gritar "Viva la anarquía". El ácrata ruso murió poco después, víctima de las lesiones recibidas en las interminables sesiones de tortura.
Sería el último muerto de las huelgas patagónicas.

Expropiando al Capital

"Esta sociedad es implacable, feroz y rígida contra todos nosotros y nosotros tenemos una culpa grandísima que es precisamente ésta: no ser lo suficientemente implacables contra ella".

SEVERINO DI GIOVANNI[1]

Habían pasado apenas unos meses de los dramáticos hechos de la Semana Trágica cuando se produjo en Buenos Aires el primer asalto con fines políticos de la historia argentina. Comenzaba la historia del "anarquismo expropiador", que perdurará por más de una década. Su objetivo era la obtención de fondos para apoyar las luchas de los sindicatos autónomos, la ayuda económica a los presos sociales y políticos y a sus familiares, y el financiamiento de periódicos para la difusión del ideario anarquista. El periódico anarquista *La Antorcha* verá con simpatía este tipo de acciones:

"Desde que se comprobó que la propiedad es un robo, no hay más ladrones aquí que los propietarios. Lo único que está por verse es que si los que les roban a ellos son de la misma data, de una auténtica moral ladrona: apropiadora. [...] ¿Cuál es el fin del que roba...? Acaparar. O, cuanto menos, sacarle el cuerpo al trabajo y la esclavitud que es su derivado inmediato. Para librarse de ser esclavos se juegan la libertad. La pierden, generalmente, puesto que en ese jueguito los burgueses son maestros consumados, y además son ellos

[1] Severino Di Giovanni, *Culmine*, agosto de 1928.

los que tienen el naipe y tallan. Y si gana un ladrón chico surge rico, propietario, es decir, llega a ser ladrón grande. Pero, a pesar de todo esto, y aunque todos son ladrones, estamos más con los ilegales que con los otros. Con los ladroncitos que con los ladronazos. Con los asaltantes a la Aduana que con Yrigoyen y sus ministros. Valga el ejemplo".[2]

Debut de gala

Severino Di Giovanni, el anarquista expropiador que tuvo en jaque a la policía argentina durante seis años con sus asaltos y atentados, nació en el pueblo de Chieti en la región de los Abruzos, a unos 180 kilómetros de Roma, el 17 de marzo de 1901. Estudió el magisterio y antes de graduarse comenzó a enseñar en una escuela de su aldea. En sus horas libres aprendió el oficio de tipógrafo y leyó todos los libros que llegaron a sus manos, entre ellos, las obras de los teóricos anarquistas Proudhon, Bakunin, Malatesta y Reclús. En 1922 se casó con Teresa Masciulli, una muchacha de su pueblo.

La muerte de sus padres y la llegada al poder del fascismo lo decidieron a abandonar Italia y a partir junto a su esposa rumbo a la Argentina. Llegó a Buenos Aires en mayo de 1923 y de inmediato entró en contacto con los círculos anarquistas y antifascistas.

Consiguió trabajo como obrero gráfico, se instaló en Morón, provincia de Buenos Aires, y concurrió diariamente a Buenos Aires para participar en reuniones y planear actos de agitación contra Mussolini y sus simpatizantes italianos residentes en la Argentina. Los anarquistas de la Argentina estaban claramente divididos en una fracción "moderada", representada por la FORA y el histórico periódico *La Protesta* –dirigido por Emilio López Arango–, y por un sector más radical formado en torno a los gremios autónomos y al periódico *La Antorcha* –dirigido por Ramón González Pacheco y Teodoro Antilla–. Severino se sentirá más cerca de este último grupo, y en poco tiempo, en base a su oficio de tipógrafo, editará su propio periódico, *Culmine*, que convocará a lo más radicalizado del anarquismo argentino de acción.

El primer acto público de Di Giovanni se produjo el 6 de junio de 1925 cuando se festejaba en el Teatro Colón el 25º aniversario de la llegada

---

[2] En Osvaldo Bayer, *Los anarquistas expropiadores*, Buenos Aires, Planeta, 2003.

al trono de Víctor Manuel III, rey que había facilitado la llegada de Mussolini al poder. En la platea y en los palcos, los miembros de la alta sociedad porteña, entre ellos el presidente Alvear y su mujer, la cantante de ópera Regina Pacini, al aplaudir, como diría John Lennon, hacían sonar sus joyas. Entre la distinguida concurrencia estaba nada menos que el conde Luigi Aldrovandi Marescotti, embajador de la Italia fascista. Para prevenir cualquier incidente, el representante de Mussolini en la Argentina había distribuido a jóvenes camisas negras por todo el teatro. Cuando la orquesta se aprestaba a ejecutar el himno italiano comenzaron a llover volantes desde el paraíso del teatro y oírse fuertes gritos: "¡¡Assasini, ladri!!"; eran las voces de Severino Di Giovanni y sus compañeros. Los camisas negras se trenzaron en un duro combate con los anarquistas hasta que lograron detenerlos y entregarlos a la policía, que los condujo al Departamento Central. Antes de subir al camión celular Severino lanzó su grito de guerra: "Viva l'anarchía", y le pegó un certero escupitajo en el ojo a un militar italiano que observaba la escena.

Nicola and Bart

Poco después Severino es liberado y se incorpora activamente a la campaña para lograr la libertad de Nicola Sacco y Bartolomeo Vanzetti.

Sacco y Vanzetti eran dos inmigrantes italianos que habían llegado a Estados Unidos en busca de trabajo al igual que millones de sus compatriotas. Su militancia anarquista iniciada en Italia continuó activamente en Norteamérica en momentos de expansión del movimiento obrero y de crecimiento de las huelgas que reclamaban aumentos salariales y mejoras en las condiciones de trabajo, acordes a la prosperidad de aquel país en los llamados "años locos" de la década del veinte. Pero esa misma prosperidad, que se demostraría aparente pocos años después al desatarse la crisis de 1929, tornaba conservadora a la sociedad yanqui y la hacía presa fácil de las campañas contra "el peligro rojo". Los extranjeros sindicalizados eran sospechosos de conspirar contra la Nación, y no fueron pocos los que manifestaron la necesidad de expulsarlos del país. Cerca de diez mil personas, en su mayoría de condición muy humilde, fueron deportadas a sus países de origen por ser sospechadas de participar en gremios o partidos de izquierda.

El 15 de abril de 1920 se produjo un asalto en una fábrica de zapatos de South Braintree (Massachusetts) en donde fueron asesinados un cajero y un vigilante y fueron robados unos quince mil dólares. La policía hace una redada por la zona y detiene a Sacco y Vanzetti –que eran absolutamente ajenos al hecho– por averiguación de antecedentes. Comienza un proceso judicial plagado de errores y prejuzgamientos que culmina en mayo de 1926, tras cinco años de apelaciones y reclamos de personalidades tan diversas como Albert Einstein, Charles Chaplin y el Papa, con la condena a muerte de los dos anarquistas.

A partir de ese momento, la indignación recorrió el mundo. La opinión pública mundial asistía a una farsa de juicio, acompañado por la propaganda oficial y los medios de prensa representantes de los sectores altos y medios estadounidenses. Los obreros del mundo se unieron para intentar salvar la vida de los dos inocentes, que pronto se convertirían en la bandera universal de la lucha contra la discriminación y la injusticia.

Severino Di Giovanni fue uno de los más vehementes impulsores de la campaña local escribiendo notas para periódicos anarquistas, para su propio periódico y para la L'Adunata dei Refrattari, el diario de los anarquistas de Nueva York, puntal de lanza en la defensa de Sacco y Vanzetti.

A las 23 horas del 16 de mayo, en Buenos Aires, un estruendo sacudió la esquina de Arroyo y Carlos Pellegrini, sede de la embajada norteamericana. Una bomba colocada por Di Giovanni destruyó completamente el frente del edificio. La explosión fue de tal magnitud que los policías que llegan al lugar ingresaron al interior de la embajada por el boquete dejado por el estallido. Cuenta *La Nación*:

> "Anoche, aproximadamente a la 23, estalló una bomba junto a la puerta de la Embajada de los Estados Unidos. La Embajada norteamericana se hallaba instalada en un edificio de su propiedad, ubicado en la esquina de las calles Arroyo y Carlos Pellegrini [...] Eran exactamente las 23.05 cuando se oyó una formidable explosión [...] Interrogamos al embajador norteamericano, Mr. Peter Augustus Jay, acerca de los posibles motivos que hubiesen provocado el atentado. 'Tal vez se trate de un atentado ácrata, en represalia por el proceso de Sacco y Vanzetti, a quienes hace poco se les ha denegado por los Tribunales de mi país un nuevo recurso que habían interpuesto. Recuerdo que hace tres años, con motivo de este mismo proceso, hubo toda una serie de atentados contra las Embajadas, Legaciones y Consulados de Estados Unidos'".[3]

---

[3] *La Nación*, lunes 17 de mayo de 1926.

Al día siguiente el presidente Alvear envió a su edecán a entrevistarse con el embajador Jay y ordenó varios allanamientos. Según *La Nación*:

> "la policía decidió orientar definitivamente sus pesquisas hacia los elementos extremistas, donde, sin duda, nació la idea criminal. Para pensar así, la policía se basa en las prédicas recientes de evidente hostilidad, determinadas por el fallo del caso Sacco y Vanzetti, y en la propaganda adversa que desde tiempo atrás se viene realizando, no sólo por cuenta de los ácratas de aquí sino también por los dirigentes de agrupaciones extremistas de los Estados Unidos".[4]

La policía pide colaboración a la embajada italiana para identificar a los responsables. Sospechan de un joven rubio que la misma mañana del atentado, en una asamblea obrera pro Sacco y Vanzetti había propuesto vehementemente dejarse de palabras y pasar a la acción. Para la embajada no hay dudas, debe tratarse de la misma persona del episodio del Teatro Colón. La policía detiene a Severino y allanan su casa de Morón. Lo torturan durante cinco días pero no logran arrancarle ninguna información, el detenido se burla de sus torturadores. No tienen pruebas contra él. A las 48 horas el juez debe dejarlo en libertad.

Amor y anarquía

En una de las numerosas asambleas por Sacco y Vanzetti, Severino conoce a los hermanos Alejandro y Paulino Scarfó y les comenta que necesita alquilar una pieza en Buenos Aires.

Los Scarfó le ofrecen su casa y hacia allí, al barrio de Villa Crespo, se traslada la familia Di Giovanni: Severino, su mujer, Teresa Masciuli, y sus cuatro hijos: Laura, Ilvo, Aurora y María.

La familia Scarfó estaba compuesta por don Pedro, su mujer, Catalina Romano, ambos italianos, y sus ocho hijos, todos argentinos. Una de las Scarfó se destaca por su inteligencia y su belleza: Josefina es una chica de 15 años que estudia en el Normal N° 4, Estanislao Zeballos. Severino y Josefina sentirán una atracción irresistible a poco de conocerse e iniciarán una relación clandestina.

---

[4] *La Nación*, martes 18 de mayo de 1926.

En Massachusetts los defensores de Sacco y Vanzetti consiguen aplazar la ejecución hasta el 23 de agosto de 1927. Los meses previos a la ejecución son de agitación plena. En las principales ciudades del mundo se producen huelgas y marchas para repudiar a la "mayor democracia del mundo". La Argentina, con su importantísima colectividad italiana, será uno de los centros más importantes de la campaña mundial. Ante la trascendencia que van tomando los hechos, el 21 de julio la embajada norteamericana publica una solicitada en *La Nación* en la que califica a los dos anarquistas italianos como delincuentes comunes. Al día siguiente, Severino hace volar la estatua de Washington en Palermo. Se encuentran restos de mármol a 500 metros a la redonda. Horas más tarde destruye con otro artefacto explosivo una de las concesionarias más importantes de la empresa norteamericana Ford. Esa misma noche Severino escribe en su periódico *Culmine*:

> "En la noche del viernes 22 de julio, en una hora, de las diez y media a las once y media, aproximadamente, estallaron dos bombas en la zona central de Buenos Aires que rompieron así el silencio glacial que como un manto letal cubría los últimos acontecimientos ocurridos con motivo del proceso a Sacco y Vanzetti. Esa protesta directa era más que lógica: era necesario tocar los intereses y las cosas más caras a la escoria reunida en los meandros oscuros de Wall Street. ¡Y así se actuó! Los brazos anónimos que encendieron la mecha no pudieron contener más la angustia interna que desde hace tanto tiempo los atormentaba, y ante la burla, la charla y las volteretas políticas de un Fuller, prefirieron tocar al monstruo en su carne viva. [...] Auguramos que esa gesta sea sólo el principio de una acción más vasta, que con toda energía sabrá unir a las fuerzas aisladas de los anarquistas".[5]

Ante la seguidilla de atentados, el comisario Eduardo Santiago, jefe de investigaciones de la Policía Federal, declara el 15 de agosto en una conferencia que está todo bajo control. Se deja ganar por la soberbia y agrega que no había ningún anarquista en el mundo que pudiera con él. Al día siguiente a las 22 horas, el comisario salvó milagrosamente su vida

---

[5] Osvaldo Bayer, *Severino Di Giovanni, el idealista de la violencia*, Navarra, Txalaparta, 2000.

cuando salía a comprar cigarrillos, mientras su casa de la calle Rawson 944 se desmoronaba por otra bomba de Severino.

Finalmente llegó la hora fatídica: el 23 de agosto se consuma la injusticia y Sacco y Vanzetti son electrocutados.[6] En Buenos Aires, como en muchas capitales del mundo, se decreta un paro general de 24 horas que tendrá un acatamiento absoluto.

Pocos días después, Severino recibe una carta de la viuda de Sacco agradeciéndole todo lo hecho en pro de la libertad de su marido. En uno de sus párrafos, la carta hacía referencia a que el dueño de la fábrica de cigarrillos Combinados había tratado de contactarla para sacar al mercado la marca de cigarrillos Sacco y Vanzetti. Ni lerdos ni perezosos, el 26 de noviembre Severino y sus muchachos destruyen con una bomba la tabacalera Combinados, del señor Bernardo Gurevich, en Rivadavia 2279. El diario anarquista *La Antorcha* comenta:

"Pero las cosas no han tomado el curso que deseaba el mercader. A la dolorosa y digna protesta de Rosina Sacco se ha unido la protesta de los anarquistas de Buenos Aires. El solo conocimiento de que en tal forma se trataba de especular con los dos caídos, provocó la justa vindicación anarquista. El 26 de noviembre, una poderosa bomba de dinamita arrasaba el negocio del mercader. Esto, que es una advertencia, da buena cuenta de que no impunemente se puede mistificar con el sacrificio de dos de los nuestros".[7]

Severino y sus compañeros continúan con sus atentados antinorteamericanos. El 24 de diciembre de 1927 vuelan las casas centrales del Citibank y el Banco de Boston, con el lamentable saldo de dos muertos y 23 heridos. Las víctimas son trabajadores del banco, transeúntes y clientes.

A comienzos de 1928 el diario liberal de la colectividad italiana de Buenos Aires, *L'Italia del Popolo*, denuncia que el cónsul italiano, Italo Capani, trabaja para la sección Orden Social de la Policía Federal, brindándole información sobre ciudadanos italianos antifascistas. Severino tiene información de que el cónsul visitará el nuevo edificio del consulado en la calle Quintana 475, junto al nuevo embajador italiano Mar-

---

[6] Cincuenta años después de la injusticia perpetrada contra Sacco y Vanzetti, en agosto de 1977, el gobernador de Massachusetts Michel Dukakis desagravió públicamente a los dos anarquistas reconociendo que eran inocentes.

[7] *La Antorcha*, 1[0] de diciembre de 1927.

tin Franklin. A las 11.42 del 23 de mayo de 1928 estalló una terrible bomba que destruyó casi completamente el consulado con un saldo de nueve muertos y 34 heridos. Era el atentado más grave cometido en la Argentina hasta ese momento.

Ese mismo día Severino se dirige a La Boca. Su objetivo era volar la farmacia de Benjamín Mastronardi, presidente del Comité Fascista de la Boca, en Almirante Brown 899. Deja en el lugar un poderoso artefacto oculto en un maletín. La bomba será casualmente desactivada por el pequeño Dante Mastronardi, hijo del farmacéutico, al que le llamó la atención el maletín, le quitó la manija y con ella el detonador. Pudo ser una tragedia. *La Nación* narra con lujo de detalles lo ocurrido:

"Serían aproximadamente las 12.30 cuando llegaron al comercio dos hombres, uno de los cuales permaneció en la puerta mientras su compañero solicitaba al dependiente, Armando Prego, la preparación de un medicamento. El que penetró en el comercio llevaba, junto con su sobretodo, un valijín de mano que, sin que nadie lo advirtiera, dejó debajo de una silla, junto al mostrador. [...] Cuando el cliente recibió el frasco con el medicamento, salió a la calle, y allí, en unión del que le acompañaba, se alejó prontamente en dirección al Norte [...] Solamente Oscar Rojo de 13 años, y el hijo de Mastronardi, de nombre Dante, de seis años [...] vieron que después que el cliente hubo salido había dejado su maletín. [...] Dante, movido por la curiosidad, resolvió revisar el maletín, en el que apenas abierto descubrió un envoltorio cubierto por papeles de diario cuyo contenido le pareció extraño. Lo primero que se le ocurrió —felizmente, antes de mover el paquete— fue tomar un pequeño tubo que sobresalía del mismo. La tapa de éste estaba fuertemente asegurada, y al querer retirarla, el contenido líquido del mismo se volcó, cerca de la valija, pero no sobre el envoltorio, de tal manera que no existió contacto con lo que había dentro. A ello débese que no se produjera la explosión. En el maletín había 50 barras de gelinita, 32 clavos de 5 pulgadas, 11 clavos de tres pulgadas, un bulón de hierro, 2 tornillos de igual metal y algodón. La carga de la bomba era formidable y del mismo poder que la del consulado".[8]

___

[8] *La Nación*, 24 de mayo de 1928.

Ante la gravedad de los hechos que afectaban a miembros prominentes de la colectividad fascista italiana, *La Nación* entrevistó al embajador de Italia, el conde Martin Franklin:

"Se trata –como pueden ver– de un acto de evidente terrorismo, sincronizado con el otro atentado, afortunadamente frustrado, con que se pretendió destruir el comercio de otro italiano, señalado por su adhesión ferviente al régimen actual de Italia. [...] Me parece evidente que los autores de este atentado son antifascistas, que bajo la capa de esa propaganda ocultan propósitos de terrorismo, quizás con prolongaciones hacia el bolcheviquismo".[9]

Y el delegado estadual de los fascios italianos en la Argentina, Romualdo Martelli, a quien acompañaba el secretario de la embajada de Italia, D. Adriano Masi, le contaba al cronista de *La Nación*:

"Efectivamente llegué a las puertas del Consulado cinco minutos después de estallar la bomba. [...] Debíamos encontrarnos en el Consulado con el presidente de la delegación fascista de la Boca, Sr. Mastronardi, en cuya casa de negocio estalló la otra bomba, con el propósito de acompañar al embajador de Italia en la visita que éste iba a realizar al nuevo local, que el conde Martin Franklin no había tenido oportunidad aún de recorrer... Es evidente [...] que quienes han urdido este crimen tenían noticias de que en la mañana de hoy debían congregarse en un punto determinado –el Consulado de Italia– el embajador de este país, sus secretarios, el personal del Consulado [...] y los delegados fascistas, que se habían dado cita a esa hora en el Consulado".[10]

En el entierro de las víctimas del atentado –al que concurren el presidente Alvear, su esposa Regina Pacini y el general Agustín P. Justo–, el delegado Martelli, rodeado de camisas negras, despide a los muertos con estas palabras: *"Saludemos a los muertos de hoy que son nuestros hermanos; saludémosles con el rito fúnebre fascista, sin lágrimas y sin lamentos, con el rito de los fuertes a quienes la muerte no asusta y estrechemos nuestras filas. ¡El fascismo es invencible!"*[11]

---

[9] *La Nación*, 24 de mayo de 1928.
[10] *La Nación*, 24 de mayo de 1928.
[11] *La Nación*, 25 de mayo de 1928.

Dentro de las filas del anarquismo crece el debate sobre los métodos utilizados por Severino; parecía que el anarquismo en su conjunto avalaba este tipo de atentados. Ante los hechos, *La Protesta* fija su posición:

"Terrorismo no es anarquismo, aun cuando pueda relacionarse cierta clase de actos individuales con algunas manifestaciones del espíritu vindicador que lleva a hombres dotados de un temperamento excitable a tomar por su cuenta represalias contra los responsables visibles de crimen colectivo. Pero estamos moralmente obligados a defendernos contra las sugestiones que difunde la prensa rica con motivo del atentado al consulado italiano, ya que se pretende generalizar la vieja leyenda nihilista y atribuir a toda la colectividad libertaria métodos de lucha que pertenecen más bien a nuestros peores adversarios".[12]

Tres días después, el barrio de Caballito se despierta en la madrugada como consecuencia de una sonora explosión. Una bomba colocada por Severino Di Giovanni había demolido la casa de César Afeltra en avenida La Plata 351. Afeltra era miembro de la policía secreta de Mussolini y había sido acusado por los italianos exiliados de aplicar salvajes torturas a los detenidos en las cárceles del Duce.

En diciembre de 1928, el presidente norteamericano Herbert Hoover visita la Argentina. Los hombres de Di Giovanni, que no le perdonaban la ejecución de Sacco y Vanzetti, quieren darle la "bienvenida". Planean volar el tren en el que viajará el ilustre visitante, pero el operativo es descubierto y Alejandro Scarfó es detenido poco antes de colocar el explosivo en las vías.

La detención de Scarfó hace reflexionar a Severino, que había sido declarado por la policía como "el enemigo público número uno", y decide bajar su nivel de exposición. Pone sus energías en la publicación de su periódico *Culmine*, donde escribía prosas como esta: *"Vivir monótonamente las horas mohosas de lo adocenado, de los resignados, de los acomodados, de las conveniencias, no es vivir la vida, es solamente vegetar. A la vida es necesario brindarle la elevación exquisita de la rebelión del brazo y de la mente"*.[13]

---

[12] *La Protesta*, 26 de mayo de 1928.
[13] Severino Di Giovanni, *Culmine*, agosto de 1928.

El arcángel Miguel

Sin dudas la figura más notable del anarquismo expropiador junto a Severino Di Giovanni fue Miguel Arcángel Roscigna, secretario del Comité Pro Presos y Deportados y dirigente metalúrgico anarquista, quien se inició, junto a su compañero Andrés Vázquez Paredes, con el español Buenaventura Durruti en el asalto al Banco Provincia de San Martín. Roscigna completa su grupo con los hermanos Vicente y Antonio Moretti y se prepara para dar su primer golpe. El 1° de octubre de 1927, Roscigna y sus hombres, con vendajes en la cabeza y haciéndose pasar por pacientes, asaltan en la puerta del hospital Rawson al hombre encargado de pagar los sueldos y se llevan 141.000 pesos.

Ese botín será destinado por Roscigna y sus hombres para ayudar a los presos y para emprender un viejo proyecto caro a los anarquistas, la falsificación de billetes. Era para ellos una forma de atacar al capitalismo en su raíz, burlarse de su símbolo más evidente, desvirtuar lo más valioso del sistema.

En conección con el grupo de Di Giovanni, Roscigna y su gente también se dedicarán a hacer "justicia por mano propia" contra los jefes policiales identificados como asesinos y torturadores de anarquistas y obreros sindicalizados. Así cayó el comisario Pardeiro de un certero balazo en la cabeza, fue desfigurado para toda la vida de un trabucazo en la cara el "vasco" Velar, famoso comisario de Rosario al que le gustaba definirse como un experto en la caza de anarquistas, y el mayor Rosasco, delegado policial de Uriburu en Avellaneda, fue ultimado por el dirigente marítimo y anarquista expropiador Juan Antonio Morán.

El enemigo público número uno

Mientras tanto Severino ha decidido separarse de Teresina y vivir intensamente su relación con Josefina.

En agosto del treinta, mientras los militares y los factores de poder se preparaban para derrocar a Yrigoyen, Severino decide volver a la acción directa. Planea la liberación de Alejandro Scarfó. Intercepta un camión celular y logra reducir a la guardia. Pero ha cometido un error. Entre los detenidos no está su cuñado sino cuatro prostitutas y un miembro de la organización de trata de blancas Zwi Migdal.

El general Uriburu ha prometido terminar con las andanzas del que denomina "enemigo público número uno". Pero a Severino esas palabras por venir de quien vienen le suenan a elogio y no se acobarda. Necesita dinero para sobornar guardiacárceles. El dos de octubre asalta Obras Sanitarias de la Nación. El botín es el más grande que se recuerde: 286.000 pesos. Con este dinero compra una quinta en Burzaco y una moderna imprenta. La quinta de Burzaco será el nuevo hogar de Severino, Josefina y Paulino. Severino dedica gran parte de su tiempo a corregir los originales de las obras completas de Reclús. Parece obsesionado y esta obsesión lo perderá.

La policía recibe información sobre un joven con las características de Di Giovanni que concurre asiduamente a una imprenta de la calle Sarmiento y Callao y allí deciden esperarlo. Montan guardia día y noche hasta que en la mañana del 31 de enero de 1931 aparece Severino. Le dan la voz de alto pero se da a una cinematográfica fuga. En su huida mata a un policía y hiere gravemente a otro. La persecución se prolonga por varias horas hasta que, sin municiones y agotado, Severino es detenido. Le encuentran papeles con la dirección de la quinta de Burzaco. Inmediatamente se ordena el allanamiento. Tras un violento tiroteo son detenidos Josefina y Paulino Scarfó. Josefina declara a los medios que quedaban allí 300 pollos y gallinas que junto con el maizal eran para los pobres de Burzaco.

La dictadura de Uriburu quiere presentar como un triunfo la detención de Di Giovanni y Scarfó y se reúne de inmediato un Consejo de Guerra. Ante la sorpresa de todos, el defensor oficial teniente primero Juan Carlos Franco, del cuerpo de "ciclistas archivistas", hace una encendida defensa de Severino, quien le había dicho: *"Yo voy a declarar en una sola forma: la verdad. Sólo le pido que no me haga mentir de mi ideología. Soy anarquista y de eso no reniego, ni ante la muerte. Soy consciente de mi situación y no pienso rehuir responsabilidades de ninguna clase. Jugué, perdí. Como buen perdedor, pago con la vida".*[14]

Las palabras del valiente teniente Franco molestan e inquietan a un tribunal que por órdenes del ministro de Guerra, general Medina, debía resolver el "trámite" en una hora y condenar a muerte a los reos. Decía Franco en un tramo de su alegato:

[14] Osvaldo Bayer, *Severino Di Giovanni, el idealista de la violencia,* Navarra, Txalaparta, 2000.

"De la Revolución triunfante del 6 de septiembre surgió un nuevo gobierno cuyo acto fundamental al iniciarse fue hacer pública fe de su respeto a la Constitución de la República. El Poder Judicial está en pleno ejercicio de sus derechos y atribuciones. Un militar está al frente del Poder Ejecutivo como pudo estarlo un civil. [...] No existe aquí ninguna dictadura militar. El camino pues, para los delincuentes comunes está claramente fijado cuando deben dar cuenta a la justicia de los actos delictuosos. Las constancias acumuladas prueban a mi juicio la afirmación que formulo estableciendo que Di Giovanni no agredió a la policía, sino que contestó a la agresión de ésta".[15]

La encendida defensa de Franco le valdrán su posterior destitución del Ejército, un severo arresto y el destierro. El tribunal, cumpliendo lo ordenado por Uriburu y Medina, dictó la pena de muerte para Severino Di Giovanni y Paulino Scarfó. Josefina, por ser menor de edad, será entregada a sus padres. Años más tarde recordará el episodio que marcó su vida en un artículo para la revista francesa *L'en Dehors*:

"Con mi hermano y con mi amigo camarada y confidente de siempre se me permitió estar solamente cinco mezquinos minutos. Los habían torturado demasiado. Tenían sangre coagulada en las muñecas y lastimaduras en los brazos [...] tenía en el cuello las marcas claras de la soga de estrangular. Las encías ensangrentadas, el rostro con contusiones. Con las tenazas de madera les habían aplastado y tirado de la lengua y se las habían quemado con cigarrillos. Durante el interrogatorio les introdujeron cigarrillos encendidos en las cavidades nasales y en los oídos, les habían retorcido los testículos, les hicieron incisiones en las uñas, los golpearon. Todo esto bajo la dirección del doctor Viñas, director de la prisión. Durante el tiempo que estuve con Severino, estuvimos tranquilos. Por supuesto, la tempestad agitaba nuestras almas, pero no dejamos escapar ninguna queja y también evitamos las escenas patéticas. Me esforcé por alegrar las últimas horas de su vida; él, por su lado, se ocupó de frustrar el intento de todos aquellos que hubieran deseado encontrarse delante de un enemigo vencido".[16]

---

[15] *Idem.*
[16] Nota escrita por Josefina Scarfó para la revista francesa *L'en Dehors* en 1933 reproducida por Jessica Fainsod en revista *Gatopardo*, septiembre de 2000.

La sentencia se ejecuta el primero de febrero de 1931 en el patio de
la penitenciaría de la calle Las Heras. Severino utiliza sus últimos
momentos en agradecer profundamente al teniente Franco y en recibir
las visitas de su primera mujer, sus hijos y Josefina. A todos ellos les deja
cartas. A Josefina le pide que no se dedique a la acción directa porque
es muy dura. Que dedique su lucha a la enseñanza de la idea. Que sea
feliz y que se case con un buen compañero anarquista.

Vale la pena transcribir el relato de la ejecución que hizo un testigo
presencial, nada menos que Roberto Arlt:

"El condenado camina como un pato. Los pies aherrojados con una
barra de hierro a las esposas que amarran las manos. Atraviesa la
franja de adoquinado rústico. Algunos espectadores se ríen. ¿Zon-
cera? ¿Nerviosidad? ¡Quién sabe!

El reo se sienta reposadamente en el banquillo. Apoya la espalda y
saca pecho. Mira arriba. Luego se inclina y parece, con las manos
abandonadas entre las rodillas abiertas, un hombre que cuida el
fuego mientras se calienta agua para tomar el mate.

Permanece así cuatro segundos. Un suboficial le cruza una soga al
pecho, para que cuando los proyectiles lo maten no ruede por tierra.
Di Giovanni gira la cabeza de derecha a izquierda y se deja amarrar.
Ha formado el blanco pelotón fusilero. El suboficial quiere vendar
al condenado. Este grita:

—Venda no.

Mira tiesamente a los ejecutores. Emana voluntad. Si sufre o no, es
un secreto. Pero permanece así, tieso, orgulloso.

Di Giovanni permanece recto, apoyada la espalda en el respaldar.
Sobre su cabeza, en una franja de muralla gris, se mueven piernas
de soldados. Saca pecho. ¿Será para recibir las balas?

—Pelotón, firme. Apunten.

La voz del reo estalla metálica, vibrante:

—¡Viva la anarquía!

—¡Fuego!

Resplandor subitáneo. Un cuerpo recio se ha convertido en una
doblada lámina de papel. Las balas rompen la soga. El cuerpo cae de
cabeza y queda en el pasto verde con las manos tocando las rodillas.
Fogonazo del tiro de gracia.

Las balas han escrito la última palabra en el cuerpo del reo. El rostro permanece sereno. Pálido. Los ojos entreabiertos. Un herrero
martillea a los pies del cadáver. Quita los remaches del grillete y de

la barra de hierro. Un médico lo observa. Certifica que el condenado ha muerto. Un señor, que ha venido de frac y con zapatos de
baile, se retira con la galera en la coronilla. Parece que saliera del
cabaret. Otro dice una mala palabra.

Veo cuatro muchachos pálidos como muertos y desfigurados que se
muerden los labios; son: Gauna, de *La Razón*, Álvarez, de *Última
Hora*, Enrique González Tuñón, de *Crítica* y Gómez de *El Mundo*.
Yo estoy como borracho. Pienso en los que se reían. Pienso que a la
entrada de la Penitenciaría debería ponerse un cartel que rezara:
–Está prohibido reírse.
–Está prohibido concurrir con zapatos de baile".[17]

El diario *Crítica*, que había sido prohibido por Uriburu, volvió a aparecer el 5 de febrero de 1932. En aquella edición histórica le pedía disculpas a sus lectores porque habían tenido que informar bajo censura
sobre el fusilamiento de Di Giovanni y publicaba la siguiente crónica:

"Digamos como acto de justicia que así como hubo una parte de la
población que no perdió el equilibrio moral en esas horas, también
hubo dos corazones y dos frentes de hombres contra los cuales se
estrelló toda la organización criminal de la dictadura: los dos reos
–Di Giovanni y Scarfó– que servían de muñecos en la sangrienta
farsa salvaron la dignidad humana en ese instante. ¡Qué hermoso
ejemplo de serenidad, de firmeza, de amor al ideal dieron ambos condenados a muerte, en los postreros momentos de sus vidas! Acosa-
dos por carceleros, periodistas, jueces, aristócratas, sacerdotes, llevados a la tortura bárbara que dejó en sus cuerpos huellas horribles,
la burla verbal que pretendía alterar su inmutable serenidad, obligados a discutir de altas cuestiones filosóficas y responder a preguntas
fútiles y banales...; ninguno de los dos dejó de ser quien era; antes
bien, fueron más que nunca lo que habían sido y por lo que morían.
Se superaron ellos mismos y se hicieron –más que hombres, que poco
habían de durar como tales– bandera de ideal perseguido y cayeron
dando un supremo grito que el eco repetirá por mucho tiempo".[18]

Un periodista de *La Razón* le preguntaba un año después de los
hechos al general Uriburu:

---

[17] Roberto Arlt, *Obras completas*, Buenos Aires, Omeba, 1981.
[18] *Crítica*, 5 de febrero de 1932, en Osvaldo Bayer, *Severino*, op. cit.

"–Usted debe conocer ya, general, la diversa impresión que produjeron en el público las penas de muerte cumplidas por su orden. Al principio, la mayoría se inclinaba hacia la creencia de que usted no firmaría, o de que cedería ante las gestiones realizadas.
–¡Puede suponérselo! Nadie puede desear encontrarse en una situación como esa. La verdad es que yo habría querido no haber tenido necesidad de firmar ninguna sentencia de muerte. Le repito que lo más difícil, una de las cosas más duras en un gobierno revolucionario es mantener el orden, el orden absoluto, que muy a menudo exige el tributo de la sangre y el fuego. Felizmente he logrado, como pocas veces se ha conseguido en la historia, llevar a cabo el proceso revolucionario sin aquel espectáculo doloroso. Es que mucha gente tiene una disposición más especial para censurar que para comprender. Yo mando y no tengo más recursos que ser duro cuando hay que serlo. Pero yo también tengo un corazón y una capacidad afectiva".[19]

Pero a renglón seguido decía el general: *"Créame: no hay que exagerar los sentimientos. Esos dos eran unos bandidos. La sociedad tendrá que agradecerlo algún día".*[20]

El cadáver de Di Giovanni no fue entregado a sus familiares. Por disposición del ministro del Interior, Matías Sánchez Sorondo, fue enterrado secretamente en la Chacarita con orden de no divulgar la ubicación de su sepultura. Sin embargo, al día siguiente su tumba anónima apareció cubierta de claveles rojos.

El 28 de julio de 1999 Josefina Scarfó, conocida por todos los que la querían como América, pudo recuperar, tras largos años de reclamos, la única propiedad privada que le interesaba en este mundo, las cartas de amor de Severino que habían sido incautadas por la policía. En una de ellas puede leerse:

"Domingo, 19 de agosto de 1928. Amiga mía: tengo fiebre en todo mi cuerpo. Tu contacto me ha atestado de todas las dulzuras. Jamás como en estos larguísimos días he ido bebiendo a sorbos los elixires de la vida. Antes, viví las horas intranquilas de Tántalo y ahora, hoy,

---

[19] Espigares Moreno, José María, *Lo que me dijo el general Uriburu*, Buenos Aires, Talleres Gráficos Durruty y Kaplan, 1933.
[20] *Idem.*

el hoy eterno que nos ha unido, vivo –sin saciarme– todos los sentidos armoniosos del amor tan caro a un Shelley y a una George Sand. Te dije, en aquel abrazo expansivo cuánto te amaba, y ahora quiero decirte cuánto te amaré [...] El amor que ha germinado lejos del vicio y del prejuicio es puro, y en su pureza no se puede contaminar. Y lo incontaminado pertenece a la eternidad".[21]

De los anarcos a los tupas

Mientras Severino era fusilado en Buenos Aires, Roscigna estaba a punto de concretar uno de sus golpes más espectaculares. Un proyecto desvelaba a Miguel Arcángel y sus hombres: liberar a sus compañeros detenidos en la cárcel de Punta Carretas, Uruguay. El dinero del Rawson y el producto de otros asaltos facilitó las cosas. Permitió que Gino Gatti se instalara junto a su compañera y su pequeña hija en una casa, comprada por el grupo, frente a la cárcel. Allí Gatti instaló la carbonería El Buen Trato, desde donde comienza la construcción de uno de los túneles de fuga más perfectos que recuerde la historia carcelaria, con ventilación y luz eléctrica a lo largo de todo su recorrido de más de 50 metros. En los trabajos participaron activamente bajo las instrucciones del "ingeniero" Gatti, Miguel Arcángel Roscigna, Andrés Vázquez Paredes, el "capitán" Paz y Fernando Malvicini. El 18 de marzo de 1931 se concreta la fuga. Los presos salen cómodamente a la carbonería El Buen Trato donde los esperan tres autos que se dirigen a una casa alquilada en la calle Curupí.

Treinta y nueve años más tarde, en 1970, aquel mismo túnel va a ser aprovechado por los tupamaros para concretar una de las más sonadas fugas de presos políticos de la historia latinoamericana. Por el túnel, diseñado por el "ingeniero" Gino Gatti, se fugaron 118 tupamaros, eso sí, no sin antes dejar un cartel que decía: "Gracias compañeros anarquistas". Firmado: "MLN-Tupamaros".

Suerte perra

Un episodio increíble va a terminar con la detención de todo el grupo de Roscigna. El 21 de marzo, apenas 9 días después de la fuga, un agen-

---

[21] Osvaldo Bayer, *Severino, op. cit.*

te de la perrera municipal entró en la casa de los anarquistas persiguiendo un perro, el agente es un ex presidiario que reconoce a uno de
los fugados, suelta al perro y sale corriendo a denunciar a la policía que
sabe dónde se esconden los hombres más buscados del Uruguay. En
pocos minutos 53 policías asaltan la casa y detienen a Roscigna y sus
hombres. La dictadura de Uriburu, al enterarse de las detenciones, soli-
cita las extradiciones, lo que equivalía al paredón para todos ellos. Los
anarquistas deciden inculparse ante los tribunales uruguayos para ser
condenados allí y evitar la aplicación de la Ley Marcial en la Argentina.
La Nación advierte la estrategia y así lo comenta:

> "ROSCIGNA TRATA DE AGRAVAR SU SITUACIÓN EN MONTEVIDEO.
> Montevideo, 27 (Esp.). Informes de buena fe anuncian que Roscigna
> en las primeras declaraciones se adjudica una actuación prepon-
> derante en la construcción del túnel por el cual se evadieron los
> penados, pero se sospecha que el temible delincuente quiere agravar
> aquí su situación, interesado en postergar su remisión a Buenos
> Aires".[22]

La estrategia da resultado y los anarquistas serán condenados y
encarcelados en Montevideo. Allí estarán hasta el 31 de diciembre de
1936. Ya no está Uriburu, gobierna Justo, pero la persecución y el odio
al anarquista es el mismo, y la misma la ley de la época del comisario
Lugones. Ya no está en Orden Social el inventor de la picana. Su lugar
lo ocupa el comisario Bazán, que logra un acuerdo con sus colegas uruguayos. Ante la negativa de la Justicia oriental a conceder la extradición
a los detenidos, les aplican un decreto de expulsión basándose en su condición de "indeseables". Agentes de Orden Social al mando del propio
jefe, el comisario Morano, viajan entusiasmados a Montevideo a buscar
a los anarquistas que los habían tenido en jaque durante años. Todos
quieren capturar a Roscigna, el autor de dos de las espectaculares fugas
del anarquista Ramón Silveyra, el ideólogo de la fuga de Simón Rado-
witsky del penal de Ushuaia, el que había incendiado la casa del director de aquella prisión, el anarquista más buscado después de la captura
de Di Giovanni, el hombre que desde la cárcel de Montevideo seguía
planificando acciones expropiadoras y atentados contra jefes de las
"policías bravas" de la Década Infame.

[22] *La Nación*, 28 de marzo de 1931.

Al llegar a Buenos Aires los detenidos son trasladados directamente al Departamento Central de Policía, donde son interrogados primero salvajemente por los hombres del comisario Fernández Bazán y luego "legalmente" por los jueces Lamarque y González Bowland, quienes los sobreseen por las causas del asalto al Hospital Rawson y a La Central. Al "capitán" Paz lo trasladan a Córdoba para que responda por una causa anterior, y poco después un grupo de compañeros lo liberará a punta de pistola de una comisaría de la provincia. Roscigna, Vázquez Paredes y Malvicini, a pesar de la orden judicial, continúan ilegalmente detenidos. Los familiares comienzan sus reclamos y los policías sus burlas. Les dicen que están en La Plata, pero allí nadie sabe nada y los mandan a Avellaneda, pero allí tampoco los familiares pueden obtener información. Luego se les dirá que están en Tandil. Pero los presos no aparecen. No hay noticias, hasta que el militante anarquista y redactor de *Crítica* recibe la información de un pescador de la isla Maciel que dice que los ha visto con vida. Que vio cuando los bajaban de un patrullero en la comisaría de Dock Sud. *Crítica* titula: "Roscigna en el Dock Sud".

A partir de ese momento se pierde completamente el rastro de los detenidos. *"Hasta que –pasados varios meses de la desaparición– un oficial de Orden Social se sincera con la Comisión Pro Presos y les dice con tono confidencial: 'No se rompan más muchachos; a Roscigna, Vázquez Paredes y Malvicini les aplicaron la ley Bazán, los fondearon en el Río de la Plata'".*[23]

Se estaba inaugurando una oscura tradición argentina.

---

[23] Osvaldo Bayer, *Los anarquistas expropiadores, op. cit.*

El huevo de la serpiente

"¿Quién en medio de un naufragio se pone a regatear con las olas y calcular con espíritu de avaro meticulosamente, si ha de dar o cuánto ha de perder para salvarse? En medio del naufragio social, de una de las tempestades más horribles estamos todos, ¡todos! La pasiones más bravas, las iras del populacho, el rencor de las masas obreras, la sed de venganza anarquista, el huracán de la revolución antisocial, la loca ambición de ejercer la dictadura en nombre de las heces de la sociedad, todo un conjunto de fieros males nos amenaza. Dime, ¿qué menos podrías hacer, si te vieras acosado por una manada de fieras hambrientas, que echarles pedazos de carne para aplacar su furor y taparles la boca? ¡Los bárbaros ya están a las puertas de Roma!

TEXTO DE LA "GRAN COLECTA NACIONAL PARA LOS POBRES"
LANZADA POR LA CONDUCCIÓN DE LA IGLESIA CATÓLICA EN 1919
TRAS LOS SUCESOS DE LA SEMANA TRÁGICA.[1]

En la Argentina, así como los conservadores se llaman a sí mismos liberales, los ultraderechistas se llaman nacionalistas. Es curioso, porque sus ideas distan mucho de ser vernáculas. Ellos, que están siempre dispuestos a denunciar la influencia de ideologías extranjeras, son adictos a ideologías que son tan "foráneas" como el liberalismo y el marxismo, sus enemigos acérrimos y a la vez su razón de existir. Sus fuentes son fundamentalmente las derechas francesa y española. Este pensamiento reaccionario fue durante gran parte del siglo XX el sustento ideológico de los golpes de Estado, de las represiones contra los militantes populares, contra el avance científico y el progreso cultural, intelectual y material de las mayorías populares, visualizadas como inferiores y destinadas a la servidumbre y la obediencia.

Para fomentar la cultura, nada mejor que la Inquisición

La derecha argentina surgió a la escena política del siglo XX como una expresión claramente reaccionaria frente a hechos de carácter

[1] En José Luis Romero, *Las ideas de la Argentina del siglo XX*, Buenos Aires, FCE, 1987.

internacional como la Revolución Rusa y la expansión de la democracia liberal en Europa, y de carácter nacional, como la sanción de la Ley Sáenz Peña, la llegada al poder del radicalismo y el crecimiento de la movilización, organización y combatividad del movimiento obrero argentino.

Uno de los autores más leídos y admirados por los derechistas argentinos fue Marcelino Menéndez y Pelayo (1856-1912) quien planteaba que la gloria de España estaba en relación directa con su intolerancia política y religiosa: *"Nunca se escribió más y mejor en España que durante los dos siglos de la Inquisición"*.[2]

Parece que según don Marcelino la expulsión de los judíos y los moros y la quema de supuestos "herejes" en plazas públicas resultaron inspiradoras para un Cervantes, un Quevedo, un Góngora, un Lope de Vega, aunque leyéndolos uno no encuentre muchos elementos que vinculen su genialidad con las masacres perpetradas por el Santo Oficio, ni lea en sus páginas alegatos reaccionarios sino más bien todo lo contrario. *Fuenteovejuna*, todos a una.

Pero lo interesante, y lo que cautivaba a los derechistas argentinos, era aquello de que la gloria de una nación estaba en relación directa con la poca atención que se le prestaba a los reclamos y aspiraciones de las mayorías populares, aquella invitación a ejercer sin pudor el "derecho divino a mandar" de aquella clase patricia que se había construido una historia de guerreros y sacerdotes a la manera de aquella *"España evangelizadora de medio mundo, a la España flagelo de los herejes, a la España luz del Concilio de Trento, a la España cuna de San Ignacio de Loyola"*.[3] Aquellos derechistas sentían que habían perdido espacio político con la sanción de las leyes laicas porque opinaban con Menéndez y Pelayo que *"sólo a través de la religión adquiere un pueblo vida propia, conciencia de su fuerza unánime; sólo en ella se legitiman y arraigan sus instituciones"*.[4]

Menéndez y Pelayo y los derechistas europeos estaban convencidos de que la Ilustración y las ideas difundidas con la Enciclopedia y el triunfo de la Revolución Francesa significaron la decadencia de la humanidad y el ingreso en *"la época de la historia más perversa y descreída"* donde *"se desmoronó piedra a piedra este hermoso edificio de la Espa-*

---

[2] Menéndez y Pelayo, Marcelino, *Historia de los heterodoxos españoles*, Madrid, Editorial Católica, 1952.
[3] *Idem.*
[4] *Idem.*

ña Antigua... olvidando su religión y su lengua, su ciencia y su arte, y cuanto le había hecho sabia, poderosa y temida en el mundo".[5] Siguiendo al pensador español, nuestros nacionalistas glorificaban el espíritu guerrero y apostólico de la Edad Media y los Reyes Católicos. Añoraban aquella sociedad donde no había clases sociales móviles sino castas inamovibles, donde el que nacía rico moría más rico y el que nacía pobre sabía resignadamente que moriría más pobre porque así lo quería Dios. Aquel mundo donde el poder de los papas podía negar que la tierra girara en torno del sol, se moviera y rotara sobre su eje, y condenar al autor de tales teorías a la hoguera. Aquella sociedad donde los reyes lo eran por derecho divino, porque "Dios así lo quería" y por lo tanto cualquier oposición al poder real lo era también al poder y al deseo de Dios. Aquella sociedad donde a la ciencia se la presentaba como enemiga de la religión y donde las mayorías populares sólo ingresaban en la historia para engrosar los ejércitos destinados a cuidar y a aumentar el tesoro real.

Era un pensamiento fundamentalista, que desdeñaba el progreso y pugnaba por la restauración definitiva del orden autoritario y jerárquico de un Estado absolutista, en profunda relación con el poder eclesiástico donde la disciplina social y el sometimiento a los poderosos estuviese fuera de discusión. Defendían como una de las "empresas más nobles de la humanidad" el genocidio conocido como la conquista española de América, porque les había dado dignidad a los infieles y los había unido bajo una misma lengua y una misma religión.

El otro intelectual extranjero que influyó decididamente en la formación ideológica del nacionalismo argentino fue el francés monárquico Charles Maurras (1868-1952). Cuando a comienzos de la década del 90 se produjo el affaire Dreyfus[6], surgió en Francia una fuerte corriente anti-

---

[5] *Idem.*
[6] El oficial francés de origen judío Alfred Dreyfus fue acusado de "alto espionaje" por el ejército francés y condenado, deportado en un recinto fortificado y degradado por un consejo de guerra en 1894. El caso desató una campaña de la derecha francesa que pretendió aprovechar el caso para denunciar como traidora y miserable a toda la colectividad judía. Tras las denuncias de notables intelectuales como Anatole France y Émile Zola con su famoso *Yo acuso*, pudo establecerse judicialmente la falsedad de las imputaciones, el ocultamiento de pruebas y la falsificación de documentos por parte del Estado Mayor francés y la absoluta inocencia de Dreyfus, quien fue liberado tras sufrir diez años de prisión en la Isla del Diablo y reincorporado al servicio activo con la condecoración de la Orden de la Legión de Honor. El caso desprestigió a la Iglesia, al ejército y a los grupos antisemitas que habían lanzado la campaña, y dio un fuerte impulso a las ideas igualitarias y de tolerancia en la sociedad francesa.

semita fogoneada por Edouard Drumond a través de su periódico *La Libre Parole* y la publicación *La France Juive* (La Francia Judía). En ese contexto, Maurras fundó la Acción Francesa, una agrupación antisemita de extrema derecha que propugnaba una vuelta a la monarquía absoluta y a los valores políticos y sociales previos a la Revolución Francesa; profesaba el ateísmo pero le asignaba a la Iglesia un rol fundamental en la restauración de los preceptos tradicionales y en el logro y mantenimiento de la disciplina social. Con el tiempo llegó a admirar profundamente a Mussolini y a fundar en la península la Acción Española.[7] Cuando el Papa condenó el pensamiento maurrasiano en 1926 –porque veía en la Iglesia un instrumento estratégico pero no un fin en sí mismo–, los nacionalistas argentinos, católicos ante todo, dejaron de adorar al francés aunque sin dejar de reconocer su notable influencia en aquellos años formativos.

Para los "nacionalistas", el liberalismo y el marxismo son los principales enemigos: el primero, por su defensa acérrima y egoísta del individuo, y el segundo, por su concepción clasista de la sociedad cuestionadora de la propiedad privada y de la idea de nación.

Gustavo Martínez Zuviría, que utilizaba el nada nacional seudónimo de Hugo Wast, deploraba en sus escritos a la Revolución Francesa, porque había iniciado la rebelión en contra de Dios con la intención de destruir el orden natural de la sociedad del Antiguo Régimen, corrompiendo la esencia del mundo cristiano con el veneno de liberalismo. En el prólogo de *El Kahal*[8] escribe frases como las siguientes: "*... y es por eso que en todos los pueblos el grito de 'Muera el judío' ha sido siempre sinónimo de ¡Viva la Patria!*", "*el judío es un poderoso factor antinacional*", "*sumergido [el judío] en un ambiente cristiano resulta insocial, inasimilable y revolucionario*", "*el sufragio universal es una herramienta judía*".

El pensamiento nacionalista que rescataba y reclamaba el protagonismo del pensamiento católico reconocía en los militares, desde las cruzadas, la reconquista española y la conquista de América la otra pata de los representantes del orden, la jerarquía y los valores occidentales y cristianos. Muchos recuerdan el famoso discurso de Ayacucho pronuncia-

---

[7] Durante la ocupación nazi de Francia, Maurras fue partidario del régimen colaboracionista de Vichy. Tras la liberación fue condenado a reclusión perpetua. Murió en arresto domiciliario en 1952.

[8] Hugo Wast, "El Kahal", *Obras completas*, Madrid, 1956.

do en 1924 por el poeta Leopoldo Lugones como la piedra basal de aquel llamado a la imposición por las armas de un nuevo orden. Pero en realidad preexistían manifestaciones de aquel nacionalismo autoritario, como la reacción del Centenario contra el movimiento huelguístico de 1910; la formación de la Liga Patriótica en 1919, y las conferencias que el propio Lugones dictó en el Teatro Coliseo en 1923, justamente para los miembros de Liga Patriótica Argentina y el Círculo Tradicionalista Argentino. Lugones proclamó entonces:

"La necesidad de una enérgica adhesión a las instituciones militares, y si ante el doble peligro que nos amenaza con desastre ya empezado, no hay decoro ni esperanza sino en las espadas argentinas, allá hemos de ir a buscarlas [...] El país hállase invadido por una masa extranjera disconforme y hostil, que sirve en gran parte de elemento al electoralismo desenfrenado. [...] El pueblo como entidad electoral no me interesa en lo más mínimo. Nunca le he pedido nada, nunca se lo he de pedir, y soy un incrédulo de la soberanía mayoritaria".[9]

Poco después, y al calor de la llegada al poder de Mussolini, publicaba un texto titulado "Ante la doble amenaza", en el que decía: *"Italia acaba de enseñarnos cómo se restaura el sentimiento nacional bajo la heroica reacción fascista encabezada por el admirable Mussolini: actitud nada extraña en quienes crecieron saboreando como una médula de león aquel canto de Patria reconquistada, aquel himno de Garibaldi cuyo coro fulmina la inexorable expulsión: Va fuora stranieri!"*[10]

El discurso de Lugones iba sistematizando los temas preferidos de la derecha argentina: la decadencia de la democracia, terminar con el sufragio universal, la descalificación de toda la clase política, la "necesaria" represión al movimiento obrero y la desconfianza y el desprecio hacia el pueblo en general y al inmigrante en particular. El poeta, que había pasado por el anarquismo y el socialismo, era el epígono de una serie de colegas que lo habían antecedido en esto de denostar al diferente. Quizás uno de los primero haya sido Eugenio Cambaceres, quien en su libro

[9] Leopoldo Lugones, *Antología*, Ediciones Culturales Argentinas, 1971.
[10] Leopoldo Lugones , "Ante la doble amenaza", en Tulio Halperin Donghi, *Vida y muerte de la República verdadera*, Ariel, Buenos Aires, 2000.

En la sangre, publicado en 1887, hace una verdadera descripción zoológica de los inmigrantes que comenzaban a poblar la Argentina. Julián Martel, haciéndose eco de las ideas de la derecha francesa, le echaba la culpa a los judíos por la crisis de 1890, que tenía causantes y beneficiarios claramente criollos y de apellidos "patricios", occidentales y cristianos. El autor de *Juvenilia*, Miguel Cané, lanzó una campaña contra los "extranjeros indeseables" que culminaría en 1902 con la sanción de una nefasta ley de su autoría, la 4.144, más conocida como la Ley de Residencia, que permitía la expulsión de inmigrantes sin más trámite que una denuncia en su contra que los sindicara como agitadores sociales. Pero además de la abundante tradición literaria, la tradición política de la oligarquía argentina previa a la Ley Sáenz Peña avalaba de hecho un pensamiento autoritario de derecha a través del fraude electoral, el desprecio por la voluntad y la opinión populares, la marginación del inmigrante, la persecución al gaucho para transformarlo en peón, el despojo de sus tierras y el asesinato en masa de los pueblos originarios, y la represión sangrienta del movimiento obrero y de las rebeliones radicales.

De la guerra gaucha a la guerra al gaucho

Lugones sabía que para lograr que aquellas ideas que iban a contramano de la historia y de la voluntad popular triunfaran hacía falta un cambio de régimen, y que ese cambio no vendría de las urnas sino de las espadas. Decidió lanzar de viva voz la convocatoria al primer golpe de Estado del siglo XX en nuestro país. Fue en Lima, en ocasión de la conmemoración de los 100 años de la batalla de Ayacucho, aquella que puso fin a más de 300 años de dominación hispánica. Allí dijo el autor de *La guerra gaucha*:

"Ha sonado otra vez, para bien del mundo, la hora de la espada. Así como ésta hizo lo único enteramente logrado que tenemos hasta ahora, y es la independencia, hará el orden necesario, implantará la jerarquía indispensable que la democracia ha malogrado hasta hoy, fatalmente derivada, porque ésa es su consecuencia natural, hacia la demagogia o el socialismo. Pacifismo, colectivismo, democracia, son sinónimos de la misma vacante que el destino ofrece al jefe predestinado; es decir, al hombre que manda por su derecho de mejor, con o sin ley, porque ésta, como expresión de potencia confúndese con su voluntad. El sistema constitucional del siglo XX está caduco. El ejército es la última aristocracia; vale decir, la última posibilidad de organización jerárquica que nos resta entre la disolución demagógica".[11]

La gravedad de las palabras de Lugones, que invitaban abiertamente a terminar con el sistema democrático, a no respetar la ley, a la búsqueda de un caudillo predestinado para reemplazar al sistema constitucional caduco, no encontraron ninguna respuesta ni mucho menos ninguna sanción por apología del golpe de Estado en ningún funcionario del gobierno de Alvear, incluyendo desde ya al propio presidente. Los "nacionalistas" decían defender lo nacional y ponían al gaucho como modelo de dignidad frente a la "indignidad" de los inmigrantes. Pero en realidad defendían sus propios intereses de clase y lanzaban conscientemente una guerra social en defensa de sus privilegios en la que las víctimas serían los sectores populares. Uno de sus mentores definía así al nacionalismo de aquel entonces:

"¿Qué es ese mentado nacionalismo? Desde luego, no se trata de lo que antes se entendía por tal, del tradicional amor a la patria, ni de las declaraciones retóricas acerca de ese sentimiento. El concepto es distinto y revolucionario: es concebir y sentir a la patria dentro de una nación homogénea y a la nación dentro de un Estado fuerte; es considerar al Estado como síntesis de la Nación y hacer predominar con todo y por todo los intereses de ésta sobre cualquier otro de orden particular o privado".[12]

El prestigio literario de Lugones ayudó a difundir el contenido golpista del discurso y decidió a algunos intelectuales y activistas de la derecha a darle organicidad a este pensamiento, y fundar en marzo de 1925 *La Voz Nacional*, financiada, entre otros, por Juan Carulla y con suscriptores de la talla del futuro golpista José Félix Uriburu.

Pero recién en diciembre de 1927 aparecerá el órgano destinado a perdurar. *La Nueva República* será el periódico más "serio" de la derecha nacional, fundado por los hermanos Julio y Rodolfo Irazusta, Juan Carulla y el historiador Ernesto Palacio. La publicación declaraba en su

[11] Leopoldo Lugones, *op. cit.*
[12] Carlos Ibarguren, *La inquietud de esta hora*, Editorial Roldán, Buenos Aires, 1934.

primera editorial: *"Permitan que organicemos la contrarrevolución. Tenemos a nuestras espaldas más de medio siglo de desorientación intelectual: los sofismas del Romanticismo y la Revolución francesa".* El periódico derechista proponía *"un gobierno inteligente y de orden que le permita [al país] restaurar sus energías morales y reponerse de sus quebrantos económicos, libre de la necesidad de adular a las masas"*[13]; y se manifestaba enemigo de *"la dictadura del populacho como una necesidad impuesta por presuntas leyes de la economía y de la historia".*[14]

Un año después aparecía la revista católica *Criterio*. Desde sus páginas decía Manuel Gálvez:

"Y surgió Benito Mussolini. Por primera vez un gobernante se pronunciaba contra la democracia y el liberalismo político. Al principio roussoniano y anárquico 'todos los hombres son iguales', opuso este otro, que restablecía el sentido de las jerarquías: 'cada uno en su puesto'. Enseguida surgió la dictadura en España, en Portugal, en Polonia, en Grecia, en Chile. Todas, más o menos, han nacido por el triunfo del fascismo italiano. Y todas restablecen el orden jerárquico, imponiendo el respeto al poder, reponiendo a la Iglesia en su verdadero lugar, estableciendo la enseñanza religiosa, combatiendo la inmoralidad".[15]

Arturo Jauretche definiría magistralmente a aquel "nacionalismo" elitista: *"Este nacionalismo de las vísperas del 30 no tiene ni busca contacto popular. Se mueve más bien en un plano intelectual y sólo aspira a ser una elite gobernante, podría caracterizarse como una tendencia aristocratizante por oposición al populismo radical".*[16]

Pero los derechistas argentinos admiraban a Mussolini y admirarán a Hitler por su obra: persecución de judíos, control y represión del movimiento obrero, anulación de la democracia, restauración de las "jerarquías tradicionales"; pero había un punto de estos movimientos que les preocupaba: la presencia en ellos de importantes masas populares y que no eran católicos. Como señala David Rock:

---

[13] *La Nueva República*, 14 de junio de 1930.
[14] *La Nueva República*, 1º de septiembre de 1928.
[15] Manuel Gálvez, "Interpretación de las dictaduras", *Criterio*, nº 32, 11 de octubre de 1928.
[16] Arturo Jauretche, *Los movimientos nacionales*, Buenos Aires, Peña y Lillo, 1971.

"A diferencia de los fascismos italiano y alemán, los nacionalistas permanecieron estrechamente vinculados a la Iglesia. [...] El fascismo representó un tipo de socialismo perverso y renegado, comprometido con la movilización de las masas, y con la transformación revolucionaria de la sociedad. Los nacionalistas eran reaccionarios puros quienes contemplaban a las sociedades y a los gobiernos del pasado como modelos para el futuro. [...] En resumen, los nacionalistas eran primos lejanos de Mussolini y no sus hijos".[16]

Las espadas de la hora

Aquel Ejército al que apelaba Lugones estaba bien lejos de las gloriosas gestas libertadoras encabezadas por Belgrano y San Martín. Desde la creación del Ejército Nacional por Mitre en 1862, sus hipótesis de conflicto tuvieron que ver con la imposición por las armas de un modelo económico agroexportador en beneficio de la oligarquía porteña y algunas oligarquías provincianas asociadas. Este modelo excluyente era inaceptable para la mayoría de los habitantes del "interior". Así se sucedieron las campañas contra el Chacho Peñaloza y Felipe Varela; la Guerra contra el Paraguay y la llamada "Conquista del Desierto". Este Ejército era el garante del orden, y fue el encargado de disciplinar sus propias filas cuando algunos de sus oficiales se sintieron parte del pueblo y participaron de las intentonas revolucionarias radicales por la libertad de sufragio.

Ya en el siglo XX aquel Ejército había aumentado sus contingentes y su influencia en la sociedad a partir de la sanción de la Ley Orgánica del Ejército de Servicio Militar Obligatorio para todos los varones de 20 años, aprobada en 1901, más conocida como Ley Ricchieri. Aquel Ejército al que se dirigía seductoramente Lugones era el que venía de reprimir en la Semana Trágica, en La Forestal y en la Patagonia. La conducción de aquel Ejército estaba disconforme con el gobierno radical por varios motivos, que iban desde el favoritismo en los ascensos para los oficiales que habían participado en las revoluciones radicales, hasta los reclamos por la falta de equipamiento ante el "avance de las ideas subversivas". Estas quejas fueron tomando cuer-

---

[17] David Rock, *La Argentina autoritaria*, Buenos Aires, Ariel, 1998.

po en reuniones informales de oficiales que culminaron el 11 de enero de 1921 con la fundación, en la Confitería del Águila, de la Logia General San Martín, que con el tiempo lograría que prominentes miembros de la organización accedieran a cargos claves dentro de la estructura del Estado, como el de ayudante secretario del presidente de la Nación y, poco después, jefe de la Casa Militar; el de subdirector y luego director del Colegio Militar; el de 2º jefe del Regimiento Nº 1 de Caballería "Granaderos a Caballo General San Martín"; el de director general de Arsenales de Guerra; el de jefe del Regimiento Nº 2 de Artillería Montada; el de ayudante de campo del ministro de Guerra, y el de edecán del presidente de la República.

Si bien la Logia se disolvió en 1926, su tarea de politización del Ejército en el sentido contrario al que habían intentado los radicales sestaba cumplida. Las ideas nacionalistas propaladas por Lugones y sus compañeros de ideas ya estaban bajo las gorras de no pocos oficiales.

Las actividades de la Logia fueron vistas con tolerancia y hasta simpatía por el ministro de Guerra de Alvear, general Agustín P. Justo y el inspector general del Ejército, general José Félix Uriburu.

No tardaría mucho en aparecer una nueva organización que uniría a civiles y militares que compartían el ideario derechista autoritario. Bajo el engañoso nombre de Liga Republicana, nacida en 1929 bajo la inspiración de Roberto de Laferrere, la Liga, una organización paramilitar inspirada en las camisas negras fascistas, se definía como una *"milicia voluntaria de la juventud para luchar contra los enemigos interiores de la República. La Liga Republicana proclama que ningún plebiscito accidental tiene derechos contra la nación, y que las mayorías sólo son respetables cuando eligen bien. Hay un derecho superior al de los ciudadanos y los partidos, y es el derecho de la República a ser bien gobernada"*.[18]

Pero el radicalismo parecía mantener su discurso de apoyo al Ejército y no prestar atención a los cantos de sirena golpistas. Esto decía un diputado radical:

"...El Ejército para nosotros es sagrado, las instituciones armadas del país están para defender la soberanía de la Nación; y si alguna vez salieron de los cuarteles empuñando las armas, agrupándose para defender una causa noble y justa fue porque los latidos del

---

[18] *La Vanguardia*, 15 de octubre de 1929.

corazón del pueblo argentino estaban dentro de los cuarteles y salió de ellos para derrocar un gobierno y para dar al pueblo argentino el gobierno que reclamaba".[19]

Como dice uno de los personajes de la notable película de Ingmar Bergman sobre los orígenes del nazismo[20]: *"a través de la delgada cáscara del huevo de la serpiente, nos acecha el horror de lo porvenir. Y a pesar de ello, lo esperamos sin hacer nada".*

---

[19] Palabras del diputado radical Juan Carlos Vázquez en la sesión del 15 de septiembre de 1928, citado por A. Potash, *El Ejército y la política en la Argentina 1928-1945*, Buenos Aires, Sudamericana, 1994.

[20] Ingmar Bergman, *El huevo de la serpiente*, 1977.

De las urnas a las armas.
Argentina 1922-1930

*"Advertencia Perentoria. La renuncia presidencial o la guerra
necesaria. El señor Yrigoyen no es ya Presidente de la Nación. Va
a la Casa de Gobierno, pero no gobierna. Es un obstáculo al bien
público y entorpece la prosperidad del país, renuncie, señor. Sea
honrado como Rivadavia, que resignó su mando cuando le faltó,
como a usted, la confianza de la República".*[1]

MANUEL CARLÉS, JEFE DE LA LIGA PATRIÓTICA ARGENTINA,
29 DE JULIO DE 1930

Los años que median entre la presidencia de Alvear y el final abrupto de la segunda presidencia de Yrigoyen se vieron sacudidos por hechos mundiales destinados a tener una importante gravitación en la política nacional. En Europa, la consolidación en el poder de la Revolución Rusa y la primera posguerra habían estimulado la movilización de aquellos sectores populares que habían puesto el cuerpo en la guerra para luego terminar siendo los desplazados, los desocupados, los no reconocidos y los maltratados por los grandes beneficiarios del conflicto: los factores de poder de sus respectivos países. El descontento se canalizó por distintas vías y en sentidos opuestos. A la inicial movilización de las izquierdas en Italia y Alemania se le opuso una brutal reacción de la ultraderecha, que, explotando los sentimientos nacionalistas heridos por las consecuencias de la guerra, lograron captar la voluntad y la adhesión de importantes sectores de la población y el apoyo decidido de las grandes burguesías de sus países. Mussolini había consolidado su Estado fascista de carácter absolutamente autoritario y corporativo y soñaba con el renacimiento del Imperio Romano; en Alemania, la ultraderecha crecía

---

[1] Manifiesto firmado por Manuel Carlés, jefe de la Liga Patriótica, el 29 de julio de 1930, en Etchepareborda, *Yrigoyen*, Buenos Aires, CEAL, 1984.

sin prisa pero sin pausa de la mano de un cabo y ex convicto autor de un panfleto llamado *Mi lucha*.

En la "mayor democracia del mundo", en 1928, se vivían los ecos del asesinato estatal de Sacco y Vanzetti, dos anarquistas italianos enviados a la silla eléctrica por un crimen que no habían cometido. Algo andaba mal en los Estados Unidos, aunque todo iba de maravillas y la prosperidad parecía instalada para siempre. Pronto, todo empezaría a cambiar.

Alvear o el radicalismo paquete

En marzo de 1922 la convención nacional del radicalismo, por el voto de sus afilados y con la bendición de su caudillo Hipólito Yrigoyen, designó la fórmula Marcelo Torcuato de Alvear-Elpidio González para las elecciones nacionales. Yrigoyen decía que Alvear iba a calmar y a conformar a las clases altas mientras que González iba a tranquilizar a los radicales de comité. A pesar de su prosapia oligárquica, don Marcelo, como otros colegas de clase del partido, podía acreditar ante sus correligionarios que era un radical de pura cepa. Había participado en la Revolución del Parque y estuvo entre los primeros diputados boinas blancas que llegaron al Congreso en 1912, donde desarrolló una importante actividad parlamentaria.

En las elecciones nacionales de 1922 la fórmula Marcelo T. de Alvear-Elpidio González derrotó a los conservadores de la Concentración Nacional, Norberto Piñero y Rafael Núñez, por 458.457 votos contra 200.080.

En su fuero íntimo seguramente Yrigoyen pensaba que sus consejos y su colaboración resultarían imprescindibles para don Marcelo, debido a su manejo del aparato partidario. Pero Alvear comenzó a tomar distancia rápidamente y acentuó sus actitudes conservadoras como un signo de pertenencia al viejo tronco oligárquico, mientras que las medidas adoptadas por el nuevo presidente contemplaron los gustos de la clase conservadora y sus necesidades. Alvear hará todo lo posible para mostrarse confiable ante los tradicionales dueños del poder, que lo fueron rodeando y acercándole ideas y funcionarios.

Los grandes diarios y las clases altas celebraron la llegada de Alvear a la presidencia como el fin del predominio de la chusma yrigoyenista; uno de ellos había vuelto al gobierno:

"Se entregó en cuerpo y alma a cautivar el favor de las masas menos educadas en la vida democrática, en exclusión deliberada y despectiva de las zonas superiores de la sociedad y de su propio partido, con el único objeto de la conquista de votos [...] a favor de las sectas anárquicas, en cuyas manos mantuvo por cerca de un año la suerte del comercio marítimo y fluvial de la Nación".[2]

El gabinete de Alvear quedó integrado por hombres pertenecientes a los círculos de poder y a las familias "tradicionales": José Nicolás Matienzo en Interior; Ángel Gallardo en Relaciones Exteriores; Tomás Le Bretón en Agricultura; Eufrasio Loza en Obras Públicas; Agustín P. Justo en Guerra; Manuel Domecq García en Marina; Celestino J. Marcó en Justicia y Rafael Herrera Vegas en Hacienda.

Parece que Alvear se tomaba con calma su rol de presidente y, a diferencia de Yrigoyen, apodado el "peludo" por no salir a ningún lado y mantener un perfil extremadamente bajo, era visible a toda hora en los cocteles, inauguraciones de monumentos y actos oficiales. Su estilo de gobierno es descripto de esta manera por la revista *Caras y Caretas*:

"En cuanto salta del lecho
Se viste muy satisfecho.
Juega el golf con elegancia,
Igual que lo hacía en Francia.
A la Casa de Gobierno
Corre; qué 'corre eterno';
Al entrar en su escritorio
Se encuentra este promontorio.
Apenas se sienta y ya
A las carreras se va
Llega e inmediatamente
Se va al fútbol velozmente.
Corre al puerto a las regatas
Pues le resultan muy gratas.
Y asiste a una exposición
Artística, de rondón.
Aunque el calor le sofoca,
Recorre luego La Boca.

[2] *La Nación*, 12 de octubre de 1922. El párrafo final hace referencia a la huelga de trabajadores marítimos.

> Se va a visitar la escuadra
> Mientras su perro le ladra
> Recibe a sus adversarios
> Y a sus correligionarios.
> Saluda a sus relaciones
> Y asiste a mil reuniones.
> Y a ver al masajista
> Murmurando 'Dios me asista'".[3]

Una pelea para la historia

El 14 de septiembre de 1923 el boxeador argentino Luis Ángel Firpo peleó por el título mundial de los pesos pesados en Nueva York contra Jack Dempsey. Toda la Argentina estuvo atenta al combate, algunos con sus radios a galena, otros frente a las carteleras de los grandes diarios. En un instante de gloria Firpo sacó a Dempsey del ring, pero el árbitro demoró el conteo y el norteamericano se recuperó y pudo finalmente derrotar a nuestro campeón. La pelea se transformó en una leyenda.

Otra pelea de fondo se dio en el seno del radicalismo. En 1924, bajo la anuencia del presidente, un sector del radicalismo antiyrigoyenista fundó la Unión Cívica Radical Antipersonalista (en oposición al radicalismo partidario de Yrigoyen). De ese modo se fracturó el radicalismo entre el sector que respondía a Yrigoyen, llamado "personalista", y los comités que respondían a Alvear.

En realidad, se evidencian en la ruptura dos estilos que respondían a diferencias metodológicas y hasta de origen social: el yrigoyenismo, con su inserción más popular, con nuevos nombres, y el alvearismo, aristocrático, conservador y más vinculado al pasado.

Los yrigoyenistas, con el caudillo a la cabeza, comenzaron a denominar a la unión de conservadores, alvearistas, lobbistas de empresas privadas y filofascistas como Manuel Carlés, designado interventor en San Juan por Alvear, como el "contubernio". El alvearista Tamborini, futuro candidato a vicepresidente frente a Perón, se quejaba del calificativo:

"Torpe patraña es esa de la alianza ocasional con los conservadores contestaba. Que no se nos venga con esa palabreja mal aplicada y

---

[3] *Caras y Caretas*, 30 de diciembre de 1922.

de mal gusto: contubernio. [...] Aquí estamos, advertidos contra la diatriba y dispuestos al combate, frente a los que creen que el título político de radicales sólo puede obtenerse castrando la voluntad y cayendo genuflexos ante la de un caudillo poderoso".[4]

La política argentina estaba alcanzando un nivel interesante. La primera manifestación pública de esta ruptura se dio en ocasión de la inauguración del monumento a Leandro N. Alem, al que Yrigoyen, su sobrino, no fue invitado por el presidente Alvear.

También en aquel año, 1924, Lugones lanzó en Lima su discurso conocido como "la hora de la espada", iniciando la cuenta regresiva golpista en presencia del ministro de Guerra de Alvear, el futuro dictador, general Justo (ver capítulo 5). Aquel Lugones decía: *"El único remedio está en acabar con la política. Adoptar un decenio de vacaciones políticas. Pacifismo, colectivismo, democracia, son sinónimos de la misma vacante que el destino ofrece al jefe predestinado. [...] El Estado nada tiene que ver con la libertad. Su objeto es el orden".*[5]

Durante los años de Alvear el Ejército adquirió un notable protagonismo, y dos personajes, llamados a tener un lamentable papel en la historia argentina, se iban posicionando y ascendiendo en su carrera hacia el poder. El ministro de Guerra Agustín P. Justo logró que el presidente elevara los gastos militares de un doce a un veinte por ciento del presupuesto nacional. En tanto, su colega y amigo, José Félix Uriburu, dirigía la Inspección General del Ejército.

Alvear y los radicales de orientación conservadora que lo acompañaban se apresuraron a reducir el gasto público. Ya por entonces los llamados "liberales argentinos", o sea los conservadores, querían hacerle creer a la gente que la educación y la salud eran gastos, mientras que todos sabemos que se trata de una inversión social a largo plazo, es más, es una de las justificaciones para la existencia del Estado y su razón de ser, es lo que justifica el pago de impuestos. No se ha escuchado a estos amigos de la reducción del gasto público a lo largo de la historia argentina predicar contra la compra de armas y los millonarios subsidios a las empresas privadas, evidentes gastos sin provecho alguno para la sociedad. Con esta filosofía, los alvearistas despidieron a numerosos empleados públicos, entre ellos a radicales nombrados por la administración

---

[4] En Beatriz Alonso, *La presidencia de Alvear*, Buenos Aires, CEAL, 1984.
[5] En Dardo Cúneo, *Lugones*, Buenos Aires, Jorge Álvarez, 1968.

anterior, y detuvieron la importante inversión educativa iniciada por Yrigoyen. Hubo durante la presidencia de Alvear, con el impulso de yrigoyenistas y socialistas, la sanción de importantes leyes sociales, como la 11.202, que prorrogaba los alquileres y prohibía los desalojos; la 11.232, de jubilaciones y pensiones para empleados y obreros bancarios, y la 11.317, protectora del trabajo de mujeres y niños, que prohibía la ocupación de menores de 12 años aun en tareas rurales, y protegía la maternidad y el servicio doméstico. Pero cuando el 30 de octubre de 1923 se votó la ley 11.278, impulsada por los socialistas, que pretendía terminar con décadas de ignominia y obligaba el pago del salario exclusivamente en pesos moneda nacional, la cuestión se complicó. Los diputados alvearistas no querían herir a sus compañeros de clase, y cuando, después de muchos debates, la ley fue aprobada, el presidente Alvear la vetó el 21 de noviembre. Pero las bancadas socialista y "personalista" insistieron acompañadas por una fuerte movilización popular, y la ley pudo finalmente ser promulgada dos años después, el 5 de agosto de 1925.

Comprar a quien nos compra

Por aquellos años de la década del veinte creció enormemente la inversión estadounidense en la Argentina, superando por primera vez en capacidad instalada a la británica. Las inversiones yanquis en el país, que en 1920 totalizaban 75 millones de pesos oro, alcanzan en 1927, al promediar la presidencia de Alvear, a 505 millones. Veintitrés empresas yanquis se instalaron en el país entre 1924 y 1933.

El saldo de la balanza comercial con los Estados Unidos era claramente favorable a la potencia del Norte y un hecho agravaría aún más la situación. El 17 de septiembre de 1926, el Departamento de Agricultura de los Estados Unidos decidió prohibir la importación de carnes de la Argentina por no estar libre de aftosa. Esta medida aparentemente sanitaria se sumaba a la aplicación de aranceles proteccionistas que hacían casi imposible la entrada de productos argentinos al mercado norteamericano.

La Sociedad Rural Argentina lanzó el slogan "comprar a quien nos compra", lo que en criollo quería decir comprarle a Inglaterra. Lamentablemente no se escucharon otras voces, como la de algunos sectores del yrigoyenismo, que planteaban la apertura de nuevos mercados para evitar el sometimiento a los vaivenes de la economía británica.

Durante la presidencia de Alvear, el coronel Enrique Mosconi fue nombrado director de Yacimientos Petrolíferos Fiscales (YPF). Mosconi, de este modo, condujo la primera empresa petrolera estatal del mundo, imprimiéndole una orientación nacionalista. La campaña electoral yrigoyenista de 1928 presentó un fuerte tono nacionalista y antiimperialista. Algo antes, en julio de 1927, los radicales sostenían que el petróleo era un bien privado de la Nación. Las empresas extranjeras Standard Oil, Shell y Astra desde 1916, mediante concesiones obtenidas de los gobiernos provinciales, venían disputando un espacio en la explotación de los yacimientos petrolíferos argentinos. El proyecto radical yrigoyenista, que reclamaba en el Congreso Nacional la sanción de una ley que estableciese la explotación exclusiva del petróleo por el Estado argentino (desestimando la eventual creación de sociedades mixtas), irritó a las empresas extranjeras. Los yrigoyenistas eran muy conscientes de todas las facetas de este problema.

En este marco, la oposición conservadora recuperó la hostilidad, por un momento atenuada, y ante un eventual nuevo triunfo yrigoyenista no fueron pocos los que comenzaron a hablar de la necesidad de un golpe de Estado. Ya en 1926, en una conferencia pronunciada en el Centro de Almaceneros, Manuel Carlés consideró a los yrigoyenistas *"anormales, desarraigados, ignorantes y deshonrados"*.

La política de Alvear significó un claro retroceso en relación con los avances registrados por el yrigoyenismo como señala Félix Luna:

"La lucha por la emancipación de las bases económicas de la vida argentina se paralizó: la nacionalización del petróleo sufrió una accidentada peripecia en las Cámaras. [...] La Reforma Universitaria fue saboteada, enviándose intervenciones contrarreformistas a la Universidad de La Plata y el Litoral, y sancionándose estatutos que la retaceaban en la de Buenos Aires.. [...] La postura antiimperialista adoptada por Yrigoyen fue desvirtuada en la VI Conferencia Panamericana de La Habana, donde la posición del delegado Pueyrredón contra la guerra aduanera y el intromisionismo político militar que eran por entonces la característica de la política yanqui en el continente, fue dejada al descubierto por la timidez de Alvear y su ministro Gallardo".[6]

---

[6] Luna, Félix, *Yrigoyen*, Buenos Aires, Hyspamérica, 1985.

En cuanto a la política exterior, fue abandonada la orientación latinoamericanista de Yrigoyen. Alvear hizo ingresar a la Argentina en la Liga de las Naciones y siguió obedientemente los mandatos de los poderes internacionales. En aquel contexto se produjo un notable papelón de la delegación argentina en la VI Conferencia Panamericana en La Habana, cuando el delegado Honorio Pueyrredón fustigó el intervencionismo desenfrenado de los Estados Unidos en América latina, que había servido para masacrar a miles de latinoamericanos y para instalar sangrientas dictaduras o gobiernos fraudulentos al servicio de Washington. Decía Pueyrredón:

"La soberanía de los Estados consiste en el derecho absoluto a la entera autonomía interior y a la completa independencia externa. Ese derecho está garantizado —sostenía— en las naciones fuertes por su fuerza, en las débiles por el respeto de las fuertes. Si ese derecho no se consagra y no se practica en forma absoluta, la armonía jurídica internacional no existe. La intervención diplomática o armada permanente o temporaria atenta contra la independencia de los Estados".[7]

Esto provocó la reacción del delegado del "gran país del Norte" mister Charles Hughes, quien con una notable cola de paja y admitiendo que su país seguiría haciendo en el *"subcontinente"* lo que se le diera la gana, se opuso a toda declaración que contuviera una explícita condena a lo que él llamó descaradamente *"el derecho de intervención"*. Hasta aquí todo bien, pero ahora viene el papelón: desde Washington telegrafiaron a Buenos Aires pidiendo que el delegado moderara su posición. En seguida las "sugerencias" yanquis, compartidas por Alvear, le fueron retransmitidas a Pueyrredón por el canciller, y Pueyrredón, que se sintió lógicamente desautorizado, renunció desde La Habana.

Yrigoyen vuelve

En 1928 el radicalismo concurrió dividido a las elecciones nacionales. Hipólito Yrigoyen, junto con su compañero de fórmula Francisco Beiró, arrasó a sus adversarios antipersonalistas nucleados en torno al

---

[7] Rapoport, Mario, *Historia económica, política y social de la Argentina (1880-2000)*, Buenos Aires, Macchi, 2000.

binomio Melo-Gallo, que contaba con el apoyo de las fuerzas conservadoras. Yrigoyen retornaba con sus 76 años a la presidencia.

Yrigoyen volvía con todo y contra todos los agoreros que hablaban de senilidad, de incapacidad, allí estaba "el peludo" asumiendo por segunda vez la presidencia en medio de planteos golpistas, alarmas que anuncian la hora de la espada y guardias nacionalistas armadas que velan por la destrucción del sistema democrático. Volvía el ala "plebeya" del radicalismo duplicando en votos a los elegantes "azules" alvearistas.

La "gobernabilidad"

Los diarios hablaban de plebiscito y se preguntaban si el anciano líder podría gobernar. La gobernabilidad, palabra amenazante destinada a tener gran éxito entre nosotros, comenzó a significar, para el establishment, gobernar sin afectar sus intereses y el de sus socios extranjeros. Es decir que la voluntad popular y las acciones de gobierno comenzaron a ser colocadas por fuera del sistema democrático de acción y discusión. Por más consenso que tuviera un gobierno, los poderosos de turno se reservaban y pretendían seguir reservándose un derecho de veto ante medidas que ellos consideraran peligrosas, como la nacionalización del petróleo y el incremento de la inversión en salud y educación. Yrigoyen no les prestó demasiada atención y se equivocó. Subestimó la capacidad de acción de sus enemigos y su nivel de autoritarismo. Quizás los respetó demasiado. Ellos no serían recíprocos con él, y las consecuencias las pagaríamos por muchos años.

De regreso a la Rosada

Aquel 12 de octubre de 1928, Yrigoyen salió de su casa de la calle Brasil 1039 en un auto de la presidencia rumbo a la Casa Rosada para asumir su mandato. Lo escoltaba por protocolo el oficial de más alta graduación, el hombre que en menos de dos años lo iba a derrocar, el general José Félix Uriburu.

El radicalismo llegaba fortalecido a la presidencia. Tenía mayoría en la Cámara de Diputados, era gobierno en ocho provincias, y el antipersonalismo se había diluido tras la derrota electoral.

En el mensaje inaugural de 1929 decía el caudillo en obvia referencia al retroceso operado por Alvear: *"La legislación social es inferior a las exigencias de la sociedad [...] nuestra estructura económica, no está suficientemente tutelada [...] las realizaciones en el derecho positivo, en la legislación obrera, se han detenido inopinadamente [...] es necesario mejorar la legislación protectora de los que trabajan [...]"*.[8] Su breve gestión se desarrolló dentro de un panorama económico mundial muy complicado y desfavorable para la Argentina.

A pesar de este contexto, el gobierno radical intentó una política progresista. Ordenó la creación de mil setecientas escuelas en todo el país, presentó un proyecto de ley orgánica de educación que no fue aprobado por el parlamento, dictó medidas que favorecieron a chacareros y agricultores, impulsó una innovadora legislación social y creó el Instituto del Petróleo.

Malvenido mister Hoover

A fines de 1929, en plena crisis, el presidente estadounidense electo Herbert Clark Hoover decidió realizar un "gira de buena voluntad", "tournée", por América latina, tratando de conseguir lo imposible: borrar la mala imagen dejada por los gobiernos yanquis tras las masacres y los saqueos perpetrados en todo el continente. En el banquete de recepción, Yrigoyen se refirió en estos términos a la agresiva política exterior norteamericana: *"los pueblos debían realizarse como entidades regidas por normas éticas tan elevadas que su poderío no pueda ser riesgo para la justicia, ni siquiera una sombra proyectada sobre la soberanía de los demás Estados".*[9]

Esta actitud sanamente hostil a la política de los Estados Unidos hacia Latinoamérica, que comenzó a llamar jocosamente "el patio trasero", contrastaba y tenía su contraparte en la continuidad y consolidación de las excelentes relaciones con el imperio británico.

Los primeros efectos de la crisis

La crisis mundial desatada en Wall Street en 1929 terminó de complicarle las cosas a Yrigoyen. Los ingresos aduaneros, principal fuente

---

[8] Etchepareborda, Roberto, *Yrigoyen/2, op. cit.*
[9] Claps, Manuel, *Yrigoyen*, Montevideo, Ediciones de Marcha, 1971.

de recaudación del Estado, bajan notablemente, quiebran empresas y bancos. Se reducen los precios de nuestros productos y aumentan los importados. Todo esto lleva a un notable aumento de la desocupación. Caen los salarios y se extiende la miseria.

El gobierno radical intentó establecer el monopolio del Estado sobre la explotación petrolera. Esta medida será permanentemente rechazada por el Senado, en manos de los conservadores, y cuestionada por las empresas petroleras inglesas y norteamericanas.

El antiyrigoyenismo fue creciendo y ya abarcaba un espectro muy amplio: la Federación Universitaria Argentina (FUA) se alejaba aceleradamente de su apoyo inicial a aquel Yrigoyen que había convertido en ley los principios básicos de la Reforma Universitaria de 1918 y llamaba ahora a Yrigoyen "caudillo senil y semibárbaro"; los socialistas independientes lo llamaban "mazorquero"; los socialistas también lo atacaban, al igual que los comunistas, que lo tildaban de "gobernante fascista". Los conservadores no se quedaban atrás y trataban al presidente de "montonero vergonzante".

Una historia negra

Uno de los grandes impedimentos para la exploración y explotación del petróleo argentino fue la férrea oposición del imperio británico y sus empresas, por ser el monopólico proveedor de carbón para nuestros hogares, industrias, barcos y ferrocarriles. Con esa provisión cubría gran parte de los costos de los cereales y las carnes que le compraba a la Argentina. Esto llevó durante años a que tanto los ingleses como los terratenientes exportadores argentinos, siempre tan patriotas ellos, se opusieran a la realización de actividades petroleras por parte del Estado.

A mediados del siglo XIX ya había indicios de la presencia de petróleo en nuestro país. Varios atlas geográficos mencionan "botes de brea" en Jujuy y Mendoza.

La primera concesión para la explotación de hidrocarburos se dio en Jujuy en 1865 a nombre de Leonardo Villa con un capital inicial de ochenta mil pesos bolivianos. La empresa, registrada como la Compañía Jujeña de Kerosén, logró refinar el petróleo y exponer sus productos en la Feria Internacional de Pensilvania, donde obtuvo premios a la calidad. Ni el Estado nacional ni el provincial mostraron ningún interés por el yacimiento, que debió cerrar sus puertas por falta de capitales.

En la exposición nacional de Córdoba de 1872 se presentaron muestras de petróleo mendocino extraído por el ingeniero Rickard en la zona de Cacheuta. En 1874 Teodoro López obtuvo otra concesión del gobierno jujeño para la exploración y explotación petrolera en la zona de la laguna de La Brea. Durante la histórica Primera Exposición Industrial de 1877 celebrada en Buenos Aires, los lujosos pabellones fueron iluminados con el kerosén jujeño. En 1886 el ingeniero alemán Carlos Fader constituyó la Compañía Mendocina de Petróleo, que llegó a explotar unos veinte pozos en la zona de Cacheuta y construyó el primer oleoducto de la Argentina, que unía al yacimiento con la capital mendocina. Entre 1887 y 1891 la compañía logró extraer 8.600 metros cúbicos, muchos de los cuales fueron utilizados en el alumbrado de la ciudad. En Neuquén se formó la Compañía Argentina-Uruguaya de Petróleo, establecida en Challacó, a 25 kilómetros de Plaza Huincul.

Pero todos estos establecimientos tenían un gran defecto: su producción en las condiciones de la época para la perforación y el almacenamiento del producto no era muy abundante, lo que implicaba una fuerte inversión; además, estaban lejos del puerto y su única vía de comunicación con Buenos Aires se realizaba a través de los ferrocarriles ingleses, que cobraban fletes con tarifas diferencialmente caras para el transporte del petróleo y sus derivados con el objetivo de seguir vendiendo su carbón y controlar las zonas de producción petrolera.

Agua negra

Pero todo cambió una tarde de diciembre de 1907. La historia oficial quiere contarnos que un grupo de ingenieros y trabajadores realizaban una perforación en busca de agua en las cercanías de Comodoro Rivadavia y que cuando estaban por abandonar la búsqueda comenzó a surgir con fuerza un chorro de petróleo. Nuevamente el azar se hace presente en nuestra historia. Como Belgrano mirando al cielo y viendo pasar las nubes. El azar sustituye esfuerzos y logros y deja afuera los proyectos, los sueños y las luchas, a la vez que sepulta la memoria de gente como el ingeniero Hermitte, José Fuchs y Humberto Beghin. Vale la pena rescatar del olvido a aquellos hombres que, haciendo tareas de exploración geológica bajo la dependencia de la Comisión de Napas de Aguas y Yacimientos Carboníferos, encontraron petróleo. Desde septiembre de 1904 Hermitte estaba al frente de las exploraciones que se orientaban a la búsqueda de petróleo. Afortunadamente, Hermitte ha dejado su testimonio sobre las características del descubrimiento en una carta dirigida al ministro de Agricultura Pedro Ezcurra:

"Considero conveniente llamar la atención de Vuestra Excelencia sobre el hecho de haberse atribuido a una mera casualidad el descubrimiento del petróleo en Comodoro Rivadavia. No hay tal, sin duda. El propósito que se persigue y que siempre se ha hecho resaltar es única y exclusivamente investigar el subsuelo. Nada de extrañar que al ubicar una perforadora se haga en regiones desprovistas de agua y nada casual que se encuentre en el curso de la perforación un yacimiento de petróleo o carbón, desde que se trata, por así decirlo, de elementos constitutivos de la corteza terrestre".[10]

Sus compañeros José Fuchs y Humberto Beghin se comunicaron telegráficamente con la Dirección General de Hidrología y Minas, dependiente del Ministerio de Agricultura, comunicando eufóricamente el hallazgo. Comodoro Rivadavia, a diferencia de los yacimientos anteriormente descubiertos, se encontraba sobre la costa. Esto eliminaba el problema de los fletes ferroviarios y abría la posibilidad del transporte marítimo.

Comienza el lobby

El Estado inicialmente reaccionó rápida y correctamente. En un decreto del 14 de diciembre de 1907 el presidente Figueroa Alcorta declaraba la prohibición de denuncias de propiedad y una zona de reserva en las cien mil hectáreas circundantes al yacimiento descubierto. Pero el día 15 comenzó el lobby de los ingleses y sus socios locales.

Pronto Hermitte se quejaba en estos términos de la ineficiencia de los técnicos e ingenieros extranjeros contratados por el Estado que sospechosamente no obtenían los resultados esperados: *"Se hace difícil explicar las causas de los fracasos, siendo de notar que en algunos casos los trabajos han sido llevados en forma tal como si hubiera el propósito de no encontrar el mineral y podría llegarse a esta conclusión en pre-*

[10] En Víctor García Costa, *Prehistoria del petróleo argentino*, Buenos Aires, CEAL, 1986.

*sencia de algunas tentativas hechas en los últimos años en la región
misma de Comodoro Rivadavia".*[11]

Al ser tratado el tema de Comodoro Rivadavia en el Senado, decía
Joaquín V. González:

> "¿Por qué vamos a limitar a particulares y a las compañías extran-
> jeras que vengan a traer al país el concurso de sus riquezas y de su
> contingente a la fuerza económica del país? Para tener esto reser-
> vado, inhibido qué sé yo cuánto tiempo, para que sólo explote el
> Estado, este mal industrial, porque el Estado no puede ser explotante
> de minas, y donde quiera que las han explotado ha concluido mal,
> como lo prueba la historia de la minería en América. [...] en el te-
> rreno de la práctica el monopolio no es odioso, porque cuando está
> en manos de particulares, asociaciones o compañías, la ley, natural-
> mente, lo regula".[12]

González hablaba con la tranquilidad del que sabía que aquel Estado no iba a regular absolutamente nada. Sus palabras harán historia, por
eso nos suenan tan familiares, en especial aquel curioso concepto según
el cuál el monopolio estatal es malo, pero el monopolio privado es lo
mejor que nos puede pasar. Las palabras de González fueron tan bien
recibidas por los señores senadores que a través de la ley 7.059, sancionada el 29 de agosto de 1910, decidieron reducir el área de reserva de
cien mil hectáreas a sólo ¡cinco mil! y por un plazo de cinco años.

El gobierno de Roque Sáenz Peña creó la Dirección General de
Hidrocarburos, en la que se destacará el ingeniero Luis Huergo, quien,
tras meses de gestión, realizaba este balance:

> "Los poderes públicos, con una lentitud increíble y una mezquindad
> inconcebible, han tardado seis años en poner en claro y en hacer
> conocer al pueblo las inmensas riquezas que representan los grandes
> yacimientos de petróleo de Comodoro Rivadavia. Entre tanto, han
> llegado los hulanos de descubierta, 'los syindicating operators', que
> han acaparado la tierra de promisión (más de ochenta mil hectáreas
> en un solo sindicato), que han reclutado una falange de prosélitos,
> pocos de ellos conscientes y la inmensa mayoría inconscientes,
> haciendo accionistas a ministros, legisladores, abogados, jefes de

[11] En Horacio Casal, *El petróleo*, Buenos Aires, CEAL, 1971.
[12] *Idem.*

divisiones y secciones administrativas, miembros de la Armada y del Ejército y de redacción de periódicos, directores de Imprenta del Estado, ministros de la religión, etc. Los preliminares de la conquista son: la creación de hombres científicos de insignificancia reconocida a falta de partido científico; la prédica incesante e insensata para formar la atmósfera del descrédito del Poder Ejecutivo y de las finanzas de la Nación; la negación audaz, desvergonzada e insistente hasta la imbecilidad, de que se hayan hecho en Comodoro Rivadavia trabajos suficientes durante los dos años de la presente administración para demostrar que al fin el país podrá disponer no sólo de un combustible propio y aceptable, sino del mejor conocido hasta hoy; la prédica de que las cosas y propiedades de mayor valor de la Nación deben entregarse a manos mercenarias porque los gobiernos son malos administradores; teoría desmentida en todo el mundo. Los gobiernos de todas las naciones del mundo administran sus finanzas, sus rentas, sus aduanas, sus bancos de crédito principales y sin necesidad de mencionar más, sus ejércitos, sus escuadras y sus arsenales. No hay ejemplo de nación alguna de este mundo que haya vendido o entregado voluntariamente a la administración extranjera su arsenal de guerra, a no ser en el caso extremo de haber sido vencida o conquistada: jamás por plata o por ignorancia supina".[13]

Y Péguele Fuerte

A poco de asumir la presidencia, en 1916, Yrigoyen envió al Congreso una solicitud para que se autorice la emisión de un empréstito de cien millones de pesos con el fin de crear un Banco Agrícola Nacional, la Marina Mercante e intensificar la explotación del petróleo en el sur. El 23 de septiembre de 1919 presentó al Congreso un detallado proyecto de ley fijando un régimen legal, técnico, económico y financiero del petróleo y adelantaba el concepto del monopolio estatal de la explotación del hidrocarburo. El proyecto terminaba con esta frase: *"El Estado como encarnación permanente de la colectividad tiene el derecho de obtener un beneficio directo sobre el descubrimiento de estas riquezas".*[14] No está de más decir que ninguna de estas progre-

[13] Luis Huergo en Carlos Guevara Labal, *La mística petrolera argentina y el espíritu de YPF*, Buenos Aires, edición de autor, 1964.
[14] Claps, Manuel, *Yrigoyen*, Montevideo, Biblioteca de Marcha, Colección los Nuestros, 1971.

sistas iniciativas fue siquiera considerada por aquel Congreso, que estaba en manos de los "patriotas" conservadores.

La guerra había terminado de imponer al petróleo como la fuente principal de combustible, lo que desató la competencia entre las potencias por el dominio de las zonas petroleras del mundo. En 1919 una comisión senatorial norteamericana hacía el siguiente análisis de la cuestión:

"En vista del futuro decrecimiento de la producción del petróleo, aconsejamos excitar a los petroleros americanos a explotar la producción de países extranjeros que poseen yacimientos petrolíferos útiles para suministrar aceite; y que a tales empresas se les proporcione todo el apoyo diplomático posible para obtener la propiedad de esos campos petrolíferos y explotarlos".[15]

Yrigoyen tomó coraje y el 3 de junio de 1922 creó por decreto la Dirección Nacional de los Yacimientos Petrolíferos Fiscales. Al frente de YPF, la primera empresa petrolera estatal del mundo[16], estará el general Enrique Mosconi, quien le dará a la empresa un extraordinario dinamismo. Un episodio previo a la asunción le demostró a Mosconi los peligros que guardan los monopolios privados:

"En agosto de 1922 desempeñaba la función de director del Servicio de Aeronáutica del Ejército. Ordené que se efectuaran diversos raids aéreos que partiendo de El Palomar debían llegar hasta nuestras fronteras. El objetivo no era solamente completar el adiestramiento de nuestros pilotos aviadores, sino contribuir a la formación del ambiente aeronáutico en el país, ya iniciado con la organización del aeroclub de Rosario, Santiago del Estero, Tucumán, Salta y Mendoza. Al ordenar la compra de nafta de aviación necesaria en la oficina de la West India Oil Co., Filial de la Standard Oil -Wico recibo la contestación de que previamente debía el Ejército satisfacer el importe, de lo contrario no habría venta. [...] Sorprendido, me pregunté: ¿y si en lugar de tratarse de un simple raid de entrenamiento se debiera cumplir una orden de atacar una escuadra enemiga?, ¿qué haríamos en tal circunstancia, en que, por la torpe actitud de un comerciante, nos veíamos impedidos de hacer levantar vuelo a

---

[15] En Juan Carlos Vedoya, "Mosconi, el petróleo y los trusts", Buenos Aires, *Todo Es Historia* N° 68, diciembre 1972.
[16] La segunda se fundó en Francia en 1924.

nuestras máquinas por carecer de combustible para ello? [...] Allí en el mismo escritorio (de la Wico) me propuse, juramentándome conmigo mismo, cooperar por todos los medios legales a romper los trust. Y designado director general de YPF el 19 de octubre de 1922, realicé el propósito siete años después [...]".[17]

En 1923 YPF compró en Estados Unidos el primer buque tanque de cinco mil quinientas toneladas y habilitó los primeros surtidores con su marca que vendían nafta y kerosén. Una de las primeras obras de Mosconi, ya durante la presidencia de Alvear, fue la creación de la destilería de La Plata, la décima en tamaño en el mundo. Años más tarde comentaría Mosconi: *"El proyecto de construcción de la Destilería de La Plata [...] fue un toque de alarma para los trusts [...] Y ese toque de alarma indicó la movilización de todas resistencias y obstáculos [...] fuertes y tenaces por parte de los trusts, en particular del norteamericano".*[18]

La eficiencia de YPF llevó a que en los años veinte la industria petrolífera nacional aumentara su producción a un ritmo del treinta por ciento anual. Pero no alcanzaba, seguíamos dependiendo de la importación de petróleo extranjero.

La empresa petrolera extranjera más influyente y poderosa en la Argentina era la Standard Oil, con fuerte presencia en la zona de Comodoro Rivadavia, Jujuy y Salta.

Los poderosos intereses petroleros comenzaron a hacer lobby con los gobiernos provinciales logrando que obstaculizaran la acción de YPF en sus territorios. El gobernador salteño Corbalán rechazó un acuerdo con la petrolera estatal para explotar el yacimiento República Argentina. Mosconi recordará aquellos años de lucha: *"Sin haberse sancionado la ley de nacionalización de los yacimientos de petróleo y siendo cada vez mayores y más desorbitados los avances de la Standard Oil, más inaudita la protección que los poderes públicos provinciales le prestaban; [...] la Dirección General resolvió iniciar la explotación de la mina República Argentina".*[19]

Estas situaciones eran producto de la falta de un marco regulatorio claro y preciso. Con ese objetivo el gobierno radical planteó en el par-

[17] Mosconi, Enrique, *El petróleo argentino, 1922-1930*, Buenos Aires, Círculo Militar, 1936.
[18] *Idem.*
[19] Mosconi, Enrique P., *Obras*, tomo II: *YPF contra la Standard Oil*, Buenos Aires, AGEPE, 1958. Recopilación: Raúl Larra y Gregorio Weinberg.

lamento una ley de nacionalización del petróleo y el avance hacia el monopolio estatal. La bancada radical elaboró un proyecto de ley petrolera que proponía lo siguiente:

"Son bienes privados de la Nación: a) los criaderos, fuentes y depósitos naturales de petróleo; b) los hidrocarburos gaseosos que se encuentren en el subsuelo y que se escapen a la superficie de la tierra. [...] Corresponde igualmente al Estado nacional la explotación exclusiva de los medios de transporte terrestres, marítimos y fluviales destinados a la explotación aludida, dentro de la jurisdicción de la República. El petróleo y sus derivados, provenientes de la explotación efectuada en los yacimientos nacionales, no podrán ser exportados".[20]

Y el diputado Jorge Rául Rodríguez opinaba sobre el tema: *"Nosotros confiamos en que el país preferirá afrontar las mil dificultades que importe el ejercicio del monopolio del petróleo antes que abandonarse a los gravísimos riesgos que significaría la asociación con el capital extranjero, para efectuar imprudentemente la explotación mixta [...]".*[21]
También es significativa la opinión de Amancio González Zimmermann:

"[...] El capital es el más temido de los elementos sociales y políticos. La capacidad económica o financiera de las empresas se va transformando poco a poco en capacidad política y se va adueñando insensiblemente de un país. Domina a los gobiernos débiles, extiende sus tentáculos a la administración y va despojando paulatinamente al pueblo de su libre soberanía [...]".[22]

Con la sanción del proyecto, el 28 de septiembre de 1928, se declaraba el monopolio estatal sobre el petróleo. Esto dejaba de lado la posibilidad, tan discutida por aquellos días, del régimen de sociedades mixtas. Sin embargo, el monopolio no era absoluto, estaba limitado a la exploración, explotación y transporte del petróleo, pero no a su venta e importación.
Las empresas petroleras, a través de los medios y de sus políticos

---

[20] En Beatriz Alonso, *La presidencia de Alvear, op. cit.*
[21] *Idem.*
[22] En Horacio N. Casal, *op. cit.*

"amigos", pusieron el grito en el cielo. No estaban dispuestas a aceptar perder el negocio del transporte y tampoco a pagarle al Estado el diez por ciento en regalías, por lo que se juntaron para elevar una queja al Senado.

La nacionalización del petróleo se convirtió en uno de los ejes de la campaña yrigoyenista para las elecciones de 1928. Pero al parecer no todas las empresas extranjeras eran blanco de las críticas radicales. Como dice David Rock *"Mientras atacaban a la Standard Oil, los yrigoyenistas se abstuvieron cuidadosamente de atacar a los británicos, que también eran activos en la industria petrolífera, principalmente mediante la Royal Dutch Shell".*[23]

En mayo de 1929, bajo el impulso de Mosconi, YPF redujo el precio del petróleo, insumo fundamental de toda industria. La Argentina tenía la nafta más barata del mundo, y las ventas de la empresa estatal crecieron notablemente provocando otra vez la ira de los privados. La rebaja ponía en evidencia los grandes márgenes de ganancia de las empresas privadas: si YPF podía bajar el precio, ¿por qué ellas no? A regañadientes e impulsadas por el ejemplo de YPF se vieron obligadas a bajarlo. Pero Mosconi fue por más: rebajó también el precio del kerosén y de los agroquímicos, porque, según argumentaba, la uniformidad en el precio de los combustibles era *"un vínculo más del nacionalismo entre todos los habitantes del país, pues contribuye al desarrollo económico de regiones del interior".* El director de YPF se refería a un tema fundamental: la presencia de la petrolera estatal en todo el país, en las grandes y las pequeñas ciudades, independientemente de que fuera negocio o no, cumpliendo una función social. *"Las compañías privadas ignoran tales razones, ya que estos argumentos no pueden despertar su interés; pero una organización del Estado debe orientar su acción teniendo en vista finalidades que muchas veces no concuerdan con las que mueven a las compañías de capital privado".*[24]

A partir de los años noventa del siglo XX, con la furia privatizadora de aquella década infame, pudimos comprobar lo que implica el criterio de "rentabilidad" aplicado a las políticas de Estado.

"Los habitantes de la República —concluía Mosconi— no sufren más imposiciones que las emanadas de su propio gobierno que decide, libre de injerencias extrañas en todo lo relativo al combustible líqui-

---

[23] Rock, David, *Argentina 1516-1987*, Buenos Aires, Alianza, 1987.
[24] Mosconi, Enrique, *op. cit.*

do [...] La Nación argentina se ve libre de todo peligro o asechanza que pudiera perturbarla o detenerla en su marcha a su futuro engrandecimiento y bienestar".[25]

El 30 de diciembre de 1929 fue creado el Instituto del Petróleo, dirigido por el rector de la Universidad de Buenos Aires Ricardo Rojas. Previendo seguros conflictos con las empresas norteamericanas, Mosconi propuso un acuerdo con la petrolera soviética estatal Iuyamtorg, que implicaba la importación de 250.000 toneladas de petróleo por año que serían pagados por Argentina con cueros, lana, tanino, caseína y ovinos. El acuerdo debía ser tratado en la primera semana de septiembre de 1930 junto con la nacionalización total del petróleo argentino. Decía Mosconi:

"El monopolio (sin expropiación de las concesiones existentes) acabará con los rozamientos y lucha de intereses, con los entorpecimientos y falsas canalizaciones de los trámites legales y reglamentarios de los expedientes. Acabará asimismo con la intromisión de elementos extraños en nuestra política interna, con el soborno, cada vez más alarmante. Evitará futuras complicaciones y perturbaciones en nuestra economía, en nuestro derecho y nuestra soberanía. Usufructuaremos así, íntegramente, en paz y tranquilidad, con honor y dignidad, como podemos y debemos hacerlo, los beneficios de nuestras explotaciones petrolíferas".[26]

Cuando Dios empezó a dejar de ser argentino

Para colmo de males, la famosa cosecha salvadora, esa que siempre llega "porque Dios es argentino", esta vez no llegó. Una terrible sequía vino a complicar más las cosas. Todos estos elementos fueron incrementando la inflación, la desocupación y, lógicamente, el descontento popular que, hábilmente explotado por la oposición, hacía recaer toda la culpa en el gobierno radical ocultando el carácter internacional de la crisis y la importante responsabilidad que le cabía a los terratenientes exportadores, que demoraban la liquidación de sus divisas especulativamente, que retaceaban el pago de sus impuestos y que le habían decla-

---

[25] *Idem.*
[26] Mosconi, Enrique, *Obras, op.cit.*

rado la guerra a Yrigoyen adelantándose a la puja distributiva que traería aparejada la crisis. Ellos querían aprovechar las oportunidades que les ofrecía la nueva situación y para ello necesitaban un Estado a su servicio, al que le quedara muy claro cómo había que repartir lo que quedara de la torta y no tuviera pruritos "populistas" a la hora de aplicar políticas de ajustes. Ellos no tenían ninguna duda de que la variable de ajuste debía pasar por una importante ola de despidos y una rebaja contundente en los salarios. Esto lo harían con Yrigoyen o sin él.

Las elecciones de marzo de 1930 aparecían como un clarísimo test sobre la popularidad del gobierno de Yrigoyen. Para el caudillo era la gran oportunidad de consolidar su poder en las urnas y para la oposición era la posibilidad de demostrar su fe democrática y dejar de lado la vía conspirativa. Pero a esa altura, las cartas estaban echadas. La campaña golpista ya estaba lanzada. El diario *La Fronda* comentaba:

"La tiranía enternece al señor Yrigoyen, sobre todo si es centroamericana, es decir, manejada por negritos mediocres y enfermizos que son de su misma raza y su misma mentalidad [...] La recepción del señor Machado en Cuba le ofrece nuevas oportunidades de enviar abrazos emocionados a los negritos del norte y éstos le retribuirán la fineza con gestos simiescos, colgando de los árboles por la cola".[27]

El embajador de los Estados Unidos, Robert Woods Bliss, que carecía de poderes adivinatorios, pronosticaba con las ventajas de los que deciden el futuro:

"Los problemas gubernamentales y económicos están acercándose a una situación de parálisis. No veo cómo pueden seguir mucho más tiempo en el mismo estado sin que se produzca un estallido violento o pasivo para retrotraerlos a las condiciones del desarrollo normal y sano que merecen en este fértil y rico país. Un cambio de actitud de último momento podría salvar la posición del presidente Yrigoyen, pero creo que se trata de una concesión imposible en vista de su edad y su deterioro mental, de modo que temo que este gobierno continuará su marcha hacia lo inevitable".[28]

---

[27] *La Fronda*, 27 de abril de 1929.
[28] Despacho de la embajada de Estados Unidos, 31 de julio de 1929, 835.00/436, en Robert A. Potash, *El Ejército y la política en la Argentina 1928-1945*, Buenos Aires, Sudamericana, 1994.

El clima golpista fue *in crescendo* mientras que los personeros de la derecha hablaban ya sin ningún disimulo. Los grupos de poder niegan toda colaboración al gobierno y comienzan a conspirar con los sectores nacionalistas y las fuerzas armadas. La campaña de los sectores más reaccionarios apunta no sólo contra Yrigoyen sino contra la efectividad del sistema democrático. La mayoría de los medios de comunicación desacreditan al gobierno y alientan el golpe. Así lo cuenta el propio Yrigoyen:

> "He dejado que el abuso de la libertad se derivara en lo arbitrario, en lo insultante y agresivo, tanto más que lo que se quería y se notaba visiblemente era llevarme al ejercicio de un gobierno de sangre y fuego, como desgraciadamente fueron los hábitos del pasado, en lo cual no incurriré jamás, por mis propias modalidades y por el deseo de inculcar en inducir a esos elementos a una mejor cultura y civilidad, como lo he pregonado siempre y es atributo de la Nación".[29]

El 3 de septiembre, al frente de una manifestación opositora, el dirigente socialista y decano de la Facultad de Derecho, Alfredo Palacios, lanzaba estas palabras precautorias:

> "Experimento una gran satisfacción al comprobar que la juventud se pone en movimiento impulsada por un alto ideal de civismo, a fin de pedir la renuncia de un gobierno inepto y salvar así a la democracia. Es, en efecto, un gobierno inepto el de nuestro país; pero la juventud debe fiscalizar celosamente a la oposición, que no siempre es digna, y detrás de la cual se agazapa el Ejército. La juventud no podría honrosamente llamarse así, si permitiera, sin que la masacren, que gobernara el país una dictadura militar. En mi carácter de decano de esta casa de estudios, declaro que si se constituye una junta militar, dictaré en el acto, un decreto repudiándola y desconociéndola, e incitando a la juventud a que se prepare a derrocarla, aun con el sacrificio de sus vidas".[30]

A esa altura, la suerte estaba echada para Yrigoyen. Era demasiado para un hombre mayor, cansado, que se sentía abandonado por los propios y asediado por los extraños. Ante la inminencia de un final que ya afectaba su salud, decidió delegar el mando.

---

[29] Hipólito Yrigoyen, en Hebe Clementi, *El radicalismo. Trayectoria política*, Buenos Aires, Siglo XXI, 1982.
[30] En Horacio Sanguinetti, *La democracia ficta, 1930-1938*, Buenos Aires, De la Bastilla, 1975.

Finalmente, en la madrugada del 6 de septiembre de 1930 los cadetes del Colegio Militar, comandados por los generales José Felix Uriburu y Agustín P. Justo, comienzan su desfile hacia la Casa de Gobierno.

Ese olorcito a petróleo

El golpe de Estado que se concretó el 6 de septiembre de 1930 venía siendo preparado desde hacía meses. No puede atribuírselo a una sola causa y sería incorrecto decir que se dio únicamente para evitar la definitiva nacionalización del petróleo que iba a comenzar a tratarse a partir del 7 de septiembre de aquel año. Pero es evidente que el tema influyó de manera notable y sumó adhesiones y dineros a la causa golpista. Esto llevó a afirmar a diplomáticos y observadores internacionales que el golpe tenía olor a petróleo, mientras la prensa británica no tenía dudas de que detrás del golpe estaban los intereses petroleros norteamericanos.

Así pensaba también el senador radical Diego Luis Molinari, quien declaró a un diario uruguayo:

"[...] En el fondo de todo esto veo una cuestión petrolera, especialmente de la Standard Oil. Por la política del gobierno del doctor Yrigoyen, las compañías de petróleo pierden de ganar al año más de trescientos millones de pesos y es natural que desplieguen gran actividad para combatirlo. Porque es de tenerse en cuenta que todos los firmantes del manifiesto son abogados de las compañías de petróleo".[31]

La habitualmente bien informada revista norteamericana *Fortune* comentaba:

"La última revolución derrocó a Yrigoyen, un cruzado fanático contra todo lo yanqui, incluyendo las compañías de petróleo. Fue él quien hizo intervenir al gobierno en la venta de nafta y quien, al rebajar los precios y manipular las ventas, capturó el veintidós por ciento de todas las ventas. Su deposición fortalece la posición de la Standard Oil en la Argentina".[32]

---

[31] Luna, Félix, *Yrigoyen, op. cit.* Molinari se refiere a los ministros de Uriburu, casi todos vinculados con empresas petroleras norteamericanas.

[32] *Fortune,* marzo de 1931, citada por Carlos Mayo, Andino y García Molina, en *La diplomacia del petróleo,* Buenos Aires, CEAL, 1983.

Atendido por sus dueños

La oligarquía terrateniente estaba retomando el control y la administración del Estado. La democracia no garantizaba para ellos la seguridad en momentos en que había que aplicar políticas de ajuste y rebajas de sueldos. Querían asegurarse todos los resortes de poder para aplicar un modelo económico que los tuviera como únicos beneficiarios. El golpe del 30 iba a inaugurar una década infame marcada por el fraude electoral, la corrupción, los negociados, la tortura y la entrega de nuestro país a los intereses extranjeros.

Una década donde el pueblo no podría votar ni manifestarse. Donde la desocupación y la miseria se adueñarían del granero del mundo, mientras una minoría haría lo que quería con el país pensando que nunca tendría que rendirle cuentas a nadie.

La crisis económica
y social de 1930

"Hoy va al cielo cualquier asesino
Y le hacen estatua al ladrón
Ser derecho compadre es un cuento
Ser de línea es vivir al revés
Si querés un monumento
Hacete amigo del juez
Laburar bate siempre la gente
Por el yugo sos pobre y comés
El que yuga será muy decente
Pero el vento lo tiene el burgués
El estudio es también un registro
En que marca el varón lo que da
Más de un burro llegó a ser ministro
Estudiá pues m'hijito estudiá
Y cumplí con la santa capilla
Andá bien con el diablo y con Dios
Sé creyente como mi abuela
Nunca faltes a la procesión
Y aunque seas corredor de quiniela
Confesate y seguí el jarandón
Y aunque hayas despachao a unos cuantos
Vos cumplí con la iglesia y los santos
Y reíte de Pedro y de Juan
Hacé caso, yo sé lo que digo
Se filósofo, reo, truhán
Vos sabés que unos plantan el trigo
Y otros ranas se morfan el pan.

TRAPOS AL SOL, TANGO CANCIÓN DE DANTE LINYERA, 1932[1]

"En los Estados Unidos nos encontramos en esta hora más cerca
que cualquier otro país del triunfo definitivo sobre la pobreza".[2]

HERBERT HOOVER, PRESIDENTE DE LOS ESTADOS UNIDOS, 1929

---

[1] De Paula, Tabaré, "El tango, una aventura política y social, 1910-1935", en *Todo Es Historia* N° 11, marzo de 1968.
[2] Citado por Antonio Elio Brailovsky, *Historia de las crisis argentinas*, Buenos Aires, Editorial de Belgrano, 1985.

Antes de ocuparnos de los detalles del golpe militar de 1930 y de los gobiernos de la "década infame", es imprescindible detenerse en un proceso determinante de los años por venir: la crisis económica de 1930. Una crisis que se inició a fines de 1929 en los Estados Unidos y se expandió por todo el mundo, prolongándose en nuestro país por lo menos hasta 1935, cuando comienzan a advertirse síntomas de recuperación de la actividad económica, fundamentalmente por el crecimiento de la actividad industrial, con el consecuente aumento de los puestos de trabajo y de la capacidad de consumo de los trabajadores.

Sin la menor intención de seguir a un comentarista político mediático, convendría comenzar diciendo que la palabra "crisis" es de origen griego y significa literalmente "juicio", en tanto decisión final sobre un proceso, y, en general, finalización de un proceso en un sentido o en otro. Es decir que la palabra crisis no denota *a priori* un carácter positivo o negativo. Sin embargo, se la ha usado en nuestra historia para calificar momentos trágicos, de grandes padecimientos de la mayoría de la población y de excelentes oportunidades de hacer negocios para los factores de poder.

Se hace necesario recordar que las crisis no afectan a todos por igual, no son un cataclismo natural que destruye sin distinciones de clase mansiones y ranchitos. El poder económico de turno, por poseer los mecanismos de dominio y el acceso a una información privilegiada, producto del manejo del aparato estatal, estuvo siempre en condiciones de aprovechar y sacar enormes ventajas económicas y políticas de las crisis que han sometido al hambre y a la miseria a la mayoría del pueblo argentino.

Desde los medios de comunicación del sistema y a través de los relatos del pasado de la historia oficial y, últimamente, de los autodenominados historiadores "serios", se transmite un discurso fatalista según el cual las crisis son un fenómeno constitutivo de nuestro ser nacional. Este concepto, además de ahistórico, es sencillamente un disparate que, de no tratarse de una obvia maniobra de manipulación, podría calificarse de sofisma sin el menor fundamento.

Sin hacernos eco del lema de Elio Jaguaribe según el cual "la Argentina está condenada al éxito", podemos afirmar, desde la racionalidad y desde el análisis histórico, que la Argentina no estuvo ni está condenada a nada, sencillamente porque su destino no está predeterminado, sino que depende de la aplicación de políticas concretas decididas por hombres particulares, con nombre y apellido, en momentos determinados, con día, mes y año. El negocio de los promotores del fatalismo, que privilegian la casualidad antes que la causalidad, es inculcar en la población la idea inmovilista. Según esta añeja pero remanida teoría, será el destino o la acción de fuerzas, nunca muy claramente identificadas, quienes decidan nuestro futuro como Nación. La conclusión es obvia: si el destino nacional depende del azar, o vaya a saber de qué, nada podremos hacer para modificar la realidad. Hay, por lo tanto, que aceptar la aplicación de políticas de ajuste "no deseadas pero necesarias" porque "no hay otra alternativa". Es más, según este discurso, debemos agradecer que los organismos internacionales de la usura, llamados generosamente "organismos internacionales de crédito", se ocupen de nosotros.

La única condena actual de la Argentina es la que le imponen día a día estos organismos y sus socios locales. Esa condena, que se manifiesta más claramente desde la instalación de la dictadura militar en 1976 hasta el presente, junto con el desprecio por parte de los grupos de poder económico-políticos, es histórica en nuestro país y tiene remotos antecedentes.

La crisis, cuyos efectos comienzan a sentirse en nuestro país a comienzos de 1930, será uno de los factores desencadenantes del golpe encabezado por Uriburu y dirigido por las grandes fortunas del país y sus aliados extranjeros. Los sectores dominantes lanzarán una furibunda campaña contra el gobierno de Yrigoyen responsabilizándolo de la crisis y haciendo hincapié en la incapacidad, en la vejez y en la falta de reflejos del presidente radical para afrontar los difíciles años por venir. La derrota del radicalismo en las decisivas elecciones de marzo del 30 en la Capital Federal son un claro síntoma del descontento de la población, que empieza a sufrir en carne propia los efectos de la debacle económica. Los meses que siguen hasta el 6 de septiembre de aquel año serán de agitación e incitación descarada a la intervención militar.

La dictadura de Uriburu defraudará las expectativas de los sectores medios que inicialmente la habían apoyado al aplicar durísimas medidas de ajuste con efectos recesivos, comenzando por la expulsión de decenas de miles de empleados públicos. Los gobiernos que sucedieron a Yrigoyen se desentendieron de la grave situación social y económica por la que atravesaban millones de argentinos y dedicaron los fondos estatales a favorecer a los sectores más pudientes del país.

Una crisis importada

Durante los años veinte los Estados Unidos vivieron un período de esplendor. Fueron los grandes vencedores de la Primera Guerra, debido a que el conflicto no se desarrolló en su territorio, tuvieron relativamente pocas bajas y fueron los grandes proveedores y prestamistas de las potencias participantes que, tanto vencedoras como vencidas, quedaron diezmadas y en condiciones económicas muy desfavorables. Los vencidos, además, debían pagar indemnizaciones de guerra, que directa o indirectamente iban a parar mayoritariamente al sistema financiero norteamericano. Esto llevó a una sensación de prosperidad y a un auge del consumo. Crecieron el lujo y el despilfarro a tal punto que a esta década se la llamó la de los "años locos".

Fue tal el nivel de aumento en la producción que en un determinado momento, aproximadamente a mediados de 1928, dejó de ser un negocio invertir en la industria, porque se estaban acumulando muchos productos en stock, y porque los tradicionales clientes de la industria norteamericana en el exterior no estaban en condiciones de adquirir esa mercadería debido a la mala situación económica en la que se encontraban como consecuencia de la Primera Guerra. Esto llevó a que los grandes capitalistas comenzaran a derivar una parte importante de sus inversiones al sector especulativo que tenía y tiene su centro en la Bolsa de Comercio de Wall Street, que vivió un boom alcista que parecía no tener techo. El ahorrista común, el empleado de clase media, el ama de casa y hasta los obreros comenzaron a invertir sus ahorros en la bolsa, lo que contribuyó a prolongar el "fenómeno". Pero a fines de octubre de 1929 todo se derrumbó. ¿Qué había pasado? Los grandes capitalistas advirtieron a tiempo que había demasiado dinero invertido en la bolsa y muy poco en la producción, que el precio de las acciones de las empresas no reflejaba la marcha de la economía real y que aquello se parecía mucho a un peligroso castillo de naipes. Los hombres "frecuentemente bien informados" comenzaron a vender sus carteras accionarias. El resto de los mortales, los habitualmente desinformados por los bien informados, se enteraron tarde, y cuando quisieron vender nadie quería comprar. El crack se produjo entre el 24 y el 29 de octubre, cuando se llegó a un récord de quiebras de empresas, bancos y negocios. Estados Unidos entraba en la crisis más grave de su historia.

La crisis, financiera y monetaria, pronto se expresó en la esfera social y político-ideológica, cuestionando las concepciones políticas del liberalismo y dando por tierra con el optimismo y la fe en el progreso indefinido iniciados unos años antes. La gravedad de la situación condujo a pensar en el Estado como el principal protagonista para su resolución. Así se inauguró en todos los países, fuera el gobierno autoritario o liberal, una política de dirigismo estatal que adoptó diferentes modalidades según la situación política y social de cada país.

En los Estados Unidos, en 1932, el Partido Republicano fue derrotado por el candidato demócrata Franklin Delano Roosevelt, quien puso en práctica el intervencionismo del Estado, reemplazando el liberalismo desenfrenado de los gobiernos republicanos. La propuesta de Roosevelt, conocida como New Deal o Nuevo Trato, consistió en una serie de medidas legales con las que se intentaba restablecer la prosperidad y encarrilar la creciente agitación social.

Entre las medidas económicas más notables que adoptó figuran la devaluación del dólar, que alivió la situación de los granjeros; los subsidios a la producción agrícola, y la realización de grandes obras públicas como las del Valle del Tennessee, que emplearon a millones de trabajadores desocupados. La oposición de los medios financieros, indignados por la regulación del mercado bursátil, y de la Suprema Corte, que tildaba de inconstitucionales las medidas adoptadas, contrastó con la actitud del pueblo de los Estados Unidos, que reeligió a Roosevelt por cuatro veces consecutivas, ocupando la presidencia hasta su muerte en 1945. Al modelo de Estado implementado por Roosevelt se lo llamó Welfare State o Estado Benefactor.

Los efectos de la crisis en la Argentina

En efecto, los países centrales trasladaron las consecuencias de la crisis hacia las naciones periféricas como la Argentina. Ellos fijaban los precios de nuestros productos y decidieron bajarlos de manera considerable. Los pequeños productores, que habían tomado préstamos hipotecarios para sembrar y pensaban pagarlos con el producto de las cosechas, pronto advirtieron que, por la rebaja unilateral de precios impuesta por Estados Unidos y Gran Bretaña, para ganar lo mismo tenían que producir y vender un 40 por ciento más y absorber los costos que ello implicaba. La mayoría no pudo afrontar la situación, sus campos fueron ejecutados y apropiados por los bancos, se arruinaron y tuvieron que dejar el campo en busca de oportunidades económicas, no ya como propietarios sino como proletarios. Peor aún sería la situación de los peones de estos campos: familias enteras comienzan a migrar hacia las ciudades, expulsadas por el hambre.

En la ciudad empezaban a aparecer las industrias, no como producto de un plan industrial, sino como una respuesta a la falta de divisas para comprar los productos importados. La elite va a destinar parte de sus capitales a la inversión industrial ciertamente a disgusto, como lo expresaba en la Sociedad Rural su ex presidente y entonces ministro de Agricultura de Justo, Luis Duhau:

> "El aislamiento en que nos ha colocado un mundo dislocado nos obliga a fabricar en el país lo que ya no podemos adquirir en los países que no nos compran. [...] Ha concluido la etapa histórica de nuestro prodigioso desenvolvimiento bajo el estímulo directo de la economía europea [...] Somos pequeños en el conjunto del mundo para torcer las corrientes de la política económica mundial, mientras las grandes potencias se empeñan en poner nuevas trabas al intercambio. [...] A la industria nacional le tocará, pues, resarcir a la economía argentina de las pérdidas incalculables que provienen de la brusca contracción de su comercio exterior".[3]

Va naciendo así la industrialización para sustituir a las importaciones. Serán estas fábricas las que comiencen a demandar mano de obra y a ellas se dirigirán los miles que llegan desesperados desde el campo.

Nadie quería a los recién llegados. Años más tarde comenzarían a llamarlos *cabecitas negras, aluvión zoológico*. Las clases medias y altas se horrorizaban por tener que compartir una ciudad que antes parecía pertenecerles. Los gobiernos conservadores no encararon ningún tipo de política social ni de vivienda, y así, ante el desamparo, irán apareciendo las primeras villas miseria, como la llamada Villa Desocupación, de Retiro. Cuenta el escritor Juan José Real:

> "Vimos aparecer en Puerto Nuevo una inmensa aglomeración que no podríamos llamar, como hoy, villas miseria, ni ranchos. Eran una especie de tabucos, chozas misérrimas, que se extendían por cuadras y cuadras. Vimos aparecer debajo de los puentes de esos ramales que

---

[3] Discurso pronunciado por Luis Duhau al inaugurarse la Exposición Industrial en la Sociedad Rural en diciembre de 1933, en *Revista de Economía Argentina*, tomo 32, N° 187, enero 1934.

atravesaban Avellaneda, desde Puente Alsina a Dock Sud, masas de hombres sin trabajo y sin pan, que durante el día deambulaban por la ciudad solicitando trabajo o ayuda. Llegaron a instalarse ollas populares, donde los desocupados hacían cola con sus tachitos de lata, esperando una sopa lavada. El hambre se retrataba ya en los rostros, en la ropa".[4]

Villa Desocupación no estaba sola. En Puerto Nuevo floreció el "Barrio de las Latas", y Buenos Aires comenzó a poblarse de viviendas precarias e insalubres.

En 1932 el gobierno del general presidente, apellidado paradójicamente Justo, erradicó la Villa Desocupación porque le daba "mal aspecto" a la capital, sin darles ningún nuevo destino a sus ocupantes, que quedaron a la intemperie.

Se hace un censo de desocupados en 1932, que indica que hay 393.997 desempleados. Scalabrini Ortiz pone en duda la seriedad de esas cifras recogidas *"por la policía, que fue de puerta en puerta indagando la existencia de haraganes obligados, que todos negaban por temor a que quisieran encarcelarlos. [...] Hay en Argentina más de tres millones de hombres inactivos, que vegetan perseguidos por la policía, la crítica de los diarios y la más indigna miseria".*[5]

El gobierno de Uriburu mostraba orgulloso los "logros" en la materia. Así se expresaba el ministro de Hacienda Enrique Uriburu en una conferencia ofrecida en la Bolsa de Comercio:

"Alrededor de 20.000 personas han sido separadas de sus puestos por razones de economía en los distintos ministerios, sin contar las reparticiones autónomas en las que las cesantías fueron también apreciables, como en los Ferrocarriles del Estado, con 3.500 personas y el Consejo Nacional de Educación con 14.000. Habría sido posible llevar mucho más lejos esta cifra. Pero es evidente que en los momentos actuales la aplicación de esta idea hubiese traído consigo serias perturbaciones sociales que deben evitarse a toda costa".[6]

---

[4] Real, Juan José, *Historia argentina*, tomo 2, Buenos Aires, Fundamentos, 1951.
[5] Scalabrini Ortiz, Raúl, *Política británica en el Río de la Plata*, Buenos Aires, Reconquista, 1940.
[6] En *Anales de la Unión Industrial Argentina* N° 755, noviembre de 1931.

La desocupación, es decir, la excesiva oferta de mano de obra y su escasa demanda, llevó a una rebaja muy fuerte en los salarios y al empeoramiento de las condiciones de trabajo. A los "privilegiados" que conseguían o mantenían sus trabajos, se les redujeron los sueldos y se les aumentaron las horas de trabajo, y, como suele ocurrir, se incumplieron las pocas leyes laborales vigentes en aquel momento. Creció la incorporación de niños al mercado de trabajo, donde eran explotados salvajemente.

Pero, eso sí, "honrando la noble tradición argentina", aquella que arrancó cuando Avellaneda invitaba a ahorrar sobre la sed y el hambre del pueblo para cumplir con "nuestros compromisos internacionales", como siempre llamaron los sectores dominantes a las deudas contraídas y usufructuadas por ellos pero pagadas por todos, el presupuesto de aquel mismo año destinaba el 35,5 por ciento del dinero del Estado a pagar la deuda externa, y el ministro de Hacienda, Alberto Hueyo, decía orgullosamente: *"...decidí imponer un nuevo sacrificio a los empleados públicos. El buen nombre argentino lo salvó esa vez la miseria de los servidores del Estado"*.[7] Otra vez el salario y la desocupación de la mayoría eran la variable de ajuste para que la minoría siguiera disfrutando de sus injustos privilegios.

El Estado benefactor (de los ricos)

Como venimos diciendo, en los Estados Unidos y en otros países capitalistas, el Estado intervino decididamente en la economía para paliar los efectos de la crisis y sostener al sistema y, a la vez, tuvo un protagonismo importante en el área social, preocupándose de la situación de los desempleados y de los más perjudicados a través de políticas de empleo y de vivienda. Estas medidas no fueron adoptadas por beneficencia sino para evitar el crecimiento del movimiento obrero y la movilización social y, también, como medio para garantizar a la mayor parte de la población posible un nivel de ingresos aceptable que le permitiese consumir los productos producidos por las empresas capitalistas. En la Argentina la intervención del Estado en la economía se limitó a preservar la tasa de ganancia y a asegurarles a los sectores económicamente

[7] Roque Gondra, Luis, *Historia económica de la República Argentina*, Buenos Aires, Sudamericana, 1943.

más poderosos de la sociedad el mantenimiento de su nivel de vida, abandonando a su suerte a las grandes mayorías populares. No hubo planes de viviendas ni de fomento del empleo, no se construyeron en los niveles mínimamente necesarios hospitales ni escuelas, ni se realizaron campañas nacionales de medicina preventiva. A pesar de que el perfil del país estaba cambiando de una economía exclusivamente agroexportadora a una economía donde la industria iba ganando terreno, subsistía en la estrecha y mezquina mente de los beneficiarios de aquel sistema la visión de que la situación económica y social del trabajador local carecía de importancia porque no era un potencial consumidor de los elementos que producía.

El período presidencial de Agustín P. Justo inició esta oleada interventora estatal con el Pacto Roca-Runciman (analizado en el capítulo dedicado a Lisandro de la Torre), que obligó al Estado nacional a renunciar a fondos imprescindibles para el desarrollo nacional y transferirlos a los sectores más concentrados de la economía, vía extensiones impositivas y otras prebendas.

El Estado intervino en beneficio de la Compañía Hispano Argentina de Electricidad (CHADE), regalándole, a cambio de notables coimas a funcionarios y legisladores, lujosos edificios e instalaciones, otorgándole subsidios millonarios y perdonándole deudas, que de haber sido cobradas y de haber existido un gobierno decente, se hubiesen podido aplicar para paliar la desesperante situación de millones de argentinos.

El Informe Palacios

El doctor Alfredo Palacios realizó un notable viaje por las provincias argentinas a mediados de la década del treinta y pudo comprobar con gran tristeza que las condiciones económicas y sociales descriptas por el doctor Bialet Massé en 1902[8] en su famoso "Informe sobre el estado de las clases obreras en Argentina", se habían agravado 30 años después:

"El paludismo es endémico en Tucumán, Salta y Jujuy; el tracoma ha invadido Santiago del Estero, Tucumán, Salta y Corrientes; la tuberculosis, el alcoholismo y las avariosis se han difundido en todo el país; el bocio y el cretinismo endémico se desarrollan en el

---

[8] Ver *Los mitos de la historia argentina 2*.

Norte, produciendo una situación angustiosa. La mortalidad infantil de 0 a 1 año da índices alarmantes llegando a cerca del 300 por mil en Salta y Jujuy, mientras en Nueva Zelanda apenas llega al 39 por mil, y los nacimientos disminuyen, agravando el desierto que nos invade por todas partes. Y como si eso no fuera suficiente, la caravana dolorosa de millares y millares de niños, con los ojos sin luz, con el pecho enjuto, desnutridos, miserables y enfermos, se arrastra por las campañas argentinas llenas de sol. Esos niños son argentinos, hijos de argentinos, nietos de argentinos, bisnietos de argentinos y muchos de nosotros señores senadores, hemos venido ayer".[9]

En la Argentina de la Década Infame los más perjudicados son los niños.

Para aquellos que piensen que el informe de Palacios puede ser parcial, aquellos parciales "amigos" de la imparcialidad, aquí está el informe del doctor Abel Ortiz, director del Departamento del Trabajo y funcionario del gobierno de Justo, sobre nuestra niñez del Norte argentino de aquellos años:

"Los niños que no perecen en los primeros meses, empiezan en condiciones deficientes su desarrollo, el que se entorpece gravemente cuando la madre no puede alimentarlo, la que no recibe ninguna ayuda del Estado, por falta de medios. Cuando llega a la edad escolar, mal nutrido, pésimamente alimentado y con las taras hereditarias de sus antepasados, está ya debilitado. Nuestras escuelas rurales se concretan a la enseñanza de nociones que después no les servirán para nada, cuando tiene que abandonarlas al poco tiempo, no terminando aún su desarrollo físico. Para llegar a la escuela, debe recorrer largas distancias, sin alimentación y con la inclemencia del tiempo, para sentarse de a tres en bancos de dos, y para escribir en papelitos, ya usados en muchos casos, porque los bancos y los útiles deben proveerse en abundancia a las grandes ciudades para que las vea el visitante extranjero y compruebe nuestro progreso pedagógico y la aplicación de los últimos métodos. Empieza a tener un vago concepto de la patria y nacionalidad, y duda del color de nuestra bandera, porque en su mayoría están destruidas por el uso y como no concurre a los desfiles escolares, encabezados por banderas de seda, únicamente conoce la de su escuelita. Ya hom-

[9] Palacios, Alfredo, *El dolor argentino*, Buenos Aires, Claridad, 1938.

brecitos, cuando los de la misma edad en los centros urbanos son todavía niños, a quienes se acompaña a las escuelas, empieza a colaborar en las atenciones rurales y su aspiración más grande es poder ganarse unos centavos para su modesto vestido, el mismo en invierno que en verano. Su alimentación es maíz, lo que impide el equilibrio indispensable para su desarrollo futuro. Se desenvuelve sin ninguna asistencia social y lo que aprende en la escuela no le permite siquiera el elemental recurso de leer en la libreta del tabernero, donde se le roba el salario con anotaciones falsas. Si se enferma gravemente, el Estado no le proporciona una cama, pues no tiene un solo hospital en toda la provincia".[10]

En Cuyo, las cosas no andaban mejor. Un informe del diario mendocino *Los Andes* informaba sobre lo que ocurría al norte de San Luis:

"Aquí no hay vigencia de leyes nacionales ni provinciales, ya sea sobre pagos, sobre jornada legal, o simplemente sobre descanso dominical. El obrajero es una propiedad 'in extenso' del contratista. Para él debe trabajar desde la mañana a la noche, debe comprar en su cantina y obligarse a gastar en ella un porcentaje mínimo de sus jornales y cuando llega el domingo para evitarle perder días de trabajo, el contratista debe concurrir a la cantina para retirar sus mercaderías. [...] El mecanismo para que este en realidad no cobre más que su escasa manutención y la de su familia, está preparado desde el momento de darle trabajo, pues el obrajero se compromete a gastar la mitad de lo que gane en la proveeduría que tiene establecida el contratista, con la prohibición de comprar en cualquier otro sitio que no sea la proveeduría. Cuando llega el momento de pagarle ocurre una de estas dos cosas: las mercaderías sacadas alcanzan a cubrir lo que tiene ganado, o bien se le descuenta lo que ha gastado y por el saldo, muy escaso por lo general, se le entrega un cheque. Este instrumento de pago carece en realidad de sentido en la zona, pues los bancos más próximos desde estos lugares quedan a considerables distancias, de más de cien kilómetros, y el obrajero, por lo general, no quiere complicarse ni entiende tampoco el simple mecanismo de esta sencilla operación. Entonces el contratista le ofrece cambiarle el cheque, pero en mercaderías, de manera que ese pequeño saldo que

---

[10] Informe del doctor Abel Ortiz sobre el estado de la niñez en el Norte, citado por el doctor Alfredo Palacios, en Alfredo Palacios, *El dolor argentino, op. cit.*

le había entregado, termina por dársele realmente en mercaderías. [...] Las mercaderías se las venden con un recargo de precio que, entre la falta en el peso que le da y el recargo en sus precios, llega fácilmente a tener un aumento del 200 por ciento sobre los precios comunes. [...] En estas condiciones el obrajero y su familia están sometidos a una rigurosa economía dirigida de parte del contratista, que les deja apenas para que puedan vivir, pero nada más. Las leyes que reglamentan el pago en efectivo, prohíben las proveedurías, los vales o las fichas, son aquí letra muerta, y no se practican para nada. [...] El agua para los obrajeros y sus familias, que son por lo general muy numerosas, la lleva el contratista que entrega a cada uno una cantidad determinada de ella. En esta forma viven los trabajadores de la región, sin amparo oficial alguno que los libre de esta explotación de que permanentemente son objeto".[11]

El Estado estaba para amparar a la patronal, como lo demuestra el siguiente comentario de un diario salteño:

"Antes, la tarea era más fácil porque los hombres que concurrían a esos trabajos [en los ingenios azucareros] no habían sentido todavía las consecuencias del clima y del mal trato que reciben, pero ahora, cuando la experiencia les ha enseñado lo suficiente, es menester recurrir a la policía para obligarlos a viajar y cuidarlos en el trayecto con empleados de la repartición a fin de que no huyan y cumplan estrictamente la obligación impuesta por los conchabadores, en nombre de esas empresas industriales".[12]

El diputado socialista, Juan Antonio Solari, presentaba al parlamento el siguiente informe sobre la condición de los trabajadores pertenecientes a las comunidades de habitantes originarios:

"Hemos tenido noticias, de que hasta hace algunos años, para trasladarlos, hubo patrones de industrias que pedían a las compañías ferroviarias un determinado número de vagones de hacienda, donde hacinaban y encerraban con llave hasta llevar al punto de destino, aquel rebaño humano. Hoy no se piden vagones de hacienda, sino que se contratan vagones de pasajeros, cuya capacidad se completa

---

[11] *Los Andes*, Mendoza, 10 de febrero de 1938.
[12] *El Intransigente*, 8 de mayo de 1938.

en forma que da lugar a escenas que para algunos serían pintorescas. Habría que arbitrar medios para que el reclutamiento de trabajadores indios pudiera efectuarse sin estos odiosos intermediarios. Se sabe positivamente que estos sujetos a quienes los indios llaman 'el patrón', los tienen maniatados por deudas contraídas desde los pueblos donde habitan, a causa del suministro de mercaderías, alimentos y ropas que les adelantan a precios caprichosos, comerciantes que son secuaces o subordinados suyos. Los nombres de estos desagradables explotadores son conocidos en cada ingenio, por constituir y substituir a las bolsas de trabajo en dichas regiones, que parecen estar situadas al margen de toda fiscalización, los coyas son traídos así hipotecados desde la partida de su pueblo por deudas que nunca terminan, debiendo el pasaje que luego tienen que pagar a precios inverosímiles, de tal modo, que derrotados y desorientados, se refugian en el alcohol y la coca".[13]

Ofrecemos estos testimonios para que nuestros queridos lectores conozcan la cruda realidad que vivían nuestros compatriotas por aquellos años de la década del treinta, aquellos años a los que algunos historiadores autodenominados "serios" se siguen negando a llamar infames.

Los niños pobres que tienen tristeza

El doctor Palacios cuenta en su informe una anécdota que muestra a las claras la inveterada y persistente insensibilidad social de nuestra clase dirigente:

"La tristeza de los niños me preocupó hondamente desde el día que llegué a esa provincia [Santiago del Estero] pletórica de leyenda y de misterio. Un día hablaba yo de esa tristeza en rueda de amigos, atribuyéndola a la desnutrición infantil. El doctor Alcorta, ex diputado nacional, dudando de mi aserción, dijo que había que atribuirla a la raza. 'Todos los niños de Santiago del Estero son así', afirmó categóricamente. No, le contesté; los niños bien alimentados ni son tristes ni están quietos. Y para demostrárselo pedí al gobernador y a su señora que invitara a su casa a los niños hijos de los ministros y

[13] Solari, Juan Antonio, *Parias argentinos, explotación y miseria de los trabajadores del Norte del país*, Buenos Aires, La Vanguardia, 1940.

funcionarios. Así lo hizo gentilmente. Recuerdo que el día señalado para la recepción de los pequeñuelos, a la hora indicada, al llegar a la esquina de la casa ya sentíamos la algarabía que producían cincuenta niños santiagueños. Entré en la sala. Allí estaban los niños sanos, bien nutridos, y por eso, con los ojos llenos de luz, de buen color, con carnes firmes, moviéndose todos infatigablemente y haciendo un ruido ensordecedor. La comprobación estaba hecha. Aquí están las fotografías. Comparen los señores senadores: de un lado, los encantadores pequeñuelos privilegiados; del otro, la triste y dolorida carne del pobre. Pido se inserten también estas fotografías en el Diario de Sesiones.

Esos niños tristes, de poco peso y de poca talla van a ser pronto los jóvenes que rechazará el Ejército. No es ésta una afirmación sin fundamento. Aquí está la prueba que me ha sido entregada por el teniente coronel Rodríguez Jurado, jefe del distrito militar número 61.

Consta en este documento que el 45 por ciento de los jóvenes de 20 años, presentados para hacer el servicio militar fueron rechazados por debilidad constitucional, falta de peso, de talla o de capacidad torácica. Ya veremos cómo en algunas otras provincias el porcentaje de los inútiles, total o parcialmente, alcanza el 64 por ciento".[14]

La *Revista Socialista* comentaba:

"Lo más agudo que conozco y tal vez único en el mundo es el de una agencia de tierras y de otros negocios, que anunciaba en los periódicos de esta ciudad la compra de criaturas en los siguientes términos: 'Pibas desde 1 mes hasta 5 años preciso para buenas familias que desean adoptarlos, pues son madrecitas pobres que no pueden criarlos por su pobreza o para poderse emplear. Ofertas reservadas.' He sabido que ofrecía 30 pesos y más por las criaturas cuya venta le proponían. No se sabe hasta qué punto este infame tráfico llena una necesidad pero el hecho que este intermediario haya mantenido su aviso durante muchas semanas, demuestra que al menos durante algún tiempo el 'mercado de niños' fue productivo".[15]

---

[14] Palacios, Alfredo, *op. cit.*
[15] *Revista Socialista* N° 17, octubre de 1931.

Finalmente, este es el testimonio, del absolutamente insospechado de anarquista diario *La Prensa* de Buenos Aires:

"Desde distintos puntos de las provincias en que se hallan radicados los ingenios, y desde provincias y gobernaciones cercanas, contingentes numerosos de trabajadores se trasladan todos los años a las plantaciones. Obreros de Santiago del Estero, La Rioja y Catamarca, viajan a Tucumán, y pobladores de Formosa, Chaco y de los lejanos departamentos salteños de Iruya y Santa Victoria, llegan a los ingenios de dicha provincia y de Jujuy. [...] Para que los obreros no puedan desistir de su compromiso, es frecuente que los conchabadores[16], radicados comúnmente en las mismas poblaciones en que reclutan sus contingentes, les adelanten sumas de dinero a cuenta de futuras ganancias: el traslado hasta las plantaciones no se hace muchas veces en condiciones apropiadas; el salario que perciben los trabajadores que suelen vivir hacinados en viviendas o carpas deplorables resulta naturalmente mermado por la comisión que percibe el intermediario; las proveedurías y casas de comercio reconocen comisiones a los contratistas sobre los gastos que en ellas efectúan los obreros; las liquidaciones finales, al terminar las fábricas sus trabajos, suelen, de esta manera, resultar exiguas, y los peones retornan a sus hogares en las mismas condiciones en que salieron de ellos. [...] Es bueno observar también cómo algunas leyes nacionales resultan letra muerta. El artículo 4° de la ley número 11.278, prohíbe expresamente las retenciones o deducciones en los salarios, y el mismo texto dispone también que todo pago deberá efectuarse en moneda nacional, 'quedando prohibido efectuarlo en lugares donde se vendan mercaderías o se expendan bebidas alcohólicas'. Sería superfluo señalar hasta qué extremo estas disposiciones suelen ser dejadas de lado; tanto como ellas, son igualmente olvidadas las prescripciones de la ley número 11.317, que prohíbe el trabajo de los menores de doce años, y aun de los mayores de esa edad que no hayan cumplido su obligación escolar".[17]

El "interior" seguía siendo algo lejano para los políticos porteños y aun para los provincianos que se iban aporteñando y perdiendo contacto con la cruda realidad de sus provincias. Pronto Buenos Aires iba a cono-

[16] Sinónimo de contratistas.
[17] *La Prensa*, Buenos Aires, 27 de julio de 1938.

cer a las víctimas más sufridas del sistema, a aquellos niños que describía Palacios, a aquellos hombres y mujeres de miradas "sin luz" que comenzarían a llegar de a cientos de miles trayendo consigo su hambre, pero también sus historias, sus tradiciones y su dignidad.

La inseguridad al acecho

La Argentina de comienzos de los treinta presentaba una dramática realidad social. La miseria, endémica en muchas zonas del país, se había agravado con la crisis y la desesperación, y había empujado a muchos a trasladarse hacia los centros urbanos. Las ciudades no estaban preparadas para semejante migración y se sucedieron problemas de servicios, habitacionales y de transporte ante la pasividad enervante de un Estado ausente en todo lo que tuviera que ver con el bienestar de la población.

Por aquellos años crecieron índices preocupantes, como la tasa de suicidios, la mortalidad infantil, las muertes por causas evitables y las llamadas enfermedades sociales, y se incrementó notablemente la actividad delictiva, no sólo en las esferas gubernativas sino también en las calles. La inseguridad acechaba a los argentinos. Una inseguridad que superaba el margen de la seguridad personal, de ser víctima de un asalto o de un crimen. Una inseguridad que comenzaba para la mayoría por no saber qué iba a ser de ellos al día siguiente, dónde iban a vivir, qué iban a comer, cómo iban a educar a sus hijos, cómo se iban a vestir, cómo se iban a curar, dónde y cómo iban a conseguir trabajo. Aquella inseguridad iba a comenzar a buscar certezas en la lucha por terminar con la miseria y la injusticia y, a pesar de las persecuciones, las torturas, los fusilamientos y las amenazas de despido, el movimiento obrero presentará duras batallas por su dignidad y se abrirá camino hacia nuevos destinos.

Crónica de
un golpe anunciado

Los que temen o quieren ver en mí a un dictador en cuajo, olvidan que ni como caballero ni como funcionario, y tampoco como ciudadano o como soldado, soy capaz de proceder en contra de mi conciencia y de lo que me marca mi deber. He dicho y lo ratifico, persuadido de que todo otro proceder sería funesto, que el Ejército debe ser arma sólo para los fines que la Constitución ha creado; creo no equivocarme al afirmar que ni yo ni nadie sería capaz de hacer que sus armas sirvieran para crear dictaduras".[1]

GENERAL AGUSTÍN P. JUSTO, UNO DE LOS JEFES DEL GOLPE DEL 30,
LA NACIÓN, 21 DE FEBRERO DE 1928

Instrucciones para dar un golpe de Estado

El golpe que el 6 de septiembre de 1930 derrocaría al presidente constitucional Hipólito Yrigoyen venía siendo anunciado mucho antes de que Leopoldo Lugones exaltara "la hora de la espada". En ese discurso el prestigioso poeta llamaría al Ejército —"esa última aristocracia"— a tomar las riendas, y la conspiración sentaría precedentes que lamentablemente iban a hacer escuela en la Argentina. Los golpistas del futuro aprendieron en el 30 que la cosa debía empezar con el desprestigio del gobierno y el sistema a través de una activa campaña de prensa; asimismo, lograr la adhesión y el auxilio económico de los grandes capitales nacionales y extranjeros a cambio de entregarles el manejo de la economía; rebajar los sueldos y pedir sacrificios a los asalariados que luego se traducirían en una hipotética prosperidad; las arengas debían ser fascistas pero el Ministerio de Economía sería entregado a un empresario o gerente liberal al que no le molestaran mucho los discursos y las actitudes autoritarias, a un liberal al que lo tuvieran sin cuidado el respeto

---

[1] Espigares Moreno, José María, *Lo que me dijo el general Uriburu*, Buenos Aires, Talleres Gráficos Durruty y Kaplan, 1933.

a los derechos humanos y todos aquellos derechos impulsados justamente por el liberalismo. Para que quede claro, un "liberal" argentino,
en los términos de la genial definición de Alberdi:

> "Los liberales argentinos son amantes platónicos de una deidad que
> no han visto ni conocen. Ser libre, para ellos, no consiste en gober-
> narse a sí mismos sino en gobernar a los otros. La posesión del go-
> bierno: he ahí toda su libertad. El monopolio del gobierno: he ahí
> todo su liberalismo. El liberalismo como hábito de respetar el disen-
> timiento de los otros es algo que no cabe en la cabeza de un liberal
> argentino. El disidente es enemigo; la disidencia de opinión es gue-
> rra, hostilidad, que autoriza la represión y la muerte".[2]

También había que prometerle al pueblo orden y seguridad, y al asumir era importante meter miedo. Prohibir la actividad política y sindical; intervenir las provincias y las universidades; decretar la pena de
muerte; detener, torturar y asesinar a los opositores y al mismo tiempo
hacer una declaración de profunda fe católica y de pertenencia al mundo occidental y cristiano; dejar en suspenso la duración del gobierno
militar (incluso, si se quiere, se lo puede llamar provisional) y, finalmente,
en pago de tantos sacrificios, en nombre de la patria y la honestidad,
hacer los más sucios y descarados negociados.

Cómo construir un dictador

Los que conocían bien a Uriburu fueron testigos de cómo aquel revolucionario de 1890 devino ultraconservador con el paso de los años:
poco después de que Yrigoyen, su viejo correligionario, ganara las elecciones por segunda vez, decidió pasar a retiro y también a conspirar contra la democracia. El general tenía quién le escribiera, allí estaban los
nacionalistas católicos Julio y Rodolfo Irazusta, que publicaban el sema-
nario *La Nueva República,* una influyente tribuna desde la que se fogo-
neaba un cambio en el orden institucional. Julio Irazusta inauguró una
frase que, lamentablemente para sus herederos, no registró como propia, ya que sería usada hasta el cansancio durante el resto del siglo XX,

---

[2] Alberdi, Juan Bautista, *Escritos póstumos,* tomo X, Buenos Aires, Editorial Cruz,
1890.

e incluso hasta comienzos del siglo XXI, por algún comunicador social en aquella hora clave de la crisis del 2001: "hay que sacar las tropas a la calle".

En 1928, festejando el primer cumpleaños de aquel periódico, el general Uriburu se comprometió públicamente a encabezar un movimiento de renovación espiritual y política.

A partir de entonces comenzaron a producirse selectas reuniones de civiles y militares en los elegantes salones del Círculo de Armas. Allí iban sin demasiado disimulo gente como Federico Pinedo, Leopoldo Melo, Antonio Santamarina y representantes de los generales Justo y Uriburu.

Los líderes visibles del golpe de Estado en marcha eran los generales José Félix Uriburu[3] y Agustín Pedro Justo[4], que si bien coincidían en la metodología golpista para derrocar a Yrigoyen, mantenían importantes diferencias a la hora de ejercer el poder. Mientras Uriburu pretendía hacer una profunda reforma constitucional que terminara con el régimen democrático y el sistema de partidos y, así, implantar un régimen de representación corporativa, Justo planteaba el modelo de gobierno provisional que convocara a elecciones en un tiempo prudencial; prefería restablecer el clásico sistema de partidos con las restricciones que los dueños del poder creyeran convenientes, o sea, una democracia de ficción y fraudulenta. Esto llevó a que Justo permaneciera en un segundo plano durante los preparativos del golpe de Estado programado para el 6 de septiembre de 1930, pero no dejó de presionar a Uriburu a través de sus oficiales para introducir sus puntos de vista.

No pocos oficiales y suboficiales se sumaron al golpe sin medir las consecuencias, sin tomar conciencia cabal del error gravísimo que estaban cometiendo. Entre ellos, Juan Domingo Perón, que al respecto comentaba lo siguiente:

> "Yo recuerdo que el presidente Yrigoyen fue el primer presidente argentino que defendió al pueblo, el primero que enfrentó a las

---

[3] José Félix Uriburu (1868-1932) nació en Salta. Participó en la Revolución de 1890 del lado de los cívicos. Pero en 1905 reprimió la intentona revolucionaria radical. Fue director de la Escuela Superior de Guerra y observador y agregado militar en Europa. En 1914 fue elegido diputado al Congreso Nacional. Durante la presidencia de Alvear fue nombrado inspector general del Ejército y miembro del Consejo Supremo de Guerra.

[4] Agustín Pedro Justo (1876-1943) nació en Concepción del Uruguay, Entre Ríos. Además de militar fue ingeniero civil recibido en la UBA. Fue profesor y luego director del Colegio Militar. Alvear lo designó como ministro de Guerra.

fuerzas extranjeras y nacionales de la oligarquía para defender a su pueblo. Y lo he visto caer ignominiosamente por la calumnia y los rumores. Yo, en esa época, era un joven y estaba contra Yrigoyen, porque hasta mí habían llegado los rumores, porque no había nadie que los desmintiera y dijera la verdad".[5]

Perón advierte a la distancia la trascendencia del hecho y su influencia en el futuro político argentino.

"Nosotros sobrellevamos el peso de un error tremendo. Nosotros contribuimos a reabrir, en 1930, en el país, la era de los cuartelazos victoriosos. El año 1930, para salvar al país del desorden y del desgobierno no necesitamos sacar las tropas a los cuarteles y enseñar al Ejército el peligroso camino de los golpes de Estado. Pudimos, dentro de la ley, resolver la crisis. No lo hicimos, apartándonos de las grandes enseñanzas de los próceres conservadores, por precipitación, por incontinencia partidaria, por olvido de la experiencia histórica, por sensualidad de poder. Y ahora está sufriendo el país las consecuencias de aquel precedente funesto".[6]

Finalmente, en su autobiografía, recopilada por Enrique Pavón Pereyra, Perón concluye:

"El 6 de setiembre, terminó bruscamente la experiencia radical que había sido promovida por la ley del sufragio universal y por la intención participativa. Ese día histórico es el comienzo de una nueva etapa en la cual el gobierno será dirigido por las huestes de la oligarquía conservadora donde muchos de los que participaron y contribuyeron al éxito del golpe lo hicieron sin saber exactamente quién se movía detrás de ellos. La proclamación de la ley marcial desde el 8 de setiembre de 1930 hasta junio del 31 puso en evidencia que había triunfado la línea del nacionalismo oligárquico".[7]

---

[5] En Félix Luna, *Yrigoyen*, Buenos Aires, Hyspamérica, 1985.
[6] En Roberto Etchepareborda, *Yrigoyen*, tomos I y II, Buenos Aires, Centro Editor de América Latina, 1983.
[7] Pavón Pereyra, Enrique, *Yo Perón*, Buenos Aires, MILSA, 1993.

Comienza la conspiración

Contando con el aval de políticos opositores a Yrigoyen, empresarios, petroleras extranjeras y terratenientes, el general Uriburu comenzó a preparar los aspectos militares del golpe en marcha.

La primera reunión de los oficiales conspirativos se produjo en la casa de Alfredo Uriburu, hijo del general, en el barrio de la Recoleta. Allí estaban Uriburu, el mayor Sosa Molina, el capitán Franklin Lucero, el mayor Ángel Solari y el capitán Juan Perón. A los postres, habló Uriburu y señaló que el movimiento debía ser absolutamente militar (cosa que ya no era) y desvinculado de los partidos. Les advirtió a los presentes que no pondría en riesgo su vida y su prestigio para terminar entregándole el poder a los civiles. Y que pensaba que el problema iba mucho más allá del gobierno de Yrigoyen, que era imprescindible modificar la Constitución. A esta altura, algunos de los presentes, entre ellos Perón, le hicieron notar que no era la mejor forma de ganarse el apoyo popular, a lo que el general contestó, con su clásico estilo "democrático" que eso no le importaba: el pueblo terminaría por aceptar lo que la revolución impusiera, y adelantó que era partidario de un sistema corporativo de gobierno, aunque no aclaró demasiado las características de este.

La segunda reunión se produjo el 15 de julio de 1930 por la noche en el restaurante Sibarita, de Corrientes y Pueyrredón. Allí estaban el general Uriburu, los tenientes coroneles Alsogaray y Molina, los mayores Allende, Ramírez y Solari y el capitán Perón. Uno de los puntos más preocupantes era la escasa incorporación de oficiales al proyecto golpista. Uriburu comentó entusiastamente la adhesión de Leopoldo Lugones al grupo y dijo que, por supuesto, su rol no sería militar sino de "escriba". Estaban muy entretenidos los oficiales cuando ocurrió un accidente que pudo haber terminado con el estado mayor golpista. Poco antes de la medianoche, el mayor Allende sufrió un desmayo que alertó a los demás concurrentes de que el ambiente estaba cargado de anhídrido carbónico, producto de un brasero que habían colocado para paliar el frío intenso de aquella noche de julio. Uriburu debió ser sacado por la puerta trasera con principio de asfixia y se dio por terminada la sesión.

La próxima reunión, el 2 de agosto, se realizó en la casa del teniente coronel retirado Kinkelin. Parece que la casa era bastante grande porque esta vez se reunieron alrededor de cien oficiales. Todo se llevaron una mala impresión de la conducción del golpe. Así lo cuenta Perón: *"Estábamos desorganizados, mal dirigidos, se habían puesto de manifiesto intereses y pasiones, la gente como yo empezaba a desmoralizarse, como una consecuencia lógica de la falta de firmeza en el comando y lo inferior del elemento que rodeaba al general"*.[8]

La armada Brancaleone

El descontento de Perón y otros oficiales no parecía preocuparles mucho a los punteros de Uriburu que, como si fuera poco, armaron un nuevo estado mayor desplazando a los disconformes.

Muchos presentaron su renuncia, y Perón estaba a punto de hacerlo cuando fue citado de urgencia al Instituto Geográfico Militar a entrevistarse con el teniente coronel Cernadas. Cuando Perón llegó se suscitó el siguiente diálogo:

"'Mi teniente coronel, vengo a presentarme a usted, para servir a sus órdenes en el movimiento'. Él me contestó: 'Yo no sé nada de qué se trata, me han dicho que el general Uriburu quería hablarme pero no he hablado aún con él. No sé que trame un movimiento ni tengo compromiso alguno con nadie'. Cualquiera puede imaginarse —comenta Perón— la cara con que salí de allí, después de tan soberbio papel. La indignación con que salí de allí, era proporcional a la violencia que terminaba de pasar.[9] [Y agregaba:] Nunca en mi vida veré una cosa más desorganizada, peor dirigida ni un caos tan espantoso como el que había producido entre su propia gente, el comando revolucionario en los últimos días del mes de agosto de 1930. Parecía más bien que en vez de simplificar las cosas, se trataba por todos los medios de confundirlas. No se había comprometido sino a un número insignificante de oficiales y ellos eran todos subalternos y, para peor, éstos vivían en la más absoluta incertidumbre y desorganizados en su proyectada acción".[10]

---

[8] Perón, Juan Domingo, *Tres revoluciones militares*, Buenos Aires, Ediciones Síntesis, 1994.

[9] *Idem.*

[10] *Idem.*

El 3 de septiembre un Perón indignado se entrevistó con Álvaro Alsogaray, al que le dejó una carta donde le advertía:

"Yo jamás perdonaré a los culpables de tan insólita actitud. Parecería que se empeñaran en desordenar las cosas e introducir el caos más grande entre nosotros. Por la afrenta gratuita de mi expulsión del estado mayor, por la falta de seriedad y de conciencia que demostraron al encargarme una misión como la que me dieron, porque no tengo la menor seguridad de mi persona, porque veo desde hace mucho tiempo que la dirección de este asunto está en las peores manos que pudieran elegirse, es que he resuelto separarme de ustedes y tomar personalmente la actitud que me plazca".[11]

Al otro día, el 4 de septiembre, Perón se reunió con los oficiales que adherían al general Justo en la casa del teniente coronel Descalzo, en la calle Quesada 2681. Allí estaban, además del dueño de casa, los tenientes coroneles Sarobe y Castrillón, y el mayor Nadal. Todos expresaron sus temores de que Uriburu quisiera instalar una dictadura. Sabían que no tendría consenso, sonaban todavía en sus oídos las marchas estudiantiles repudiando a Yrigoyen pero gritando "No a la dictadura". La idea fue balancear, con una importante campaña de reclutamiento de oficiales, el peso de Uriburu y sus hombres.

El plan para secuestrar a Yrigoyen

Pero las trapisondas de Álvaro Alsogaray no terminaron ahí. Prescindiendo absolutamente del respeto por la investidura presidencial y de la ley, planeó un acto delictivo que, de haberse concretado, pudo haber tenido insospechadas consecuencias: al defensor de la ley, el orden y "la subordinación para defender a la Patria" se le ocurrió la idea de capturar al presidente de la República, Yrigoyen, en su casa de la calle Brasil 1039, en el barrio de Constitución. El plan sería llevado adelante por unos diez efectivos que ingresarían por la fuerza al domicilio del presidente, de ser necesario lo golpearían hasta reducirlo (¡a un hombre de setenta y seis años!) y lo subirían a uno de los camiones de reparto del diario *La Prensa*, donde lo estarían esperando más efectivos armados.

[11] *Idem.*

La concreción del secuestro del presidente sería la señal para que las tropas se sublevaran y tomaran la Casa Rosada.

El plan quedó descartado porque Yrigoyen y su gente habían previsto la posibilidad de un atentado o un ataque contra su persona y habían instalado en la terraza de su casa y en la de enfrente, la zapatería de su amigo Scarlatto, nidos de ametralladoras operados por militantes radicales y oficiales leales del Regimiento de Granaderos a Caballo.

Una reunión de palanganas

Mientras tanto, el general Dellepiane, hombre absolutamente leal a Yrigoyen, mantenía todo lo activo que podía al servicio de inteligencia. Tenía un espía de confianza, el capitán Roque Passeron, infiltrado en el grupo que le reportaba diariamente sobre la marcha de la conspiración. Así pudo detectar una importante reunión golpista de setenta militares encabezados por Uriburu, en la calle Ugarteche 3009, domicilio del mayor Thorné. Dellepiane envió al lugar a los mayores Viñas Ibarra y Ricci, vestidos de civil, y les ordenó permanecer de incógnito en los alrededores y anotar quiénes concurrían a la cita.

La gravedad del hecho llevó al ministro a pedir una entrevista urgente con el presidente Yrigoyen. Esta es la crónica de aquel diálogo reproducida por el teniente Speroni:

"–¿Y cuáles son los motivos de sus preocupaciones, mi amigo general?
–Se trata de lo siguiente: desde hace ya tiempo ha llegado a mis oídos que ciertos jefes y oficiales, encabezados por el general Uriburu, se están reuniendo para cambiar ideas sobre la forma de apoderarse del gobierno. Estas reuniones, señor presidente, ya son insolentes por la forma descarada en que se hacen. Anoche hemos podido comprobar que en casa de un jefe del Ejército, se han reunido más de setenta militares, habiendo concurrido los cabecillas.
–¿Y quiénes son los cabecillas, general?
–Uriburu, el coronel Mayora, Hermelo, Renard, el teniente coronel Rocco, etc.
–Ya ve, general, que no hay que preocuparse. Son todos unos palanganas.
–Muy bien señor presidente; ya que son unos palanganas demostrémosles: primero: que no se los necesita; segundo: que no se los teme;

y los debemos meter dentro de un zapato y taparlos con el otro.

–No se entusiasme, general.

–Señor presidente: le aseguro que hay motivos para preocuparse. Ya la protesta se está sintiendo en el pueblo; la gente se queja; son pocos los que están conformes. La disciplina del Ejército parece decaer. A esto hay que ponerle remedio o nos hundimos todos; buenos y malos. Y no lo tome a mal, señor presidente. Yo no hago más que pagarle con la confianza que usted me ha honrado. Si lo viese a usted con el ceño adusto por culpa mía, yo no me quedaría un minuto más al lado suyo.

–Pero general, ¿a usted le parecen tan graves las cosas que están sucediendo?

–Gravísimas, señor presidente. Y le voy a decir, con su permiso, algunas verdades sobre las personas que lo rodean. Hay a su lado pocos leales pero muchos ambiciosos y despreocupados. Y esto el pueblo lo sabe; por eso es que no tiene confianza en el gobierno.

–¿Y qué es lo que usted quiere, general?

–Quiero dos cosas, señor presidente, pero lo uno no lo acepto sin lo otro.

–¿Cuáles son esas dos cosas?

–Lo primero que quiero es que usted me autorice a meterlos en vereda a estos señores que quieren hacer revolución. Ya sabemos quiénes son y no hay sino que proceder contra ellos. Y para esto quiero iniciar esta tarde misma las detenciones de los que estemos seguros que han estado en la reunión.

–¿Y al general Uriburu piensa detenerlo también?

–¡Pero si ése es el cabecilla!

–Le pido, general, que a Uriburu no lo tome preso. Hágalo vigilar y nada más.

–Pero, señor presidente, yo no...

–Se lo pido a mi amigo, el general Dellepiane.

–Sea, señor presidente, ¿y los demás?

–Haga con ellos lo que crea conveniente, pero no sea violento. Ojo con equivocarse. ¿Cuál es la segunda condición?

–Esta es importantísima, señor presidente. Se trata de un cambio de frente del gobierno y de la renovación de algunos funcionarios [...]. y hasta debe sacarme a mí, si cree que sin mí va a estar mejor.

–General, usted sabe lo contento que estoy con usted...”[12]

---

[12] Sarobe, José María, “La revolución del 6 de septiembre”, *Todo Es Historia* N° 5, septiembre de 1967.

El insólito diálogo se interrumpió cuando ingresó Elpidio González y el jefe de policía, coronel Graneros. Yrigoyen los saludó y les dijo:

"–Aquí estamos con el general, hablando de grandes novedades. Él está convencido de que las cosas que pasan son graves. Me ha dicho que anoche ha habido una reunión de muchos militares encabezados por unos cuantos palanganas. ¿Y usted qué dice, Graneros?

–Siento tener que desmentir al general Dellepiane, pero la reunión no se debe haber efectuado porque mis hombres de confianza nada han podido comprobar.

Dellepiane, al oír este desmentido, se le acerca a Graneros y le dice con cierta violencia y despreciativamente:

–Usted, usted, no sabe nada, ni ha sabido nunca nada, ni lo sabrá. Le vuelvo a decir que su policía no sirve y que lo traiciona.

Yrigoyen y González intervinieron para calmar a Dellepiane. Graneros dijo:

–Señor presidente, de los 10.000 vigilantes y agentes de investigaciones, 9.900 son completamente leales.

–Pues, busque a los 100 que no son leales y échelos a la calle –dijo Dellepiane, y agregó con burla–: ¿No sabe lo que me ha dicho el confidente que ha escuchado en la reunión de anoche? Pues nada... Que el comisario Alzogaray tiene 42 comisarías sublevadas para el momento oportuno; sin embargo, vivimos en la luna...

Graneros y González se miraron. Yrigoyen dijo:

–Si seguimos así voy a tener que desconfiar de mí mismo.

–Lo que le he dicho es la verdad, señor presidente –dijo Dellepiane–. Ahora hay que proceder. Permítame usted que yo obre y no se arrepentirá. Obre usted también, en la forma que me he permitido indicarle y no se arrepentirá. Es la única manera de salvarnos y de evitar que el país vaya a la ruina.

–Muy bien, general. Usted proceda enseguida, que yo voy a hacer lo que usted me ha pedido, pero muy despacio y con mucha cautela. Le vuelvo a recomendar que proceda únicamente contra aquellos de quienes usted esté seguro.

–Tenga la seguridad de que así se hará.

Luego se despidieron, retirándose Dellepiane muy contento del resultado de esta entrevista. La conferencia había durado cerca de una hora. Graneros y González quedaron en el despacho del presidente".[13]

---

[13] *Idem.*

Al otro día, Dellepiane le dijo a su secretario Ricci *"nos hundiremos todos con el presidente"*, acto seguido obedeció la orden de liberar a los conspiradores detenidos y presentó la renuncia a su cargo de ministro de Guerra con estas declaraciones a *La Prensa*:

> "No soy político y me repugnan las intrigas que he visto a mi alrededor, obra fundamental de incapaces y ambiciosos, pero soy observador. He visto y veo alrededor de V.E. pocos leales y muchos intereses. Habría que nombrar un tribunal que analizara la vida y los recursos de algunos de los hombres que hacen oposición a V.E. y de otros que, gozando de su confianza, hacen que V.E., de cuyos ideales y propósitos tan de continuo expresados yo tengo la mejor opinión, sea presentado al juicio de sus conciudadanos en la forma despectiva, que es marea que nada detendrá, si V.E. no recapacita un instante y analiza la parte de verdad, que para mí es mucha, que puede hallarse en la airada protesta que está en todos los labios y palpita en muchos corazones..."[14]

Pero nadie recapacitó y los "palanganas" lanzaron su marcha hacia el poder.

Un clima enrarecido

Si bien son infundadas las versiones sobre la senilidad de Yrigoyen, lo que quedó demostrado en la lucidez puesta de manifiesto en la redacción de su defensa ante la Corte Suprema redactada por él mismo un año después de su caída, lógicamente ya no contaba con los mismos reflejos que en sus años mozos. Esto lo llevaba a una profunda desconfianza y a una tendencia a no delegar y a participar en la toma de decisiones en cuestiones no siempre trascendentes. Esto fue llevando a sus colaboradores al hartazgo y a sumarse lenta, pero persistentemente, a la visión de la oposición, que identificaba en la persona del veterano líder radical todos los males de la administración. El ambiente se fue tornando propicio para la conspiración interna, hecho advertido rápidamente por el embajador norteamericano, que así lo informa a su gobierno en ese momento:

---

[14] *La Prensa*, 3 de septiembre de 1930.

"Un buen número de ellos intriga para tener posiciones ventajosas
[...] una sensación de inquietud embarga a Buenos Aires y otros
lugares del país y se refleja en la creencia que una revolución pacífica no dejará de producirse. Los antagonismos políticos y personales dentro del gabinete adquieren un carácter tal que permiten
expresiones y opiniones, en conversaciones privadas, que se asemejan en mucho a la traición. El presidente no confía en nadie y
con su desfalleciente capacidad mental y la fuerza de la inercia que
pueden, algunas veces, apreciarse en los ancianos, persiste, tozudamente, en el atascamiento de toda acción útil, manteniendo, de
ese modo, un equilibrio que se asemeja al que un sonámbulo en
una cuerda floja, que se da cuenta que caerá si se detiene en su
marcha".[15]

Todas las miradas apuntaban a Elpidio González y Enrique Martínez, quienes serían las figuras de reemplazo de Yrigoyen tras el golpe
de Estado. Ante toda la evidencia, el presidente no actuaba, parecía
haber perdido los reflejos. Los diarios, con excepción del oficialista *La
Época*, traían incendiarias editoriales en su contra, mientras los estudiantes universitarios se lanzaban a la calle al grito de "¡Dictadura, no!
¡Que renuncie Yrigoyen!" A las siete de la tarde de aquel 5 de septiembre se cumplía el deseo de muchos. Un Yrigoyen con su salud muy
deteriorada y jaqueado por todos lados delegaba el mando en el vicepresidente Enrique Martínez. La primera medida de Martínez fue declarar el estado de sitio.

Camino a la Rosada

Uriburu, en su afán de juntar adhesiones, prometió revisar su proyecto de reforma constitucional, dio "garantías" a los oficiales justistas de
que su idea no era instaurar una dictadura y aceptó que José María Sarobe, operador de Justo, introdujera cambios al bando golpista que ya había
redactado Lugones. El nuevo comunicado, destinado a servir de inspiración en el futuro a gente mucho menos talentosa que Lugones, decía: "*El
gobierno provisional, inspirado en el bien público y evidenciando los*

---

[15] Informe del embajador Bliss, en Etchepareborda, *Yrigoyen*, Buenos Aires, Centro
Editor de América Latina, 1983, tomos I y II.

patrióticos sentimientos que lo animan, proclama su respeto a la Cons-
titución y a las leyes fundamentales vigentes y su anhelo de volver cuan-
to antes a la normalidad, ofreciendo a la opinión pública las garantías
absolutas, a fin de que, a la brevedad posible, pueda la Nación, en comi-
cios libres, elegir sus nuevos y legítimos representantes".[16]

El golpe estaba en marcha. El sábado 6 de septiembre de 1930, a
las 5.45 el general José Félix Uriburu partió de su casa en Juncal y Larrea
con destino al Colegio Militar del Palomar. Se había puesto sus mejores
galas. Si todo salía bien, ese día se estrenaría como el primer presidente de facto de la Argentina.

El general reunió a sus fuerzas leales y, parangonando a su admirado Mussolini, lanzó su marcha sobre Buenos Aires. A las 9 y media de
la mañana el diario *Crítica* hacía sonar sus sirenas y anunciaba por sus
parlantes, que sonaban parecidos a los de un circo: *"¡Atención! El gene-*
ral Uriburu al frente de las tropas viene hacia la ciudad para poner tér-
mino al gobierno que nos avergüenza".[17]

Pero el general golpista estaba nervioso. Su declamado coraje vaci-
laba ante los informes que decían que contaba sólo con 1.500 hombres,
la mayoría cadetes del Colegio Militar. Cuenta Lisandro de la Torre:

"Uriburu me reconoció que se había encontrado solo en San Martín
y que había pasado allí horas muy amargas. Me dijo textualmente:
'Estaba perdido, debía elegir entre ser fusilado allí o en la Plaza de
Mayo y opté por lo segundo' [...] En efecto, el general Uriburu,
advertido por los aviones de que el gobierno ni siquiera se defendía
y que la Capital estaba librada al pueblo, emprendió la marcha con
su pequeña columna que no habría podido resistir victoriosamente
el choque de una sola unidad aguerrida del Ejército Argentino y se
encontró en su marcha con el hada milagrosa que había de salvar-
lo: con el pueblo anónimo, el verdadero triunfador de la jornada del
6 de septiembre".[18]

Efectivamente, hasta que el valiente general no es informado por los
pilotos de los aviones –que vienen sobrevolando la ciudad desde muy
temprano– que más que resistencia en la ciudad hay un clima de apoyo

---

[16] En Carlos Ibarguren, *La historia que he vivido*, Buenos Aires, Dictio, 1977.
[17] Luna, Félix, *Yrigoyen, op. cit.*
[18] Testimonio de Lisandro de la Torre, en Etchepareborda, *Yrigoyen, op. cit.*

a la "revolución", no lanza su "marcha triunfal". Entonces sí, Uriburu envía un ultimátum al vicepresidente en ejercicio del Poder Ejecutivo: *"En este momento marcho sobre la Capital a la cabeza de las tropas de la primera, segunda y tercera división de ejército. Esperamos encontrar a nuestra llegada su renuncia de vicepresidente, como también la del presidente titular. Los hacemos responsables por cualquier derramamiento de sangre para sostener un gobierno unánimemente repudiado por la opinión pública".*[19]

Al paso de la columna se producen varios tiroteos entre los golpistas y grupos de valientes radicales que trataron de resistir sin éxito. Uno frente a la ESMA, otro en Córdoba y Callao y el último frente a la Confitería del Molino. Pero las tropas siguen avanzando y para las 17 ya están en la Rosada.

Por la patria

Cuenta Perón:

"Cuando llegamos a la Casa Rosada, flameaba en ésta un mantel como bandera de parlamento. El pueblo que en esos momentos empezaba a reunirse, en enorme cantidad, estaba agolpado en las puertas del palacio. Como era de suponer hizo irrupción e invadió toda la casa en un instante a los gritos de 'viva la Patria', 'muera el Peludo', 'se acabó', etc. Cuando llega mi automóvil blindado a la explanada de Rivadavia y 25 de Mayo en el balcón del 1er. piso había numerosos ciudadanos que tenían un busto de mármol blanco y que lo lanzaron a la calle donde se rompió en pedazos, uno de los cuales me entregó un ciudadano que me dijo: 'Tome mi capitán, guárdelo de recuerdo y que mientras la patria tenga soldados como ustedes no entre ningún peludo más a esta casa'. Yo lo guardé y lo tengo como recuerdo en mi poder. [...] Recuerdo un episodio gracioso que me ocurrió en una de las puertas. Un ciudadano salía gritando 'viva la revolución' y llevaba una bandera argentina arrollada debajo de un brazo. Lo detuve en la puerta y le dije qué hacía. Me contestó: 'llevo una bandera para los muchachos, mi oficial'. Pero aquello no era sólo una bandera según se podía apreciar. Se la quité

---

[19] En Horacio N. Casal, *Los años 30*, Buenos Aires, CEAL, 1971.

y el hombre desapareció entre aquel maremagno de personas. Dentro de la bandera había una máquina de escribir".[20]

Últimas imágenes del naufragio

Mientras grupos de civiles incendian la redacción del diario radical *La Época*, el presidente Yrigoyen se dirige a La Plata tratando de lograr la resistencia del Regimiento 7 de Infantería. Pero es inútil; dentro del regimiento platense, y tras comprobar que el golpe ha triunfado, firma su renuncia: *"Ante los sucesos ocurridos, presento en absoluto la renuncia del cargo de Presidente de la Nación Argentina. Dios guarde a Vd. H. Yrigoyen. Al señor Jefe de las fuerzas militares de La Plata. Septiembre 6 de 1930".*[21]

Entretanto, en la Rosada la situación se complicaba cada vez más. En medio del caos, el vice en ejercicio, doctor Martínez, quiso abandonar el edificio pero fue frenado por algunos ministros que le exigieron una definición: o la resistencia o la renuncia. Martínez estaba muy nervioso y confundido y gritaba ¡mátenme! Un testigo de los hechos comentaría años más tarde:

"No le faltó coraje en ningún momento, prueba de ello es que se quedó y afrontó el peligro cara a cara, pues peligro y grande significaba quedarse en la Casa de Gobierno, ya que es imposible prever los desbordes a que pueden llegar las tropas y, más aún, el pueblo revolucionario, en la ebriedad del triunfo, pese a los esfuerzos de los jefes por contenerlos o evitarlos. Le faltó sí, resolución. [...] el jefe, el gobernante, el conductor, no puede quedar de brazos cruzados, esperando que el conflicto se solucione por sí mismo. Iba de un lado para otro como enloquecido. Repetidas veces me pidió el revólver (su revólver, que un rato antes me había entregado) o intentó tomarlo al descuido, con la intención de matarse y varias veces también repitió: 'No me queda más recurso que pegarme un tiro'. Le dije que no había razón para tomar una resolución tan extrema, que a mi juicio debería renunciar y abandonar la Casa de Gobierno. Pero no escuchaba a nadie ni quería oír razones ni consejos. Le dije en un

---

[20] Perón, Juan Domingo, *op. cit.*
[21] En Horacio Casal, *Los años 30, op. cit.*

momento que su actitud no era la propia de un presidente de la Nación, 'Yo ya no soy presidente, ni nada', me contestó".[22]

Cerca de las seis se supo que los jefes golpistas habían ingresado a la Casa de Gobierno: allí estaban juntos los generales Uriburu y Justo. Tomó la palabra en tono cuartelero Uriburu y le dijo a Martínez que la revolución había triunfado y que el comandante en jefe de esta exigía las renuncias de Yrigoyen y la suya. Martínez le contestó que no podía responder por Yrigoyen, pero que él no iba a renunciar aunque lo mataran. Uriburu le contestó que él no lo iba a matar, porque no había venido hasta la Casa Rosada a hacer mártires, pero que los hacía responsables de todas las muertes que podrían producirse si la situación se seguía dilatando y ordenó su inmediato arresto y el bombardeo aéreo y con fuerzas de artillería del cuartel de policía y el arsenal de guerra.

Pero Martínez no renunciaba. Entonces Justo recurrió a la vieja táctica del bueno y del malo y llamó aparte al presidente en ejercicio. No se sabe muy bien qué le dijo, pero Martínez renunció, se lo liberó y se fue a su casa. Antes de subir al auto que lo alejaba de aquella presidencia por un día, le dijo a uno de sus colaboradores: *"Mire que habré dicho macanas hoy, eh".*[23] Mientras tanto una turba destrozaba la humilde casa del presidente Yrigoyen en la calle Brasil ante la pasiva y colaboradora presencia policial. El presidente fue detenido y su lugar de prisión primero fue el vapor *Buenos Aires*, y luego el *Belgrano*. Cuenta Yrigoyen: *"Fui apremiado a salir, lo que tuve que hacer en brazos casi del médico (Dr. Meabe) por la extremada extenuación en que me encontraba a raíz de la gravísima dolencia que sufría al producirse los sucesos. Y cuando habíamos hecho cierto camino del río y ya sintiendo sus efectos sobre mi salud, se me hizo saber que estaba preso, e incomunicado por los sucesos del 8 de septiembre".*[24]

En medio de los traslados sufrió un ataque cardíaco. El médico que lo atendió le diagnosticó reumatismo, gastritis y uremia. Contaría Yrigoyen: *"Acabo de enterarme de que seré trasladado a otro buque mucho más liviano y en consecuencia menos consistente en la movilidad, lo que me parece una nueva temeridad, tan injusta como inconsiderada,*

[22] "Dos revoluciones, dos testimonios: testimonio del general Manuel Fernández Valdés, revolución de 1930", *Todo Es Historia* N° 222, octubre 1985.
[23] *Idem.*
[24] En Félix Luna, *Yrigoyen, op. cit.*

dado que, como es bien sabido, yo no he tomado jamás medida alguna contra nadie, ni he molestado en ningún sentido de la vida".[25]

De ahí lo trasladaron a la isla Martín García, donde estuvo preso por más de un año. Allí redactó su defensa, que en uno de su párrafos decía:

"Hice un gobierno de la más alta razón de Estado, con toda la circunspección debida pero sin ostentaciones ni aparatos algunos, de justicia distributiva y lleno de cuidados para remediar todos los males, sobrio y sencillo al alcance de todos, desde los más modestos hasta los más encumbrados elementos, sin exclusiones algunas, saturado de bondades para todos; y dije que bajo la bóveda del cielo argentino no habría desamparo para nadie, como sucedió. [...] mejoré en los dos períodos la salud nacional y la condición moral y económica de los hogares; difundí la educación primaria [...] expandiendo y acentuando la enseñanza secundaria como la superior, fundando nuevas universidades y dándole a éstas una comprensión más progresiva y científica [...] democratizándolas en su mayor extensión por medio de reformas conducentes..."[26]

El día que Dios y la Patria empiecen a demandar...

El general Uriburu asumió "legalmente" la presidencia con la anuencia de la Corte Suprema de Justicia el 8 de septiembre frente a una Plaza de Mayo repleta. Desde los balcones, el general dijo:

"Ante vosotros, soldados de nuestra Patria, y ante el pueblo soberano, voy a prestar juramento. Juro por Dios y por la Patria desempeñar con honor el cargo de presidente del gobierno provisional que he asumido por vuestra voluntad. Juro mantenerme solidario con el pueblo, con el Ejército y con la Armada, y bregar por el restablecimiento de las instituciones, por el imperio de la Constitución y por la concordia y la unión de todos los argentinos. Si así no lo hiciere, Dios y la Patria me lo demanden".[27]

[25] En Etchepareborda, *Yrigoyen, op. cit.*
[26] *Idem.*
[27] *La Nación*, 9 de septiembre de 1930.

Como si esto fuera poco, usó de la palabra el flamante ministro del Interior doctor Sánchez Sorondo: *"Hemos jurado observar y hacer observar fielmente la Constitución, por Dios y los Santos Evangelios. [...] Empeñamos nuestra palabra y nuestras vidas para conseguir que la República vuelva a su estabilidad institucional. Ninguno de nuestros actos se apartará de este sagrado objetivo. Devolveremos al nuevo Congreso, intacto, el patrimonio constitucional y legal de la Nación..."*[28] Ya viene siendo hora de demandarlos.

El sacrificio del sacerdote Uriburu

Un apologista del general describe obnubilado aquellos momentos:

> "Uriburu era un sacerdote de la Constitución. Así fue como se mostró desde los balcones de la Casa de Gobierno, el memorable 8 de septiembre, oficiando sobre tan sagrado texto la misa con que ofrendaba su cuerpo y su sangre a Dios y a la Patria, en prenda del afán que aplicaría desde entonces a la salvación de su pueblo. Y he aquí que un acto de tan santa buena voluntad como ese, fue ya el primer obstáculo ritual que impensadamente puso Uriburu en su propio camino: se ofreció desde entonces de víctima propiciatoria a las fieras del circo. Los fariseos de la política empezaron desde luego a reclamar el cumplimiento inmediato de lo prometido en nombre de la Constitución. Pero no era el ejercicio constitucional lo que les interesaba, sino el de la representación que a ellos podía caberles..."[29]

En los salones paquetes de Buenos Aires no paran los festejos. En uno de ellos, el Círculo de Armas, el hijo del "conquistador" del desierto brindaba en estos términos. *"Hoy he vivido uno de los momentos más emocionantes de mi vida, solo, en un profundo recogimiento, frente al espectro de mis mayores, que parecían vindicarse del caudillo oscuro que les infirió el agravio de su barbarie".*[30]

El golpe del 6 de septiembre de 1930 significó para la tradicional elite

[28] *Crítica*, 9 de septiembre de 1930.
[29] Espigares Moreno, José María, *op. cit.*
[30] *Idem.*

terrateniente exportadora la recuperación, no del poder real, que nunca había perdido, sino del control del aparato del Estado. Quedaba además demostrado que el radicalismo, por su origen de clase y por sus enormes contradicciones internas, no había podido o no había querido conformar ni impulsar sectores económicos dinámicos modernos que pudieran disputarle el poder al tradicional sector terrateniente. El golpe terminó también con la alianza que había comenzado en la Revolución de 1890 entre una parte de aquella elite y los sectores medios, que en un principio apoyaran el golpe del 30 porque pensaban que los incluía entre los beneficiarios del asalto al poder y las arcas públicas; sin embargo, pronto se dieron por enterados en carne propia, como ocurriría con todos los golpes de Estado posteriores, que les agradecían los servicios prestados, pero que no estaban invitados a la fiesta. La elite volvió a tener la posibilidad de marginar políticamente –como antes de la sanción de la Ley Sáenz Peña– a los sectores sociales que venía marginando social y económicamente desde siempre. La vuelta al fraude electoral alejaba a las mayorías populares de la posibilidad de decidir sus destinos; la sociedad se preparaba para los grandes cambios que se avecinarían a mediados de los años 40. Pero para eso faltaba mucho tiempo, mucho sufrimiento y mucha lucha. Estaba comenzando una década claramente infame.

Los salvadores de la patria.
Los gobiernos de los generales
Uriburu y Justo

"Después de la obra que yo he hecho con la revolución y con el gobierno, aunque mis enemigos me quemaran en la Plaza de Mayo, nada ni nadie podrían detener el juicio de la posteridad, la única que puede juzgar mi obra y mi patriotismo!"[1]

GENERAL JOSÉ FÉLIX URIBURU,
JEFE DEL GOLPE DE ESTADO DEL 6 DE SEPTIEMBRE DE 1930.

El 6 de septiembre de 1930 irrumpía en la Argentina el poder militar. Un golpe de Estado cívico-militar ponía fin al segundo gobierno de Hipólito Yrigoyen, quien había llegado a la Casa Rosada dos años antes plebiscitado por el 57 por ciento de los votantes. La crisis económica mundial, que hizo su descarnada aparición en la Argentina a principios de 1930, le complicó las cosas al viejo caudillo, que parecía no reaccionar ante los embates cada vez más evidentes de los golpistas de uniforme y de civil. Desde hacía varios años se venían escuchando los llamados al golpe, los elogios a las dictaduras y los denuestos a la democracia. Los adoradores de la cruz y la espada pudieron, con gran habilidad y con la complicidad de algunos que no tardarían en arrepentirse de su rol de idiotas útiles, identificar la crisis, la miseria, la desocupación, la falta de reacción del gobierno y los errores de éste, graves por cierto, con el sistema democrático en sí mismo. No era solamente el gobierno radical el incapaz para encontrar soluciones, sino que era la democracia, a la que se la acusaba de caduca, la que ya no servía. La campaña llegó al extremo de hacerle creer a parte del pueblo que no estaba capacitado para

---

[1] Espigares Moreno, José María, *op. cit.*

elegir, para ejercer sus derechos, que era mejor delegarlos en gente "preparada", en manos de los "salvadores de la patria". Y mucha gente confió en que la dictadura podía ser más expeditiva, más "moderna" y apropiada para una época de crisis como la que se avecinaba. Los hechos les iban a demostrar, muy rápidamente, lo equivocados que estaban.

Von Pepe

Al general José Félix Uriburu, sus amigos, que no eran muchos, lo llamaban Von Pepe por su profunda admiración por los militares alemanes, a los que había conocido a fondo durante sus misiones como observador en aquellos lares. Era un militar cuartelero que se fue metiendo de a poco en la política, como respondiendo a un llamado del destino, o por lo menos así le gustaba contarlo para compararse con los próceres de nuestra historia, que no podían defenderse de tal afrenta.

Así describe al dictador el dirigente conservador Sánchez Sorondo:

> "Uriburu era una expresión genuina de nuestro patriciado. Salteño de origen, pertenecía a una rancia estirpe del Norte. [...] Firme de carácter, a la vez cauto y osado; puro de intenciones; limpio de vida, leal de conducta, reveló en su difícil desempeño la rara conjunción del valor personal, tan común entre nosotros, y del valor cívico, tan escaso. Tranquilo y sereno en la acción, tenía el gesto oportuno en el momento necesario. [...] Prudente y comprensivo".[2]

El general, que según su amigo reunía en sí mismo tantas virtudes —algunas de las que él mismo jamás se enteró—, nunca sintió la menor simpatía por las masas populares y compartía aquel desprecio con todos los que lo acompañaron en el movimiento subversivo que terminó depositándolo en la Casa Rosada. Sin embargo, tuvo que soportar verse rodeado de una multitud aquel día de finales del invierno de 1930.

Cuenta uno de sus admiradores que *la entrada del teniente general Uriburu en Buenos Aires, aclamado por el pueblo, merece divulgarse en una lámina, con más fuerza entusiasta, con más altura que las estampas conocidas de la Revolución Francesa. Es que la Revolución Argen-*

[2] Pinedo, Bagú, Sánchez Sorondo y otros, *La crisis de 1930 II*, Testimonios, Buenos Aires, CEAL, 1984.

tina de 1930 resultó superior en todo sentido".[3] ¿Qué tal? ¡tiembla Robespierre!

El general presidente que había pisoteado la Constitución y las leyes en nombre de la patria sentó las bases de lo que serían los futuros golpes militares del siglo XX en la Argentina: cerró el Congreso, intervino todas las provincias y las universidades con el siguiente argumento que hará escuela: *"las casas de estudios dejan de ser establecimientos destinados exclusivamente al cultivo de las disciplinas científicas cuando se da cabida en ellas a doctrinas filosóficas, ya sean el materialismo histórico, el romanticismo rousseauniano o el comunismo ruso".*[4]

El gobierno militar decretó la pena de muerte, estableció el estado de sitio, censuró a la prensa, prohibió la actividad partidaria e instaló una feroz persecución sobre la oposición con detenciones arbitrarias y torturas.

La revista *El Hogar* recibía complacida el golpe militar: *"El jefe de la revolución, teniente general Uriburu, avanza entre el clamoreo de la multitud que lo aclama como salvador de la patria".*[5]

El golpe también recibe desde el exterior el aliento del dirigente radical y ex presidente Marcelo de Alvear. El nieto del prócer decía desde su mansión parisina:

"Tenía que ser así. Yrigoyen, con una ignorancia absoluta de toda práctica de gobierno democrático, parece que se hubiera complacido en menoscabar las instituciones. Gobernar no es payar. Para él, no existían ni la opinión pública, ni los cargos, ni los hombres. Humilló a sus ministros y desvalorizó las más altas investiduras. Quien siembra vientos, recoge tempestades. Da pena ver cómo ese hombre, que encarnaba los anhelos de la libertad del sufragio, que tenía un puesto ganado en la historia al dejar su primera presidencia, destruyó su propia estatua. [...] Él, que dirigió varias revoluciones en las que nosotros participamos, no logró hacer triunfar ninguna. En cambio, ve triunfar la primera que le hacen a él. Más le valiera haber muerto al dejar su primer gobierno: al menos hubiera salvado al partido, la única fuerza electoral, rota y desmoralizada por la acción de su personalismo. Sus partidarios serán los prime-

---

[3] Quesada, Julio, *Orígenes de la revolución del 6 de septiembre de 1930*, Buenos Aires, Ediciones de Talleres Gráficos de Porter Hnos., 1930.
[4] En *Historia integral argentina*, Buenos Aires, CEAL, 1971.
[5] *El Hogar*, 10 de septiembre de 1930.

ros en repudiarlo. Estuvieron a su lado mientras fue el ídolo de la opinión. Pero no podían quererle hombres a quienes humilló constantemente. Era de prever lo ocurrido".[6]

Todos los panegiristas del general y su "gesta" insistían en darle un carácter histórico, en comparar el nefasto golpe con los hechos más notables de la historia argentina:

"Pueblo y Ejército unidos escribían una nueva y luminosa página en los anales de la democracia. Un júbilo profundo dilataba nuestros corazones. A los 120 años de la gesta inmortal de Mayo, civiles y militares juntos avanzábamos hacia la histórica Plaza de la Victoria, para proclamar, ante la Pirámide de Mayo y al pie de los vetustos sillares del Cabildo de Buenos Aires, la consigna inmortal de los argentinos: El pueblo quiere saber de qué se trata. [...] El 6 de septiembre de 1930 marca en la historia argentina una de las grandes fechas nacionales, junto con el 25 de Mayo y el 3 de febrero. Son las revoluciones libertadoras".[7]

Los libertadores

Pero ¿qué clase de libertadores eran estos de 1930? El general José Félix Uriburu no estaba solo en el gobierno. Lo acompañaban, desde el gabinete, los representantes del poder económico más concentrado, la vieja oligarquía que nunca había perdido el poder y ahora recuperaba el gobierno. Allí estaban los estancieros, los lobbistas, los abogados de las compañías extranjeras.

Analicemos el gabinete de la dictadura uriburista:

Presidente, general José Félix Uriburu: director del Banco Argentino de Finanzas y Mandatos, director de la Compañía Industrial y Comercial del Chaco.

Vicepresidente, Enrique Santamarina: poderoso terrateniente, accionista de Astra, compañía petrolera del grupo Standard Oil, y director de Aga del Río de la Plata y de Baltic S.A.

---

[6] *La Razón*, Buenos Aires, 9 de septiembre de 1930.
[7] Sarobe, José María, *Memorias sobre la revolución del 6 de septiembre de 1930*, Buenos Aires, Gure, 1957.

Ministro del Interior, Matías Sánchez Sorondo: abogado de la Standard Oil, director de ARSA, presidente de Franco Argentina, Comercial y Financiera, abogado del Banco Español del Río de la Plata, presidente de la Trasman Trade Company y comendador de la Legión de Honor y de la Orden del Imperio Británico.

Ministro de Agricultura, Horacio Beccar Varela: abogado del frigorífico Anglo y de las empresas petroleras Cía. Argentina de Comodoro Rivadavia y Andina S.A., asesor legal de la Cámara de Comercio Norteamericana de la República Argentina, abogado de The Nacional Bank of New York, integrante del directorio de Franklin y Herrera S.A., Cervecería Palermo, Ibero Platense Seguros y Droguería Suizo Argentina; director de Transradio, La Plata Cereal y Panificación Argentina; abogado de la Cía. de Aguas Corrientes de la Provincia de Buenos Aires, director de El Cóndor, destilería de petróleo; vicepresidente de Elaboración General de Plomo S.A., vicepresidente de Cía. Hispano Argentina de Minas y Metales, presidente de Firestone y vocal de Sol, Cía. Petrolera.

Ministro de Obras Públicas, Octavio Pico: como su colega, directivo de las subsidiarias de la Standard Oil Cía. Argentina de Comodoro Rivadavia y Petrolera Andina S.A.

Ministro de Relaciones Exteriores, Ernesto Bosch: presidente de la Cía. Industrial y Comercial de Petróleo, subsidiaria de la Anglo Persian, y presidente de La Escandinavia S.A., ex presidente de la Sociedad Rural.

Ministro de Justicia e Instrucción Pública, Ernesto E. Padilla: miembro de la comisión asesora de moralidad y del directorio de la Germano Argentina Seguros S.A., síndico de las azucareras Nougués Hnos. Ltda. y San Pablo, vocal suplente de la Cía. Técnica e Importadora.

Ministro de Hacienda, Enrique S. Pérez: presidente de la Unión Argentina (primera fábrica de manteca del país), director del Banco de la Nación (1924), miembro de la comisión directiva de la Sociedad Rural (1902 y 1923) y presidente del Banco Hipotecario desde 1933.[8]

Un verdadero seleccionado de la oligarquía argentina al servicio del capital extranjero. El propio Manuel Gálvez se asombraba del gabinete del general presidente:

---

[8] Los currículum corresponden a *Quién es quién en la Argentina*, Buenos Aires, Kraft, 1955.

"El ministerio, intelectual y socialmente, no puede ser mejor; pero llama la atención que tres de los ocho ministros estén vinculados a las compañías extranjeras de petróleo, y todos, salvo dos o tres, a diversas empresas capitalistas europeas y yanquis. Los primeros actos del gobierno de Uriburu no dejan duda de que la revolución será, si no lo es ya, una restauración del Régimen. El 6 de septiembre es una especie de Termidor[9] de nuestra historia".[10]

Estas notables personalidades hacen partícipe de sus negocios al general presidente, y lo alientan a organizarse para lucrar rápidamente, porque en este país nunca se sabe cuánto puede durar uno en la presidencia. El dictador crea junto a su hijo, su secretario y gente de su amistad *"una sociedad para obtener representaciones industriales y gestionar operaciones comerciales, entre ellas, la tramitación de créditos del Banco Hipotecario Nacional".*[11]

El gobierno militar dicta uno de sus primeros decretos: se dispone la intervención de YPF y la expulsión del general Mosconi, quien, sumariado, entrará en una profunda depresión que lo llevará a la muerte.

Otro ingenioso decreto del general presidente condonaba con fondos del Estado todas las deudas particulares contraídas por miembros de las fuerzas armadas. Todo lo que los oficiales tenían que hacer era informar a sus superiores que tenían una deuda, no se requerían detalles ni se formulaban preguntas. Parece que los oficiales supieron aprovechar la ocasión, porque mucho tiempo después los diarios informaban que el decreto le había costado al país más de 7 millones de pesos. Un sueldo promedio rondaba por entonces los 100 pesos.

---

[9] *Termidor:* mes once del calendario republicano francés instaurado tras el triunfo de la Revolución de 1789. Corresponde al período comprendido entre los días 19 de julio y 17 de agosto de nuestro calendario. El 9 de julio de 1793 se produjo un golpe, conocido como el golpe de Termidor, que puso fin al predominio jacobino en la Revolución materializado en la obra de la Convención que había proclamado la República, ajusticiando a Luis XVI y expropiando importantes cantidades de propiedades a los nobles. El golpe de Termidor inició la etapa conservadora de la Revolución, que preparó el camino al poder a Napoleón Bonaparte.
[10] Gálvez, Manuel, *Vida de Hipólito Yrigoyen (El hombre del misterio)*, Buenos Aires, Elefante Blanco, 1939.
[11] Luna, Félix, *Yrigoyen, op. cit.*

La Corte Suprema de Injusticia

A cuatro días del golpe, la Corte Suprema de Justicia dará legalidad al golpe de Estado sentando un precedente jurídico lamentable. Los máximos responsables de defender la justicia, el tribunal supremo de la Nación, le decía al país y al mundo que era legal dar un golpe de Estado y lo hacía en estos términos:

"En Buenos Aires, a diez días de septiembre de 1930, reunidos en acuerdo extraordinario los señores ministros de la Corte Suprema de Justicia, doctores don José Figueroa Alcorta, don Roberto Repetto, don Ricardo Guido Lavalle y don Antonio Sagarna y el señor procurador general de la Nación, doctor don Horacio Rodríguez Larreta, con el fin de tomar en consideración la comunicación dirigida por el señor presidente del Poder Ejecutivo provisional, dijeron: que esta Corte ha declarado, respecto de los funcionarios de hecho, 'que la doctrina constitucional e internacional se uniforma en el sentido de dar validez a sus actos, cualquiera que pueda ser el vicio o deficiencia de sus nombramientos o de su elección, fundándose en razón de policía y de necesidad y con el fin de mantener protegido al público y a los individuos cuyos intereses pueden ser afectados'".[12]

La Constitución a retiro

Las ideas de Uriburu se encuadraban en las del nacionalismo católico argentino. En un reportaje declaraba el dictador:

"Yo no he venido a arreglar la democracia. Todo eso sería un poco vago. Yo he venido a arreglar la patria. A arreglar el país. A poner las cosas en su lugar. [...] Nadie podrá decir que yo no soy demócrata. He mamado la democracia. He mamado también, la pasión por la libertad. Toda mi vida de soldado no ha estado al servicio de otra cosa. Pero es que uno no tiene la culpa de que mucha gente no comprenda, o no quiera comprender".[13]

---

[12] Ciria, Alberto, *Partidos y poder en la Argentina moderna 1930-1946*, Buenos Aires, Hyspamérica, 1985.
[13] Espigares Moreno, José María, *op. cit.*

Afortunadamente fueron muchos los que no quisieron comprender las razones de aquel "demócrata".

Uriburu pretendía reformar la Constitución para obturar, de esa manera, el acceso al poder de las mayorías populares, según le había confesado al dirigente "nacionalista" Ibarguren:

> "Mi plan es hacer una revolución verdadera que cambie muchos aspectos de nuestro régimen institucional, modifique la Constitución y evite se repita el imperio de la demagogia que hoy nos desquicia. No haré un motín en beneficio de los políticos para cambiar hombres en el gobierno, sino un levantamiento trascendental y constructivo con prescindencia de los partidos".[14]

El plan era reemplazar la democracia por un sistema corporativo similar al que había implantado Benito Mussolini en Italia. El corporativismo niega la representación proporcional partidaria, producto de elecciones libres, y desconoce la importancia de las mayorías. Cree que el parlamento debe ser ocupado por representante de las corporaciones, esto es, la industria, los sindicatos, el ejército, la Iglesia, el campo, sin importar el número de los representados. En el parlamento corporativo tendrán la misma cantidad de representantes los industriales, que pueden ser treinta mil, que los trabajadores, que pueden ser cinco millones. Desaparece la disidencia a la fuerza y se propugna una obligatoria alianza de clases. Los partidos políticos desaparecen porque carecen de utilidad para el nuevo régimen, que impone un partido único.

A poco menos de un mes de asumir el poder Uriburu lanza un manifiesto de claro contenido corporativista: *"...La democracia dejaría de ser una bella palabra sólo cuando los legisladores en vez de representar a los partidos políticos, fueran una representación de obreros, ganaderos, agricultores, profesionales, industriales..."*[15]

En diálogo franco con su compañero de golpe de Estado, el teniente coronel Alzogaray, le confesaba:

> "Mi propósito es evitar al país la repetición de hechos como los que están pasando. Creo que lo único que puede conducir a ese resultado es la reforma de la Constitución en lo que sea necesario para ter-

---

[14] Ibarguren, Carlos, *La historia que he vivido*, Buenos Aires, Dictio, 1977.
[15] Azaretto, Roberto, *Historia de las fuerzas conservadoras*, Buenos Aires, Centro Editor de América Latina, 1985.

minar con la demagogia. No soy enemigo del parlamento, pero creo que él debe organizarse en otra forma. Me parece que la representación corporativa es lo más práctico".[16]

Pero el general no las tenía todas consigo. El otro sector militar, encabezado por el general Justo, y gran parte de su gabinete, que expresaba acabadamente la opinión del poder real de la Argentina, se oponían decididamente a su proyecto. Desconfiaban de los resultados de la reforma y sobre todo entendían que el cambio sería inmediatamente rechazado por las potencias occidentales, particularmente por Gran Bretaña y los Estados Unidos.

El general insistió, incluso frente a viejos conocidos como Lisandro de la Torre, quien trató de hacerlo entrar en razón diciéndole que para reformar la Constitución debía reunirse el Congreso con miembros de los partidos tradicionales, los que sin dudas rechazarían el proyecto, y le adelantó su oposición absoluta. La respuesta del general fue: *"Setenta mil legionarios desfilarán por delante del Congreso y le enseñarán lo que debe hacer, y si rechaza la reforma, le demostraré que si hice una revolución de abajo, soy capaz de hacerla de arriba".*[17]

El general, todo un demócrata, justificaba su plan de esta manera

"la democracia la definió Aristóteles diciendo que era el gobierno de los más, ejercido por los mejores [...] Eso es difícil que suceda en todo el país en que, como el nuestro, hay un 60 % de analfabetos [...] ese 60 % de analfabetos es el que gobierna el país, porque en elecciones legales ellos son una mayoría. Pensad lo que os digo y tened muy presente que esta es la realidad, y si estudiáis la historia de todos los pueblos que han llegado a tener una fisonomía propia en el mundo, veréis que han sido las minorías inteligentes las que han gobernado, las que han llevado a los grandes pueblos a la altura a que llegaron".[18]

La insistencia del general presidente tenía que ver con la tradicional desconfianza al pueblo, agravada por la hipócrita inversión de la culpa. El general menciona que el 60 % de la población es analfabeta, pero no

---

[16] *La Nación, La argentina en el siglo XX*, La Nación, 1997.
[17] Lisandro de la Torre, *Obras completas,* Buenos Aires, América Lee, 1957.
[18] *La palabra del general Uriburu*, Buenos Aires, Roldán Editor, 1933.

se hace cargo de que él y su clase, los que manejaron el poder en el país desde siempre, son altamente responsables de esa situación inhumana y de marginación. La solución que propone no es lanzar una urgente campaña de alfabetización, sino marginar a todos los analfabetos de la política y dejarlos en esa situación para que gente como él, la "minoría inteligente", pueda seguir gobernando el país como una estancia.

Ante la pregunta de un periodista sobre si le gustaría ser un presidente constitucional, es decir, llegar al gobierno a través del voto, el general respondió:

> "Yo no he querido ser presidente constitucional. Y no he querido serlo, aun defraudando el deseo de muchos amigos y de millares de personas representativas y de instituciones que son tradición y fuerza en el país. Usted no puede imaginarse las solicitudes, los ruegos y las incitaciones que en toda forma me han estado llegando desde hace tiempo en ese sentido. Nada más fácil para mí que haber podido dar cumplimiento a tales deseos. Pero le confieso que me habría repugnado semejante situación".[19]

Recuerdos del futuro

Uno de los primeros decretos firmados por el dictador Uriburu establecía la pena de muerte en todo el país. Los pelotones de fusilamiento comienzan a funcionar con una celeridad que se envidia en otras áreas de gobierno. Por allí pasan anarquistas, sindicalistas y opositores en general.

Las redadas policiales comenzaron el mismo 6 de septiembre y se dirigieron a los comités radicales, a las redacciones de los diarios de la prensa obrera, a los sindicatos, a las puertas de las fábricas y a los locales socialistas y comunistas. Las cárceles comienzan a llenarse de presos políticos y sociales. En cada provincia los jefes policiales y sus patotas tienen vía libre para "interrogar". En Buenos Aires los detenidos quedan a disposición de la Sección Orden Social de la Policía Federal. Su jefe es el comisario Leopoldo Lugones (hijo), un perverso personaje que disfrutaba personalmente del interrogatorio a los detenidos. Mucho menos poético que su padre, sistematizó el uso de la tortura y pasó a la historia de la infamia aplicando a los seres humanos un instrumento que se usaba

---

[19] Espigares Moreno, José María, *op.cit.*

para arriar el ganado y que adaptó para usarlo sobre sus víctimas indefensas, se lo comenzó a conocer como la picana eléctrica y estaba destinada a tener una larga vida entre nosotros.[20] La picana era (¿habrá que hablar en pasado?) aplicada en las zonas más sensibles del cuerpo del detenido provocándole terribles dolores y convulsiones.

La tortura quedará instalada y será una marca indeleble de aquella Década Infame. Años más tarde denunciaba un diputado socialista:

"Los presos de Villa Devoto denuncian únicamente casos graves de torturas. Esos presos en presencia de dos diputados de la Nación, de cuatro abogados y de las autoridades de la cárcel han denunciado que en la Sección Especial se les ha quemado los dedos, se les ha apretado los dedos con prensas, se les ha colocado cigarrillos encendidos en las narices, se les ha golpeado ferozmente la cabeza con un ejemplar de *El capital*, de Carlos Marx, una gruesa edición de Espasa Calpe, se les ha obligado a tragar panfletos editados por entidades comunistas... Yo que he oído esas denuncias, no puedo dejar de traerlas al seno de la Cámara".[21]

Los "obedientes debidos" de Uriburu usaban todo tipo de elementos para atormentar a sus víctimas. El amor y la admiración por la Inquisición de estos "nacionalistas católicos" no se limitaba a lo ideológico, sino a la ejemplaridad a la hora de elegir instrumentos de tortura. De la mano de Uriburu y Lugones hijo... volvían las pinzas sacalenguas, las tenazas y prensas para destrozar dedos y testículos, las agujas al rojo vivo, las inmersiones de detenidos en tanques con aguas servidas (tortura conocida luego como el submarino), los azotes y las mutilaciones. Todo, como siempre, en nombre de la moral y las buenas costumbres.

Honorables caballeros torturadores

El doctor Alfredo Palacios atendía permanentemente a familiares de detenidos que narraban los horrores sufridos por los presos sociales. El

---

[20] La hija del torturador Leopoldo Lugones, la militante montonera Piri Lugones, fue secuestrada durante la dictadura y padeció en carne propia el invento de su odiado padre. Piri integra la larga nómina de desaparecidos.
[21] Discurso del diputado Luis Ramiconi en Alberto Ciria, *Partidos y poder en la Argentina moderna, op. cit.*

dirigente socialista acumuló pruebas y consiguió llevarlas a la Cámara de Senadores. Eran decenas de declaraciones de detenidos que contaban los espantos padecidos en manos de aquellas bestias. A los parlamentarios los impactó particularmente el testimonio de algunos jóvenes oficiales como el teniente primero Adolfo López, quien declaró:

> "estamos frente a la más honda perturbación de los sentimientos y a la dolorosa comprobación de perversiones morales que si cundieran en el Ejército serían de consecuencias irreparables. [...] Allí se me enseñó un aparato que según se me dijo había servido para torcer los testículos de los torturados; una prensa que se utilizaba para apretar los dedos; un cinturón de cuero con que se hacía presión en el cuerpo y al que llamaban camisa de fuerza. [...] Regresé a mi cuartel y puse en conocimiento de mi jefe el teniente coronel Santos Rossi lo que había visto, agregando que la tropa estaba enterada de todo, porque los agentes de investigaciones a las órdenes del comisario Vaccaro se jactaban de los tormentos y explicaban a los conscriptos cómo se aplicaban".[22]

Al escuchar los testimonios, el senador Sánchez Sorondo, responsable como ministro del Interior de la policía torturadora de Uriburu, reaccionó en estos términos, que nos suenan, lamentablemente, conocidos:

> "¿Quién puede creer lealmente que el general Uriburu, que los hombres que lo hemos acompañado en su gobierno, tengamos alma de torturadores? ¿Acaso somos desconocidos en nuestro propio país? ¿Acaso venimos de tierras extrañas o expelidos por el bajo fondo, expelidos con el odio al semejante, hecho de hambre, de envidia, de humillación social, de rencores ancestrales, extravasado en nuestras venas? No, señor. Todos tenemos una limpia tradición de familia que conservar para nuestros hijos. Nuestra vida pública y privada, y hasta nuestros sentimientos, se desenvuelven bajo el contralor de amigos y enemigos. ¿De dónde habríamos sacado la conciencia tenebrosa de criminales, para ordenar a sangre fría atrocidades semejantes? ¿De la ambición? ¿Del miedo?"[23]

---

[22] Honorable Senado de la Nación, *Diario de Sesiones*, 28 de marzo de 1932.
[23] *Idem*.

Probablemente de las dos cosas, podríamos responderle. Afortunadamente, nadie le creyó al ex funcionario de la dictadura, ni mucho menos nadie, salvo sus cómplices, se conmovió con sus hipócritas argumentos. El senador Palacios le contestó:

"El señor senador por Buenos Aires que, siendo ministro de la dictadura, ordenó mi prisión, sabe que ni el señor Vaccaro, ni el señor senador, ni ningún hombre es capaz de atemorizarme. [...] El señor senador hace alarde de su valentía, porque formó parte de la columna que fue a tomar una casa desocupada: la Casa Rosada. *(Aplausos.)* En la Penitenciaría Nacional había una sala de tormentos y existió la silla, existió el "tacho", así como todas las invenciones diabólicas de ese espíritu miserable que hoy está encarcelado por habérsele descubierto que era el jefe de una banda de extorsionistas y el eje principal alrededor del cual giraba todo el movimiento policial de la dictadura".[24]

Seguidamente Palacios leyó una carta del torturado teniente primero Carlos Toranzo Montero:

"...Esa misma noche se me conducía más o menos a las 21.30 horas al despacho del director, profusamente iluminado, donde se encontraban reunidos varios funcionarios entre los que reconocí al teniente coronel Juan Bautista Molina, secretario y brazo derecho del general Uriburu; al coronel Pilotto, jefe de la policía de la Capital; al subprefecto general doctor David Uriburu; al teniente coronel Jacobo Parker, jefe del Regimiento Primero de Caballería y dos taquígrafos. [...] El teniente coronel Molina me hizo sentar en un sofá, junto al doctor Uriburu. Ahí, entre las miradas de los asistentes y repiquetear de los lápices de los taquígrafos que tomaban la versión de mis declaraciones, el teniente coronel Molina hizo el interrogatorio más insidioso e inhumano que se pueda imaginar, cuajado de vejámenes y amenazas. Me quejé a él de que me habían torturado, no haciéndome el menor caso y demostrándome claramente que las torturas y procedimientos puestos en práctica obedecían a órdenes del gobierno".[25]

---

[24] Se refiere al comisario Leopoldo Lugones hijo. *Idem.*
[25] Honorable Senado de la Nación, *Diario de Sesiones*, 28 de marzo de 1932.

Consultado el general que daba las órdenes a los torturadores, declaró:

"La consumación de estos hechos que denuncian, han ocurrido durante mi ausencia en Salta. Yo no conozco nada en detalle, y sólo me atendré a lo que la Justicia investigue y establezca. Pero le digo sinceramente que el primer sorprendido he sido yo y que lo primero que hice al regresar de mi viaje fue llamar al fiscal y decirle: ¡usted acuse! Caiga quien caiga. ¡Acuse! [...] Tengo una gran serenidad de conciencia frente a todos estos acontecimientos, y la legítima satisfacción de saber que lógicamente no es posible que se me atribuyan responsabilidades de esta naturaleza".[26]

Al general le faltó decir que antes que decirle al fiscal: ¡Usted acuse!, le dijo a Lugones, a Vaccaro y sus siniestros subordinados: ¡Usted torture!, ¡torture! El salvador de la patria Uriburu, como sus colegas-discípulos del futuro, pretendía hacerle creer a la opinión pública que se trataba de un hecho aislado. Y agregaba: *"La cosa más dura y más desagradable que haya en un gobierno de fuerza es mantener el orden. La mano tiene que ser de hierro y tiene que apretar sin vacilaciones y sin desfallecimientos. Hay que olvidarse, desgraciadamente, del corazón".*[27]

Cruzándole la cara a Uriburu

En medio de tanta ignominia, hubo una mujer que se atrevió a "cruzarle la cara" al general. Se llamaba Salvadora Medina Onrubia, una dama contradictoria y valiente. Militante anarquista, amiga de Simón Radowitzky y esposa de Natalio Botana, el creador de *Crítica*. Cuando fue a dar con sus huesos a la cárcel por orden de Uriburu, un grupo de notables intelectuales le envió una carta al dictador para pedir por su libertad. Lo que sigue es la respuesta de Salvadora:

"General Uriburu, acabo de enterarme del petitorio presentado al gobierno provisional pidiendo magnanimidad para mí. Agradezco a mis compañeros de letras su leal y humanitario gesto; reconozco el

---

[26] Espigares Moreno, José María, *op. cit.*
[27] *Idem.*

valor moral que han demostrado en este momento de cobardía colectiva al atreverse por mi piedad a desafiar sus tonantes iras de Júpiter doméstico. Pero no autorizo el piadoso pedido. Magnanimidad implica perdón de una falta. Y yo ni recuerdo faltas ni necesito magnanimidades. Señor general Uriburu, yo sé sufrir. Sé sufrir con serenidad y con inteligencia. Y desde ya lo autorizo que se ensañe conmigo si eso le hace sentirse más general y más presidente. Entre todas esas cosas defectuosas y subversivas en que yo creo, hay una que se llama karma, no es un explosivo, es una ley cíclica. Esta creencia me hace ver el momento por el que pasa mi país como una cosa inevitable, fatal, pero necesaria para despertar en los argentinos un sentido de moral cívica dormido en ello. Y en cuanto a mi encierro: es una prueba espiritual más y no la más dura de las que mi destino es una larga cadena. Soporto con todo mi valor la mayor injuria y la mayor vergüenza con que puede azotarse a una mujer pura y me siento por ello como ennoblecida y dignificada. Soy, en este momento, como un símbolo de mi Patria. Soy en mi carne la Argentina misma, y los pueblos no piden magnanimidad. En este innoble rincón donde su fantasía conspiradora me ha encerrado, me siento más grande y más fuerte que Ud., que desde la silla donde los grandes hombres gestaron la Nación, dedica sus heroicas energías de militar argentino a asolar hogares respetables y a denigrar e infamar una mujer ante los ojos de sus hijos... y eso que tengo la vaga sospecha de que Ud. debió salir de algún hogar y debió también tener una madre. Pero yo sé bien que ante los verdaderos hombres y ante todos los seres dignos de mi país y del mundo, en este inverosímil asunto de los dos, el degradado y envilecido es Ud. y que usted, por enceguecido que esté, debe saber eso tan bien como yo. General Uriburu, guárdese sus magnanimidades junto a sus iras y sienta cómo, desde este rincón de miseria, le cruzo la cara con todo mi desprecio. Salvadora Medina Onrubia. Cárcel del Buen Pastor, julio 5 de 1931".[28]

La ingratitud con los héroes

El general se tenía confianza y estaba absolutamente convencido de que el radicalismo había muerto. Con esas certezas convocó a eleccio-

---

[28] Delgado, Josefina, *Salvadora, la dueña del diario Crítica*, Buenos Aires, Sudamericana, 2005.

nes en Buenos Aires para el 5 de abril de 1931. Los radicales, que no se consideraban muertos, designaron la fórmula Honorio Pueyrredón-Mario Guido, que triunfará ampliamente aquel domingo contra la fórmula del general por 218.000 votos contra 187.000.

Los 30 mil votos de ventaja obtenidos por los radicales golpearon de muerte las ilusiones del general, que, como buen dictador y mal perdedor, decidió anular las elecciones y suspender las programadas para aquel año.

Es interesante conocer la opinión del propio Uriburu al respecto:

"...el pueblo es [...] tornadizo. Generalmente no aprecia ni mide el esfuerzo de sus héroes, ni comprenden a tiempo el sacrificio de sus benefactores, ni cree en la sinceridad de sus hombres bien inspirados. Y por el contrario, con una asiduidad dolorosa, exalta las virtudes de quienes las proclaman sin tenerlas o ama, aunque sea sólo transitoriamente, los defectos de quienes le perjudican. El candor del pueblo no tiene límites visibles muchas veces. Posee una rara geometría moral difícil de explicar y difícil también de comprender. Tan pronto hace héroes, mártires o tiranos. [...] Una de sus más reproducidas características es la ingratitud".[29]

Golpeando al golpista

A tres meses del golpe, el 31 de diciembre de 1930, un grupo de suboficiales se sublevó en Córdoba. Hubo señales de solidaridad en unidades de Buenos Aires, San Luis, Santa Fe, Mendoza, Jujuy, Salta y Tucumán. El movimiento fracasó al igual que el iniciado en febrero de 1931 por el general Severo Toranzo, quien marchó exiliado a Montevideo, desde donde le dirigió esta notable carta al dictador el 20 de febrero de 1932:

"...La carrera militar de Ud. constituye el más acabado ejemplo del favoritismo, sin cuyo concurso no habría Ud. llegado nunca ni a capitán. Pero, sobrino de un presidente y beneficiario directo por su matrimonio de las ganancias de Puerto Madero, le fue fácil conseguir, mediante halagos y convites sociales, lo que nunca hubiera podido obtener por sus virtudes y capacidades profesionales. Poste-

[29] Espigares Moreno, José María, *op. cit.*

riormente, cuando perdió la fortuna del matrimonio, Ud. se dedicó a la usura y a la coima. Ejemplos típicos de la suciedad de sus 'negocios', que me exime de detallarlos, es su íntima vinculación con el Banco de Finanzas y Mandatos y su participación en el peculado de la yerba mate. Simulando patriotismo, Ud. es, en realidad, un agente venal de turbios intereses extranjeros".[30]

El 20 de julio se produce en el Litoral el levantamiento del coronel radical Gregorio Pomar. Este se propone expulsar a Uriburu y entregar el poder a la Corte Suprema. Fue el movimiento más serio e influyó notablemente en la derrota del proyecto de Uriburu y en la convocatoria a elecciones presidenciales para el 8 de noviembre de ese año.

No me dejen solo

El general presidente se fue quedando solo, antiguos aliados y compañeros de conspiración comenzaron a darle la espalda:

"En el curso de pocos meses —afirma Ernesto Palacio— había yo probado la esperanza y las zozobras de la conspiración, la euforia del triunfo, la responsabilidad y el goce del poder en una ínsula provincial, y muy pronto el desengaño de los hombres a quienes ayudé a encumbrar. Me sentía culpable de haber participado, por inexperiencia y por una suerte de fatalidad inherente a mi posición y mis vinculaciones, en una empresa cuyo carácter maléfico se me hacía cada día más patente".[31]

Marcelo T. de Alvear y Uriburu

El triunfo radical alentó al ex presidente Alvear a volver al país. Al llegar al puerto, una impresionante manifestación lo aclamó. Una de las primeras actividades de Alvear fue entrevistarse con el dictador, quien le exigió, según su estilo, la depuración del radicalismo.

[30] Carta del general Severo Toranzo a Uriburu fechada en Montevideo el 20 de febrero de 1932, en Horacio N. Casal, *Los años 30*, Buenos Aires, CEAL, 1971.
[31] Palacio, Ernesto, *Catalina, una revolución contra la plutocracia en Roma*, Buenos Aires, Huemul, 1965.

Así lo cuenta el propio general:

"Cuando Alvear vino a verme, bien claro y terminantemente se lo dije: 'Mira, Marcelo. Si vienes con el propósito, como espero, de reorganizar tu partido con los elementos sanos que hay en él, me parece muy bien y no te faltarán garantías para su realización. Pero si esa reorganización piensas hacerla a base del yrigoyenismo crudo, cuenta con que yo me voy a oponer decididamente'. [...] Alvear me dijo que él venía efectivamente a reorganizar el radicalismo pero que como se debía por entero a su partido no podía hacer promesa de exclusión alguna, y que además él lo reorganizaría con elementos que al partido le parecieran necesarios".[32]

Poco después Uriburu vetaría la candidatura de Alvear y su correligionario Adolfo Güemes. El argumento del general, que se aferraba a la ley cuando le convenía, fue que don Marcelo no podía ser candidato porque según la Ley Sáenz Peña debía transcurrir un período presidencial completo entre un mandato y la reelección, e Yrigoyen no había terminado su mandato. El general omitía decir que no lo había terminado porque él lo había derrocado. Pero al general no le entraban las balas y proclamaba a quien quisiera escucharlo:

"...Puedo asegurarle que pudiéndolo haber hecho, yo no he amasado candidaturas. Es verdad que veté la candidatura de Alvear porque creí y sigo creyendo que no estaba en condiciones constitucionales [...] Puedo decirle, eso sí, que de estas restantes, la candidatura más seria, en mi concepto, fue la del general Justo. Un hombre desvinculado de la política, sano y bien intencionado. Mi gobierno y yo no le hemos estorbado en sus campañas electorales; pero tampoco lo hemos ayudado".[33]

Con el radicalismo proscripto quedaba allanado el camino para el candidato del régimen, el general Agustín P. Justo, que de inmediato recibió el apoyo del conservador Partido Demócrata Nacional —que no tenía nada de demócrata ni mucho menos de nacional—, del Partido Socialista Independiente, que tampoco tenía nada de socialista ni mucho menos

---

[32] Espigares Moreno, José María, *op. cit.*
[33] *Idem.*

de independiente, y de la UCR Antipersonalista. Esta mezcla de fuerzas "democráticas", que vergonzosamente aceptaron participar de una elección amañada, en la que el principal partido opositor estaba proscripto, formaron la Concordancia y proclamaron la fórmula Agustín P. Justo-Julio A. Roca (hijo). El radicalismo, a través de la pluma de Ricardo Rojas, fija su posición:

"De un lado la oligarquía gozadora, del otro el pueblo sufridor; de un lado el exitismo, del otro la esperanza, y con nosotros la voluntad resuelta a seguir combatiendo por los ideales de nuestra nacionalidad. En la iniquidad que denunciamos, el radicalismo se exalta y purifica como un leño en su llama. La prueba a que se nos somete es nuestra justificación ante la historia. La Unión Cívica Radical no vive de anécdotas electorales ni de días burocráticos, sino de ideales heroicos y de lustros históricos. Nuestro es el porvenir, porque la juventud y el pueblo están con nosotros".[34]

El fraude patriótico

Como el todo el mundo sabía, el 8 de noviembre de 1931 en un simulacro de elecciones, con un fraude escandaloso, la oposición encarcelada, acallada y perseguida y con la Ley Sáenz Peña convertida en letra muerta, el general Agustín P. Justo fue "electo" presidente de la República imponiéndose al binomio Lisandro de la Torre - Nicolás Repetto.

Esta es la crónica del día del comicio hecha por el diario socialista *La Vanguardia*:

"Libres de todo control los presidentes cumplieron 'lealmente' las órdenes recibidas: suprimieron el cuarto oscuro; obligaron a declarar por quién votaba el elector, y cuando éste se negaba a complacerlos le devolvían la libreta con la palabra 'votó', colocando ellos mismos en la urna la boleta oficial. [...] En su afán de 'superarse' y 'robar' la elección, [los presidentes de mesa] sumaron en algunos casos todos los sobres enviados por la Junta Electoral, poniendo dentro otras tantas boletas oficiales. Pero los sobres se envían siempre con exceso, calculando que puedan inutilizarse algunos en cada mesa. La anulación de 91 mesas en Buenos Aires por diferencia en

---

[34] Luna, Félix, *Yrigoyen, op. cit.*

el número de sobres contenidos en la urna comparados con los que
corresponden al comicio, da la medida del fraude y del vuelco evidente de los padrones. Ha sido tanta la torpeza de los presidentes
sin escrúpulos que luego de meter 300 votos en la urna, recién leye-
ron que en la mesa sólo votaban 260 o 280".[35]

Así terminaba la dictadura de Uriburu y comenzaba el gobierno fraudulento de su colega Justo. Los generales se vanagloriaban del resultado electoral y no tenían ningún problema en admitir que habían hecho
fraude, pero un "fraude patriótico", porque se hacía para salvar a la patria
de la chusma radical.

El gran pensador Deodoro Roca analizaba visionariamente el nuevo
rol del Ejército después del golpe uriburista:

"El Ejército, propiamente, no gobernará; pero no se podrá ya prescindir de él en nuestra vida política. Y se corromperá cada vez más.
Y servirá —quién sabe hasta cuándo— para los peores menesteres.
En vez de servir a los fines democráticos que justificaron su creación, en vez de ser una fuerza organizada para defender la integri-
dad de la patria y el afianzamiento de su libertad con los valores de
civilidad y justicia que sólo ella puede asegurar, será —cada vez más—
en lo exterior un peligro, y en lo interior un instrumento de opre-
sión, amparo del privilegio y de la iniquidad".[36]

El mismo día en que dejaba la Casa Rosada, el dictador le decía a un
periodista de *La Razón*: *"Nadie puede imaginarse, sino en forma puramente fragmentaria, cómo hallamos esto al hacernos cargo del gobierno. ¡Un verdadero desastre!"*[37]

Pero todos, más que imaginarse, comenzaron a comprobar en carne
propia cómo había dejado el país el general "patriota", el desastre que nos
dejaban los "salvadores de la patria".

[35] *La Vanguardia*, Buenos Aires, 16 de septiembre de 1931.
[36] Roca, Deodoro, *El difícil tiempo nuevo*, Buenos Aires, Lautaro, 1956.
[37] Espigares Moreno, José María, *op.cit.*

Don Lisandro de la Torre, el fiscal de la República conservadora

"¡Lisandro de la Torre, viejo macanudo, te evoco para que nos asistas con la presencia de tu recuerdo! Nuestra lucha es aún más ardua, porque no tenemos ni tu prestigio, ni tu elocuencia, ni tu experiencia; ni tu barbita consular, ni tu inteligencia, ni tus inmunidades parlamentarias. Te evoco para que no nos hurten tu figura los enemigos de la patria y estés, como debes estar, incrédulo santo laico, sentado a la diestra de la verdad ciudadana".

RAÚL SCALABRINI ORTIZ

No todo era infame en aquella década del 30. Había millones de argentinos honestos que buscaban desesperadamente un lugar bajo el sol, un puesto de trabajo en medio de la opulencia de una oligarquía que lejos de bajar su nivel de vida lo mantenía y mejoraba, aprovechando las "ventajas" de la crisis. Épocas de grandes negociados, de sinvergüenzas que proclamaban la moral y las buenas costumbres, de damas de beneficencia casadas con maridos de maledicencia que hacían todo lo posible para aumentar la miseria que daba sentido a la encomiada labor de sus "benéficas" damas. En aquel panorama desolador y como en toda la historia argentina, no se dejó de luchar. El movimiento obrero duramente golpeado, perseguido y torturado, se fue recomponiendo, y la clase trabajadora volvió a hacer sentir su voz con renovada energía. Algunos hombres públicos, como don Lisandro de la Torre, se plantaron frente a un poder que parecía no tener fisuras y denunciaron la podredumbre de aquella oligarquía ganadera que pretendía seguir manejando el país como si fuera una estancia. Vamos a contar la historia de un hombre digno, no exento de contradicciones, que se transformó en una de las molestias más insoportables para aquellos gobiernos infames.

Cuestión de nombre

Lisandro de la Torre nació en Rosario el 6 de diciembre de 1868. Su casa estaba ubicada en la calle Córdoba entre Progreso (hoy Mitre) y Libertad (Sarmiento). Su padre, don Lisandro, había comenzado a amasar una fortuna como comerciante que consolidó como estanciero. El hijo estudió en Rosario y, al egresar del Colegio Nacional, se mudó a Buenos Aires para estudiar derecho. A los veinte años se graduó como abogado con su tesis sobre el gobierno municipal y regresó a Rosario, donde tomó contacto con los círculos opositores a la política del unicato de Juárez Celman que confluirían en la formación de la Unión Cívica en 1889.[1]

El revolucionario

En 1889 se trasladó a la Capital, donde estudió medicina en la Universidad de Buenos Aires. Pero pronto abandonó sus estudios: en julio de 1890 participó activamente junto al sector de Leandro N. Alem en la Revolución del Parque. Tras la derrota de la revolución, Lisandro apoyó a Alem, participó en 1891 en la conformación de la Unión Cívica Radical y sería el referente del nuevo partido en la provincia de Santa Fe. Durante la revolución radical de 1893, el alzamiento de los hombres de Alem contra el fraude y la corrupción del régimen, Lisandro sería el ministro de Gobierno de las autoridades revolucionarias en su provincia natal. Junto a un grupo de correligionarios se apoderó de la jefatura de policía de Rosario y avanzó con sus fuerzas, incrementadas por el apoyo popular hacia la capital de la provincia, donde se llegó a proclamar a don Leandro como presidente del nuevo gobierno revolucionario. Sin embargo, en el resto de las provincias sublevadas los revolucionarios fueron siendo derrotados y, al quedar aislados, los radicales de Santa Fe debieron deponer su actitud.

Al respecto comentará Lisandro:

> "Jamás he visto dirección más absoluta ni obra más personal. Él decide, él ordena, él hace. Él deshace. Es presidente, tesorero y secretario a la vez. Sólo se rodea de hombres que le obedecen y que maneja a su

[1] Ver *Los mitos de la historia argentina 2*.

albedrío. Las luchas intestinas en aquella junta revolucionaria desde fines de 1891 hasta su dispersión en el mes de marzo de 1893, cuántos dolores y cuántas lágrimas precursoras de la tragedia arrancaron al doctor Alem. El hombre que acechaba el fracaso y el derrumbe del doctor Alem era Hipólito Yrigoyen, su sobrino, podría decirse su hijo.[2]

Lisandro vs. Hipólito

El espíritu siempre inquieto y cuestionador de Lisandro lo llevó a preguntarse si habían empleado el método correcto. Como necesitaba tiempo para escribir y pensar, se retiró a administrar un campo que le regaló su padre. Pero el retiro voluntario le duró poco. A fines de 1895, Aristóbulo del Valle, el otro referente de los cívicos, lo convocó a Buenos Aires para dirigir un nuevo periódico, *El Argentino*, destinado a levantar un movimiento electoral contra la candidatura de Roca. Lisandro encaró con entusiasmo esta tarea. Pero en enero de 1896 murió Del Valle y en julio se suicidó Alem. El radicalismo quedó acéfalo. Lisandro propuso una alianza con los mitristas para derrotar a Roca, pero se encontró con la firme oposición del nuevo líder radical, Hipólito Yrigoyen, y decidió apartarse de las filas radicales en estos términos: *"El Partido Radical ha tenido en su seno una actitud hostil y perturbadora, la del señor Yrigoyen, influencia oculta y perseverante que ha operado por lo mismo antes y después de la muerte del doctor Alem, que destruye en estos instantes la gran política de la coalición, anteponiendo a los intereses del país y los intereses del partido, sentimientos pequeños e inconfesables."*[3]

Su indignación con la política de Yrigoyen lo llevó a retar a duelo al sobrino de Alem. Don Hipólito no sabía esgrima y contrató a un profesor para la ocasión. Lisandro, en cambio, era un experto, pero debió tomar lecciones para poder aprovechar los centímetros de diferencia del largo de su brazo. El duelo se concretó el 6 de septiembre de 1897 y duró más de media hora, pero el resultado fue paradójico: Lisandro presentó heridas en la cabeza, en las mejillas, en la nariz y en el antebrazo, mientras que Yrigoyen resultó ileso. A partir de entonces Lisandro comenzaría a usar su barba rala para disimular las marcas de aquella disputa con don Hipólito.

---

[2] De la Torre, Lisandro, "Páginas de historia", en *La Nación*, 24 de junio de 1919.
[3] De la Torre, Lisandro, *Obras completas*, Buenos Aires, Américalee, 1957.

La Liga del Sur

Tras el duelo y la ruptura con la nueva conducción radical, Lisandro volvió a Rosario y fundó un nuevo diario, *La República*, desde donde expuso sus ideas, que cada vez se distanciaban más de las de Yrigoyen. Lisandro fue abriendo un nuevo espacio político a la derecha del socialismo y a la izquierda de los conservadores, que se plasmaría en 1908 en la conformación de un nuevo partido político: la Liga del Sur. El movimiento surgía para defender los intereses de los departamentos sureños de la provincia de Santa Fe, olvidados por los sucesivos gobiernos provinciales. Lisandro pronunció un enérgico discurso en el acto de proclamación de "la Liga", definiéndola como

> "un acto de protesta y de defensa propia contra la absorción irritante y expresión de fe en las propias actitudes para realizar los fines del gobierno libre, así surge a la escena esta poderosa agrupación popular. La Liga del Sur no es la liga del sur contra el norte; la Liga del Sur es la concentración de voluntades de los habitantes del sur en defensa de su autonomía y en contra del localismo absorbente de la ciudad capital. Mañana podrá existir la Liga del Norte con la misma bandera".[4]

A poco de fundada, la Liga comenzó a crecer, incorporando a sus filas figuras influyentes de la provincia, como el doctor Ovidio Lagos, director del diario *La Capital* de Rosario.

La Ley Sáenz Peña, de sufragio universal, secreto y obligatorio, que ponía fin a décadas de fraude electoral, fue sancionada el 10 de febrero de 1912 y aplicada por primera vez en todo el país en las elecciones de gobernador y diputados nacionales en Santa Fe, en abril de ese año. Lisandro fue electo diputado nacional por la Liga del Sur, y como tal hizo oír su voz en todos los debates decisivos, lo que proyectó su figura a nivel nacional; también presentó numerosos proyectos de ley, entre los que se destacaron el que solicitaba la adquisición de tierras por el Estado para distribuirlas entre pequeños y medianos productores y el que dio origen a la fundación de la Facultad de Ingeniería de Rosario.

---

[4] De la Torre, Lisandro, *Obras completas, op. cit.*

El negociado de la construcción del Congreso Nacional

En 1913 el Partido Socialista denunció públicamente un escandaloso acto de corrupción que involucraba a ministros y legisladores. Se trataba nada más ni nada menos que de los exorbitantes sobreprecios pagados para la construcción del edificio del Congreso de la Nación. El diputado Alfredo Palacios logró que se conformara una comisión investigadora que quedó integrada por el propio diputado socialista, por Lisandro de la Torre, Julio Sánchez Viamonte, Francisco Oliver y Délfor Del Valle. Palacios no se andaba con vueltas y declaró: *"Aquí se ha realizado un 'negotium'. Y conste que empleo esta palabra como eufemismo, pues la verdadera calificación está en la conciencia y en los labios de todo el pueblo... Necesitamos saber quiénes son los delincuentes para aplicar el rigor de la ley"*.[5]

La comisión dirigida por Palacios y De la Torre designó a dos peritos técnicos para que averiguaran cómo había sido posible que de un presupuesto original de $ 5.776.746,45 moneda nacional, se pasara a 25.117.745,35 en apenas siete años, en épocas de muy baja inflación. Los técnicos nombrados por la comisión, ingenieros Miguel Estrada y Jorge Dobranich, concluyeron que las irregularidades eran indisimulables. Lisandro, en poder del lapidario informe, pidió que se suspendieran los pagos a las empresas contratistas, ya que se pudo constatar que la cuadruplicación de costos entre el presupuesto original y el final se debía a irregularidades atribuibles a la estrecha relación de las empresas y funcionarios gubernamentales. Decía Lisandro en su dictamen de comisión: *"El Palacio del Congreso no ha sido ni certificado por la Dirección de Arquitectura ni por los inspectores ni por persona alguna que haya representado los intereses de la nación; ha sido medido y certificado por el empresario mismo de acuerdo a sus conveniencias. El Ministerio de Obras Públicas mandaba pagar los certificados: ésa era toda su misión"*.[6]

El diputado Palacios aportó un invalorable documento dirigido al Ministerio de Obras Públicas por el contratista el 31 de diciembre de 1907, donde abriendo el paraguas decía: *"Las mediciones se llevan con extrema exactitud y forman en la actualidad un conjunto de más de 30*

---

[5] Palacios, Alfredo, *La justicia social*, Buenos Aires, Claridad, 1954.
[6] *Idem.*

volúmenes con sus correspondientes planos, lo que permite a cualquier técnico y en cualquier tiempo darse cuenta de los métodos seguidos, de la corrección de las medidas y de la aplicación de los precios unitarios".[7] En pocas palabras, el contratista se decía a sí mismo y le decía al ministro que había hecho las cosas bien y que podían seguir gozando para siempre de la deliciosa impunidad. Pero ahí no terminaba la cosa. Uno de los contratistas llamado a declarar dijo sin ruborizarse, según consta en la versión taquigráfica del 14 de septiembre de 1914: *"...que si él va a medir una cosa y de un extremo se le tira la cinta, tiene que haber enormes diferencias".* Todos nos imaginamos quiénes tiraban de la cinta de hacer dinero. Finalmente el empresario hizo uso de la "obediencia debida" declarando ante los parlamentarios *que carecía en absoluto de atribuciones y que siempre procedió como un soldado obedeciendo las instrucciones de sus superiores".*[8]

La comisión envió todos los elementos de juicio al Poder Ejecutivo, que no hizo nada al respecto, salvo pagarle puntualmente a los contratistas denunciados por Palacios y De la Torre.

Demócrata y Progresista

Se acercaban las elecciones nacionales de 1916 y todo parecía indicar que el triunfo sería para los radicales. De la Torre se propuso crear una alternativa política. Así nació el Partido Demócrata Progresista, que quedó constituido en un acto en el Hotel Savoy de Buenos Aires el 14 de diciembre de 1914. Dijo entonces: *"Después de la disolución de los antiguos partidos, participamos del deseo general de crear uno nuevo, no para que haga vivir situaciones y partidos del pasado, sino que inspirados en la alta tradición del espíritu argentino, pueda armonizar con las exigencias presentes y futuras de nuestra sociedad, todo lo que debe ser conservado como vínculo de solidaridad entre las anteriores y las nuevas generaciones."*[9] Y agregaba en clara alusión a la falta de experiencia en la administración pública de sus adversarios radicales *"Queremos que ocupen los principales puestos nacionales ciudadanos que hayan dado pruebas suficientes de aptitud para realizar los anhelos per-*

[7] *Idem.*
[8] *Idem.*
[9] De la Torre, Lisandro, *Obras completas, op. cit.*

*manentes de orden institucional, de progreso económico, de continui-
dad en la labor de cultura moral e intelectual, fundados a costa de tantos sacrificios de las generaciones anteriores".*[10]

La convención nacional del PDP eligió a Lisandro de la Torre como candidato a presidente para las anheladas elecciones de 1916. Su compañero de fórmula fue el entrerriano Alejandro Carbó, de amplia labor en el terreno educativo, que provenía de las filas del Partido Autonomista Nacional. El nuevo partido cerró su campaña en el histórico local del Frontón Buenos Aires, donde se realizó allá por 1889 la primera reunión pública de la Unión Cívica. Lisandro confiaba en lograr el apoyo de las fuerzas conservadoras, pero éstas desconfiaban de él por su paso por el radicalismo y su amistad con Alem. Tanto el decisivo Partido Conservador de la Provincia de Buenos Aires como el presidente Victorino de la Plaza le negaron su adhesión. Lisandro dijo entonces: *"Yo pertenezco al número de los que creen en los programas y porque creo en los programas prefiero, a las reformas promovidas a veces aisladamente por un hombre superior que llega al gobierno, la obra integral de un partido, iniciada en la propaganda doctrinaria, proseguida en el recinto parlamentario".*[11] Para los que todavía dudaban, aclaraba: *"El Partido Demócrata Progresista entiende constituir un partido democrático, más reformista que el Radical, y por eso en vez de regir la definición de sus ideas, aspira a empeñar la lucha en ese terreno, oponiendo al programa radical, estrecho, impreciso y falseado en la práctica, un programa claro, abonado por la honradez de la actuación..."*[12]

El triunfo sería para la fórmula radical encabezada por su viejo adversario, Hipólito Yrigoyen, y Pelagio Luna. El radicalismo llegaba al gobierno y se iniciaba una nueva etapa en la vida política argentina.

De la Torre explica en una carta los motivos del fracaso electoral:

"Las clases media y proletaria no se conforman con quedar libradas a los beneficios que puedan derivarse del 'bienestar general'. Quieren saber concretamente qué propósitos tienen los partidos políti-

---

[10] *Idem.*

[11] Colección Grandes Protagonistas de la Historia Argentina, dirigida por Félix Luna, *Lisandro de la Torre*, Buenos Aires, Planeta, 2004.

[12] En Pedro Siegler, *Lisandro de la Torre y los problemas de su época*, Buenos Aires, CEAL, 1984.

cos sobre las cuestiones que a ellas les interesan: participación de los obreros en las utilidades de las fábricas, limitación de las grandes ganancias y de las grandes fortunas, pensiones a la vejez, seguro de desocupación y otros puntos semejantes. No caben ya equívocos sobre las cuestiones sociales y del trabajo, por más que los conservadores argentinos no lo comprendan todavía".[13]

La incapacidad de las fuerzas conservadoras de articular un partido político moderno e integrado a la problemática nacional tendrá nefastas consecuencias. Estos sectores se irán apartando de la política institucional y acercando cada vez más a la vía autoritaria de acceso al poder a través del golpe de Estado.

Lisandro seguía apostando por la democracia política y social, por eso bregaba por temas claves como la distribución y explotación equitativa de la tierra, como lo hizo en un célebre discurso pronunciado en Casilda (Santa Fe) en 1919:

"La reforma agraria fundada en la extinción de los latifundios centrales no es sólo un mandato de la democracia, es una necesidad imperiosa de nuestra propia producción combatida por los factores que he enumerado, y, si analizamos los demás problemas políticos, sociales y fiscales que habrán de encararse y resolverse en tiempos próximos el problema agrario, en su concepto concreto, la tierra para los agricultores, es el de más fácil solución".[14]

Una constitución progresista y un gobernador conservador

El 3 de octubre de 1920 el pueblo de Santa Fe eligió a los constituyentes con el objetivo de reformar la Constitución provincial de Santa Fe. Los radicales obtuvieron 36 convencionales y los demócratas progresistas 24. Tras casi un año de labor, el 13 de agosto de 1921 fue sancionada una nueva Constitución que fue aprobada por los diputados provinciales el 21 de diciembre. La nueva Carta Magna era una de las más avanzadas y progresistas de la época. Se eliminaba a la religión católica como credo del Estado, se disponía que la enseñanza fuese gra-

[13] En Bernardo González Arrili, *Historia argentina*, Buenos Aires, Danar, 1964.
[14] En Molinas, F. Ricardo, y Barberis, F. Santiago, *El Partido Demócrata Progresista*, Buenos Aires, CEAL, 1984.

tuita, integral y laica. Un capítulo especial estaba dedicado a garantizar los derechos laborales. Establecía la autonomía del Poder Legislativo para abrir por su cuenta las sesiones y prorrogarlas; ampliaba el derecho de investigación parlamentaria; los jueces eran declarados inamovibles; suspendía el secreto del sumario; disponía la descentralización judicial y la extensión de las facultades de las municipalidades en los órdenes administrativo y rentístico; abolía los impuestos sobre los artículos de primera necesidad; sancionaba la inamovilidad de los empleados públicos; creaba impuestos al latifundio, al ausentismo de los terratenientes y al mayor valor del suelo; prohibía en la provincia las loterías y los juegos de azar. También suprimía el requisito de pertenecer a la religión católica para ser gobernador y vicegobernador, y la fórmula del juramento al asumir los cargos, reemplazada por una simple promesa de cumplir con la Constitución y las leyes. Creaba la Corte Suprema de Justicia y un jury de enjuiciamiento para los magistrados, cada distrito rural podría elegir por voto a las autoridades policiales, de la justicia de paz y del consejo escolar; establecía una nueva ley electoral que permitía la representación de las minorías; reformaba el sistema tributario sobre la base de hacer libre al trabajo y establecía la separación de la Iglesia y el Estado.

Todo esto era demasiado para los conservadores, los sectores católicos ultramontanos y hasta para el propio caudillo Yrigoyen, que tras entrevistarse con el mismísimo nuncio apostólico acompañó al gobernador de la provincia, el radical alvearista Enrique Mosca[15] en su decisión de rechazar todo lo actuado por la convención. A través de un decreto, Mosca declaró nulas las sesiones y reformas constitucionales operadas después del 15 de junio de 1921. El argumento, o más bien la coartada, de don Mosca era que la Convención Provincial se había excedido en el tiempo fijado por la ley para la sanción de un nuevo texto.

De la Torre no se iba a quedar callado frente a semejante atropello a la democracia y según su costumbre y sin pelos en la lengua denunció a los responsables:

"La generalidad se rinde entre nosotros ante el hecho consumado y como en un caso como éste, la fuerza que avasalla el derecho es el resultado de connivencias políticas de factores muy poderosos, el

---

[15] Futuro candidato a vicepresidente por la Unión Democrática en 1946 y contrincante de Perón.

presidente de la República, el gobernador de una provincia, el clero
católico, representantes de los más diversos intereses ultraconserva-
dores y antidemocráticos de la sociedad. [...] Acuso al gobernador
de Santa Fe del vicio de hipocresía por haber desconocido en diversas formas y en distintas oportunidades; lo acuso de haber invadido
la esfera de acción de otros poderes de la provincia, avasallando sus
prerrogativas y haciéndole imponer su opinión por la fuerza, lo
acuso de haber alterado la forma representativa de gobierno de su
provincia, y lo acuso por último, de haber violado los fueros de la
Honorable Cámara.[16] [Y por si a alguien le quedaba alguna duda
remató:] Yo que nunca creí en el peligro clerical, ni en la necesidad
de precaverlo; yo que aspiraba ingenuamente a que cada cual cre-
yera en lo que su conciencia le dictase; hoy, alarmado, angustiado
ante una conjura de intereses clericales que pretenden, con menti-
ras y tergiversaciones, destruir la Constitución de mi provincia, reconozco que he estado en un error; que el clericalismo es un peligro
para nuestras libertades... Esto lo pongo ante los ojos de la Cámara; ¡una Constitución argentina está en peligro de ser anulada por
una conjuración clerical!"[17]

En las elecciones de 1922 se produjo el recambio radical: Marcelo
Torcuato de Alvear reemplazó a Hipólito Yrigoyen. Llegaba al gobierno
el sector más conservador del radicalismo. Lisandro fue electo nuevamente diputado nacional y desde su banca promovería proyectos de ley
para fomentar las cooperativas ganaderas y de expropiación de frigoríficos extranjeros.

En 1926, en vísperas de terminar su mandato legislativo, desanima-
do y sintiéndose muy solo con sus ideas, Lisandro anunció su retiro definitivo de la política. Se fue a vivir a su estancia de Las Pinas en el lími-
te de Córdoba con La Rioja.

Lisandro y Uriburu

En agosto de 1930, en vísperas del golpe que se preparaba de viva
voz, Lisandro llegó a Buenos Aires. Muchos de sus conocidos estaban

---

[16] En Héctor Vimo, *Tres políticos argentinos: Lisandro de la Torre, Luciano Molinas, Enzo Bordabehere.*
[17] En Pedro Siegler, *op. cit.*

implicados en la "revolución". De la Torre era un férreo opositor de Yrigoyen, pero advirtió todavía el 27 de agosto de 1930 en un acto en el Teatro Nuevo: *"Votos sí, armas no. Yrigoyen ha llegado por el voto popular y por el voto popular debe irse. Entre tanto, ni pronunciamientos, ni cuartelazos".*[18] Producido el golpe, concurrió a la casa de gobierno a visitar a su viejo compañero de la revolución del 90, el ahora golpista Uriburu, quien le pidió su participación activa en el gobierno "revolucionario" y le dio a elegir entre la Presidencia de la República y el Ministerio del Interior. Lisandro rechazó de plano el ofrecimiento: *"No obstante nuestra vieja amistad; no obstante mi confianza en la honradez de sus propósitos, y no obstante mi inconfundible situación de opositor al gobierno, decliné el ofrecimiento de colaboración porque su aceptación, aparte de contraria a mis ideas democráticas, me habría distanciado de mis amigos políticos demócrata progresistas, enemigos de los pronunciamientos y de las dictaduras."*

Tiempo más tarde dirá: *"El general [Uriburu] desconfía de la capacidad del pueblo para gobernarse, no cree en la elevación moral de los hombres políticos y atribuye a las instituciones libres vicios orgánicos que las conducen a la demagogia. Yo creo exclusivamente en el gobierno de la opinión pública [...] Si a la multitud revolucionaria se le hubiese dicho que la revolución engendraría el gobierno absoluto, irresponsable e interminable [...] la multitud [...] hubiera repudiado también la revolución".*[19]

La fórmula del pueblo

Lisandro prefiere retomar el contacto con sus viejos compañeros de ideas y con la dirigencia del Partido Socialista. De estas reuniones surgió la Alianza Demócrata Socialista, que llevaría a las elecciones nacionales del 8 de noviembre de 1931 la fórmula Lisandro De la Torre - Nicolás Repetto, que enfrentaría al oficialismo representado por el binomio Agustín P. Justo - Julio A. Roca (hijo). El programa de la Alianza contemplaba las aspiraciones de las clases media y obrera en una época de crisis mundial y creciente desocupación y se adelantaba en sus postulados al New Deal llevado adelante a partir de 1933 por el presidente Fran-

[18] Molinas y Barberis, *op. cit.*
[19] González Arrili, *op. cit.*

klin Delano Roosevelt en los Estados Unidos, base del Estado benefactor que florecería en distintas partes del mundo entre las décadas del 30 y del 40. La plataforma electoral incluía el fomento y desarrollo del cooperativismo, el aumento gradual de los salarios, un fuerte impulso a la legislación laboral, el otorgamiento de los derechos civiles y políticos a la mujer y la anhelada y necesaria reforma agraria.

La Iglesia católica argentina prohibió a sus feligreses votar por partidos que en su plataforma contuvieran programas de laicismo escolar, divorcio vincular y separación de la Iglesia del Estado, o sea les prohibió votar a la Alianza Demócrata Socialista. A Lisandro no se le escapaba que el régimen preparaba un fraude escandaloso y advirtió: *"La elección dirá la última palabra. Con el triunfo de la legalidad podría comenzarse la obra reparadora que exigen los inmensos intereses afectados por la desconfianza actual. Con el triunfo del fraude se abrirá una época de inquietudes capaz de llevar la República a la anarquía. El gobierno provisional no lo ignora, y suya será la culpa de las tremendas desgracias que pueden sobrevenir".*[20]

El fraude "patriótico"

Como era de esperar, la oligarquía en el poder retomó las viejas prácticas del fraude electoral, al que ahora llaman con clásico cinismo "patriótico", porque según sus ejecutores se practicaba para salvar a la patria del gobierno de la "chusma". El fraude se consumó de manera escandalosa en todo el país. Como en las épocas previas a la Ley Sáenz Peña, volvieron a votar los muertos, se quemaron urnas y se colocaron matones en las mesas de votación. Con estos métodos la fórmula del régimen, Agustín P. Justo - Julio A. Roca (hijo) obtuvo 606.526 votos, y la Alianza, con 487.955, fue derrotada.

El propio Federico Pinedo, futuro funcionario del gobierno electo, describe así aquellas "jornadas cívicas": *"Más bien que elecciones fraudulentas corresponde decir que en esas ocasiones no hubo elecciones, porque nadie pretendió hacer creer que había actos eleccionarios normales en que el pueblo había expresado su opinión. Más que parodia de elecciones hubo en esos casos y en otros parecidos negación osten-*

[20] En Raúl Larra, *Lisandro de la Torre, vida y drama del solitario de Pinas*, Buenos Aires, 1942.

sible y confesa del derecho electoral del pueblo argentino o de una parte de él".[21]

Lisandro, presionado por sus amigos, aceptó ocupar una banca en el Senado de la Nación en representación del Partido Demócrata Progresista que, a pesar del fraude, había logrado imponerse en Santa Fe: resultaron electos Luciano F. Molinas como gobernador e Isidro Carreras como vice.

También en la Capital fue más difícil para el régimen hacer un fraude tan notable. De esta forma el socialismo logró 43 bancas de diputados nacionales y los dos senadores de la Capital: Alfredo Palacios y Mario Bravo.

El Pacto del coloniaje

En agosto de 1932, en Ottawa, Canadá, ante la crisis mundial desatada a fines de octubre de 1929 tras el crack de Wall Street, Inglaterra se reunió con sus colonias y ex colonias de la Comunidad Británica de Naciones[22] para reorganizar su comercio exterior. De la conferencia participaron el Reino Unido, Canadá, Eire, Terranova, Australia, Nueva Zelanda, África del Sur, India, Rhodesia del Sur y Birmania. Allí se firmaron doce acuerdos por los cuales Gran Bretaña, sus colonias y dominios se comprometían a incrementar el comercio dentro del imperio, a establecer y/o aumentar las barreras arancelarias sobre los productos extranjeros y a fijar cuotas máximas para la introducción de esos productos.

En lo que a nosotros concernía, el Reino Unido aplicó lo que se conocía como la "preferencia imperial", es decir adquirir los productos que antes compraba a la Argentina, en Canadá, Australia y Nueva Zelanda. Esto implicaba en un principio una reducción en las compras de unas 100.000 toneladas de carne enfriada.

En los sectores ganaderos exportadores argentinos cundió el pánico: la metrópolis los había abandonado.

---

[21] Pinedo, Federico, *La Argentina en la vorágine*, Buenos Aires, Mundo Forense, 1946.
[22] El Estatuto de Westminster fruto de la Conferencia Imperial de 1930 definía a los dominios como comunidades autónomas en el interior del Imperio Británico, nada subordinadas entre sí en cuanto a sus asuntos internos o externos y unidas por una común fidelidad a la Corona y libremente asociadas en tanto miembros de la Comunidad Británica de Naciones.

Once años antes un fiel representante de los sectores de la burguesía terrateniente, el diputado conservador Marcelo Sánchez Sorondo,
decía en el Congreso: *"Aunque esto moleste a nuestro orgullo nacional,
si queremos defender la vida del país, tenemos que colocarnos en situación de colonia inglesa en materia de carnes. Eso no se puede decir en
la Cámara, pero es la verdad. Digamos a Inglaterra: nosotros les pro-
veeremos a ustedes de carnes; pero ustedes serán los únicos que nos
proveerán de todo lo que necesitamos; si precisamos máquinas ameri-
canas, vendrán de Inglaterra".*[23]

Desde el radicalismo, el diputado Víctor Juan Guillot expresaba su
preocupación por la extrema dependencia argentina de Gran Bretaña:

> "Vivimos subordinados al mercado único, al mercado inglés, y de
> ahí provienen todos los trastornos que periódicamente se dejan sen-
> tir en nuestra producción ganadera. Debido a la existencia de un
> mercado único, cuando una voz resuena en el Reino Unido contra
> la exportación argentina, tiembla toda la economía nacional, y
> puedo agregar algo más, de tal manera está ligada la prosperidad de
> la ganadería con el bienestar de los habitantes del país. Cuando en
> Inglaterra toman medidas contra la importación argentina, esas me-
> didas ciernen una amenaza sobre los sueldos de los empleados y
> sobre los salarios de los obreros argentinos, es decir, suspenden un
> peligro sobre el bienestar popular".[24]

Pero pese a las lúcidas palabras del diputado radical, los sectores
dominantes querían hacerle creer al pueblo que su beneficio era el de la
Nación y que no quedaba más remedio que arrodillarse ante el amo
inglés, incluso había que transformarse en colonia con tal de seguir ven-
diéndole carne. Para esta rancia oligarquía que, como decía Sarmiento,
se había enriquecido mirando parir las vacas, no existían alternativas, ni
abrir otros mercados, ni diversificar la economía, ni muchísimo menos,
mejorar los niveles de vida de la población para expandir el mercado
interno y los niveles de consumo. Para ellos la solución pasaba por viajar a Londres y entregar los resortes de la economía a cambio de mantener la cuota de compra de carne enfriada argentina.

---

[23] En Milcíades Peña, *Masas, caudillos y elites*, Buenos Aires, Fichas, 1971.
[24] En Rodolfo Puiggrós, *Historia crítica de los partidos políticos en Argentina*, tomo
IV, Buenos Aires, Galerna, 2006.

Algunos ingleses no pensaban lo mismo y se mostraban más preocupados que la dirigencia argentina por el vuelco que podría tomar la relación bilateral con un país como la Argentina, en el que tenían invertidos 600 millones de libras, la inversión más importante fuera de Gran Bretaña, 25.000 kilómetros de vías férreas y decenas de empresas laneras, madereras, inmobiliarias, de transporte y frigoríficas.

El gobierno de Justo, fiel representante de los sectores ganaderos exportadores, envió a Londres al vicepresidente Julio A. Roca (hijo) para tratar de llegar a algún acuerdo. El gobierno inglés dejó en claro por todos los medios que no había ninguna invitación oficial. Lejos de ofenderse, las sumisas autoridades argentinas esgrimieron una excusa que fue aceptada "diplomáticamente" por los británicos: el gobierno de Justo dijo que el vicepresidente viajaba para devolver la cortesía de la visita a la Argentina de su majestad el Príncipe de Gales.

La "misión a Londres" estaba integrada por Guillermo Leguizamón, abogado de los ferrocarriles ingleses, el diputado Miguel Ángel Cárcano, Raúl Prebisch, Toribio Ayerza, Aníbal Fernández Beiró, Carlos Brebbia y dos agregados militares.

Hubo una cena de recepción donde Roca dijo sin ruborizarse:

"La geografía política no siempre logra, en nuestros tiempos, imponer sus límites territoriales a la actividad económica de las naciones. El juego encontrado de las necesidades o conveniencias regionales borra o remueve las fronteras. Así ha podido decir un publicista, sin herir su celosa personalidad que la República Argentina, por su interdependencia recíproca es, desde el punto de vista económico, parte integrante del Imperio Británico".[25]

Otro miembro de la delegación, don Guillermo Leguizamón[26], no se quedó atrás, diciendo a su turno que "la Argentina es una de las joyas más preciadas de su graciosa majestad".

Eran guiños a la Corona para que nuestro país semicolonial recibiera el mismo trato que las colonias y dominios británicos.

Finalmente se firmó un tratado con el ministro de comercio británico Sir Walter Runciman. Lo primero que se acordó fue la toma por parte de la Argentina de un nuevo empréstito con la banca inglesa por 13 mi-

---

[25] En Milcíades Peña, *op. cit.*
[26] Guillermo Leguizamón fue nombrado "Sir" por la corona británica.

llones de pesos. Lo interesante es que si bien el firmante, garante y deudor del préstamo fue el Estado argentino, el dinero fue a parar directa y casi íntegramente a las empresas inglesas radicadas en la Argentina. El hecho mereció el certero comentario de Raúl Scalabrini Ortiz: *"Debe destacarse la similitud del empréstito Baring Brothers con este último empréstito de desbloqueo que contrajo nuestro país. Es decir, en ambos casos fueron ganancias internas que se transformaron en deuda externa, presentada a los ojos del gran público como ayuda financiera prestada por Inglaterra para contribuir a nuestro progreso"*.[27]

Por el pacto Roca-Runciman, firmado el 1° de mayo de 1933, Inglaterra sólo se comprometía a seguir comprando carnes argentinas en los mismos volúmenes que en 1932, o sea una 390.000 toneladas (uno de los años de más bajas exportaciones como consecuencia de la crisis), siempre y cuando su precio fuera menor al de los demás proveedores. En cambio la Argentina aceptó concesiones lindantes con la deshonra:

—Liberó los impuestos que pesaban sobre 350 productos ingleses.

—Entregó el 85 % de las ventas de carnes al exterior a frigoríficos ingleses y norteamericanos y "otorgó" el 15 % restante a los frigoríficos argentinos, y aquí aparecía el fino humor inglés, "siempre que no persiguiesen fines de beneficio privado". Suena raro pensar en un empresario nacional o de cualquier parte del mundo que instale un frigorífico pero que no persiga fines de lucro, lo que implicaba que la cláusula, aprobada silenciosamente por la vergonzosa misión argentina, prohibía de hecho la participación de los frigoríficos argentinos en el suculento negocio de la exportación de carnes.

—Se liberaba absolutamente de impuestos la introducción del carbón inglés, lo que implicaba un duro golpe para las incipientes industrias del carbón y el petróleo nacionales.

—La Argentina se comprometía también, y esto no hacía falta ponerlo por escrito, a dar "un trato benévolo" a las inversiones británicas, esto es en criollo, prioridad en cualquier licitación de obras públicas o en compras del Estado. Nada se dice en el texto del acuerdo bilateral sobre la "benevolencia" del Reino Unido para con nosotros.

—Se creó el Banco Central de la República Argentina con funciones tan importantes como la emisión monetaria y la regulación de la tasa de

[27] Scalabrini Ortiz, Raúl, *Política británica en el Río de la Plata*, Buenos Aires, Clarín, 2000.

interés, en cuyo directorio había una importante presencia de funcionarios ingleses.

–Finalmente se le otorgó el monopolio de los transportes de la Capital a una corporación inglesa.

La vigencia del tratado era por tres años, al término de los cuales, fue lógicamente renovado y ratificado por la firma del tratado Eden-Malbrán. Al respecto comentó el influyente periódico *The Economist*:

"La Argentina ha efectuado nuevas concesiones al expandir el mercado argentino para mercaderías británicas y al acceder a una reducción del mercado británico para productos argentinos. Según nos hemos aventurado a predecir la semana pasada, el señor W. Runciman ha regateado todavía mucho más en 1936 que en 1933 [...] Estamos inclinados a inquirir si, cada tres años, otra onza de carne ha de ser exigida a la Argentina [...] ¿Es realmente prudente regatear con un país cuando no tenemos mejor cliente en todo el mundo?"[28]

El gobierno argentino surgido del fraude, es decir nulamente representativo del pueblo de la Nación Argentina, estaba atando la economía nacional al de una potencia decadente que no aportaba nada y se llevaba todo. En la historia de las relaciones internacionales hay pocos antecedentes de un acuerdo bilateral tan desigual y vergonzoso firmado al solo efecto de beneficiar a la minoría de la minoría del país.

Es interesante conocer la opinión sobre el Pacto de uno de los más notables historiadores ingleses que se ha dedicado a la historia de nuestro país:

"Hasta la firma del Pacto Roca-Runciman, la industria argentina de alimentos y materias primas era la más competitiva del mundo. Había demostrado repetidamente su capacidad para superar todas las grandes crisis mediante el aumento de la producción. Pero en 1932 Inglaterra siguió por un camino equivocado y la Argentina se prestó a ello. [...] No es cierto que la Argentina no tuviera alternativas. Si los intereses dominantes del país hubiesen levantado los ojos de la perspectiva inmediata, podrían haber visto las alternativas a lo que de hecho hicieron: una campaña en pos de nuevos mercados; un esfuerzo decidido para atraer capitales a la industria y

---

[28] Nota de *The Economist*, en Guido Di Tella, y Manuel Zymelman, *Las etapas del desarrollo económico argentino*, Buenos Aires, Eudeba, 1966.

para mejorar la infraestructura, con miras a reducir sus costos de producción y abrir el camino a nuevos mercados".[29]

Un debate de carne y sangre

El gobierno de los ganaderos exportadores pensaba que todo quedaría así, que nadie tendría el coraje de enfrentarse a sus "policías bravas" –lo que eufemísticamente quería decir torturadoras–, que frente a semejante poder nadie osaría cuestionar un acuerdo que era presentado por el presidente Justo y su vice Roca como la salvación de la economía argentina. Pero no eran pocos los argentinos de bien que se opusieron a la entrega descarada: el movimiento obrero en su conjunto, la bancada socialista y, por supuesto, don Lisandro. Aquel senador liberal y progresista que se preocupaba por diferenciarse claramente de los auto-denominados liberales argentinos: *'Ustedes son conservadores, clericales, armamentistas, antiobreristas y latifundistas y nosotros somos demócratas progresistas, de un colorido casi radical socialista. Ustedes no son conservadores únicamente de nombre, lo son de espíritu, y no quiero que existan dudas respecto de mis tendencias absolutamente liberales y progresistas".*[30]

El Poder Ejecutivo, como marca la ley cuando se trata de acuerdos con países extranjeros, envió el texto del Pacto Roca Runciman al Congreso para su ratificación. Casi de inmediato comenzaron las reacciones adversas y un fuerte debate en el que los diputados Nicolás Repetto y Julio A. Noble manifestaron su disconformidad.

En septiembre de 1934, De la Torre presentó un proyecto que motivaría el debate de las carnes, uno de los más notables de la historia del parlamento argentino. Propuso la creación de una comisión investigadora para analizar el comercio exterior de carnes, y establecer, entre otros puntos, si los precios que les pagaban los frigoríficos a los productores argentinos guardaban relación con los que obtenían en sus ventas en el exterior. El 8 de septiembre de 1934 sostiene en el parlamento:

---

[29] Ferns, H.S., *La Argentina*, Buenos Aires, Sudamericana, 1973.
[30] En Emilio J. Corbière, "Lisandro de la Torre y la 'década infame'", *Todo Es Historia* N° 150.

"el ministro argentino, señor Duhau, parece el ministro de algunos de los dominios británicos. El ministro de Agricultura sabe perfectamente que los frigoríficos constituyen un monopolio escandaloso; el ministro de Agricultura sabe perfectamente que realizan ganancias ilícitas; el ministro de Agricultura sabe mejor que yo que se quedan con la mitad de los cambios. Esta es obra del monopolio...; pero nunca se ha visto un gobierno como el actual y sobre todo un ministro de Agricultura como el actual, entregado desembozadamente a la tarea de impedir que comience, aunque sea débilmente, la exportación cooperativa. Incumplimiento de leyes; suspensión del cobro de multas; falta de fiscalización en el pago de impuestos, regalo de un 25 por ciento de divisas; tolerancia del apoderamiento de los beneficios en el cambio; ocultación de los bajos precios de compra de los novillos mediante la publicación de estadísticas inexactas; ignorancia igualmente oficial de los precios de venta; persecución a las compañías frigoríficas argentinas; regalo de la cuota del 11 por ciento durante dos años a los frigoríficos del pool extranjero; aceptación de que los argentinos sean inhibidos, que Inglaterra sea dueña de mantener un monopolio sobre la exportación del 85 por ciento de la carne argentina, eligiendo ella los importadores, condición deprimente esta última que no se ha atrevido a imponer ni a sus propios dominios".[31]

De la Torre denunció el acuerdo en el Senado por escandaloso y fue poniendo en jaque a aquel gobierno antipopular surgido del fraude.

"El gobierno inglés le dice al gobierno argentino no le permito que fomente la organización de compañías que le hagan competencia a los frigoríficos extranjeros. En esas condiciones no podría decirse que la Argentina se haya convertido en un dominio británico, porque Inglaterra no se toma la libertad de imponer a los dominios británicos semejantes humillaciones. Los dominios británicos tienen cada uno su cuota de importación de carnes y la administran ellos. La Argentina es la que no podrá administrar su cuota. No sé si después de esto podremos seguir diciendo: "al gran pueblo argentino salud".[32]

---

[31] *Diario de Sesiones de la Honorable Cámara de Senadores*, 8 de septiembre de 1934.
[32] *Idem.*

De carne somos

El enojo de De la Torre, el sano enojo de los justos, se expresaba con bronca en aquella Cámara de Senadores cuyos palcos y galerías se iban llenando de gente del pueblo que seguía con entusiasmo las intervenciones de De la Torre y que agotaban las entradas a las sesiones. Eran los que le iban a hacer el aguante de don Lisandro para que supiera que no estaba solo, que una parte importante del pueblo lo acompañaba y le agradecía que destapara la olla podrida de aquel poder infame. Eran obreros, mujeres del pueblo, militantes políticos y sociales que no podían creer que alguien finalmente les pusiera los puntos a los que estaban vaciando el país para llenar sus bolsillos y sus cuentas bancarias. En aquel contexto decía De la Torre:

> "En ninguna parte del mundo se toleraría una situación semejante. Si en Estados Unidos, en Australia o en África del Sur, empresas extranjeras monopolizaran el comercio de carnes en esta forma, y despojaran a los productores de la mayor parte del fruto de su trabajo, creo, sin temor de exagerar, que verían muy pronto sus establecimientos destruidos. Y en cualquiera de esos países, si un ministro de Agricultura hiciera lo que hace el ministro nacionalista señor Duhau: entregar a los frigoríficos clandestinamente la cuota que por un tratado internacional estaba destinada a los ganaderos argentinos, y mantener esa situación meses y meses, correría serios peligros personales".[33]

Don Lisandro había propuesto y concretado la conformación de una comisión investigadora del comercio de las carnes que quedó integrada por él y por los senadores Serrey y Landaburu. Un baluarte de esta comisión fue el contador Samuel Yasky, un funcionario honrado e insobornable que sería una pieza clave de la investigación.

Yasky comentará años más tarde en un reportaje realizado por Oscar Troncoso para la revista *Panorama*:

> "Trabajar al lado del doctor De la Torre —concluye Yasky— fue una experiencia inolvidable. Pronto aprendí a no equivocarme en el menor detalle, porque con su memoria fotográfica descubría la con-

---

[33] En Juan M. Vigo, *De la Torre contra todos*, Buenos Aires, Editorial Nativa, 1974.

tradicción más insignificante. Y no toleraba inexactitudes. Era inexorable, exigía veracidad y precisión. Ninguno de los otros senadores
de la comisión me pidió nunca dato alguno y se mantuvieron como
espectadores del desarrollo de la tarea. Durante toda la investigación y el debate jamás vi a De la Torre excitado o intranquilo. Iba al
Senado sin cartapacios de papeles ni planillas. Todo lo llevaba en su
prodigiosa memoria, con serenidad pasmosa en medio del fragor del
debate".[34]

La comisión se encontró con todo tipo de trabas. Desde la negativa
lisa y llana de las empresas británicas a abrir su contabilidad hasta la
orden impartida por el ministro de Hacienda, Luis Duhau[35], a la Dirección General de Rentas de no brindarle la más mínima colaboración a
los investigadores. Los frigoríficos Gualeguaychú y Grondona, de capitales argentinos, colaboraron con la comisión y el norteamericano Swift
permitió a regañadientes la labor de los investigadores. Los ingleses estaban habituados a la impunidad más absoluta, así que decidieron no
tomar muy en serio las denuncias de De la Torre, pero por las dudas decidieron contratar a abogados vernáculos con muy buenos contactos en
el "foro", como Horacio Beccar Varela.

El frigorífico Anglo, a través del doctor Beccar Varela, hizo saber que
la comisión investigadora no era bienvenida. Cuando se lo citó a declarar
a Mr. Richard Tootell, el jefe máximo del Anglo, fue bastante escueto, sólo
dijo: *"No tenemos oficinas de costos ni llevamos planillas mensuales de
costo"*. Y concluyó con absoluta sinceridad: *"Yo digo francamente que
nosotros no queremos mostrar los costos privados"*. Su abogado defensor
fue más preciso, como consta en el informe de la comisión:

"...manifestó el letrado (Beccar Varela) que la compañía se allana-
ba a satisfacer el pedido de la comisión por la presión de la fuerza
pública; que no facilitaría en modo alguno el desempeño de la
misión y se limitaría a hacer entrega de los elementos que se le soli-

---

[34] En Oscar Troncoso, serie "Los años 30. El debate de las carnes", *Panorama*, abril
de 1971.
[35] Luis Antonio Duhau y Foullerac nació en 1884. Se graduó como ingeniero en la
UBA. Fue director del Banco de la Nación en 1927, presidente de la Sociedad Rural
entre 1926 y 1928 y ministro de Hacienda del gobierno del general Justo. Dueño de
más de 113.000 hectáreas en la Pampa Húmeda y del palacio más lujoso de la Recoleta, hoy convertido en el hotel más caro del subcontinente manejado por la cadena
Four Seasons. Duhau murió el 19 de abril de 1963.

citaran, a cuyo efecto los contadores serían atendidos por un empleado especial, a fin de evitar que se dirigieran al personal de la compañía; que no podían ser considerados bienvenidos y no se ofrece-
ría ninguna colaboración que excediera los límites expresados; que
si tenían algo que buscar lo hicieran por su cuenta y para ser más
expresivo, agregó: 'que podían buscar lo que les faltara por el suelo
o por los rincones'".[36]

Harto de tanta impunidad, De la Torre pidió y logró el arresto del
empresario inglés como extrema forma de presión, para que éste presentara la documentación solicitada. Estuvo preso varios días hasta que
se comprometió a pedir a la casa central de Londres las planillas. Desde
la capital del imperio contestó uno de los mandamases: Lord Edmundo
Veste, dio "su palabra de caballero inglés" de que la documentación sería
enviada de inmediato a Buenos Aires. Las autoridades locales liberaron
a Tootell pero las planillas del caballero inglés nunca llegaron.

En las bodegas del Norman Star

El doctor Alfredo Palacios había recibido de tres trabajadores del
Frigorífico Anglo la información reservada de que los documentos contables que con tanto afán buscaban se encontraban escondidos en un
barco inglés anclado en el puerto, el *Norman Star*. Ellos habían hecho
la estiba y no tenían ninguna duda de que allí estaba la prueba del delito. Palacios no tardó en pasarle el dato a De la Torre.[37] Hubo que ven-
cer muchas resistencias de poderosos intereses. Los ejecutivos del Anglo
decían que al ingresar por la fuerza en un barco inglés estaban agrediendo al Estado británico, porque el hecho equivalía a allanar una casa
en el territorio de Su Majestad. Pero ni el contador Yasky ni don Lisandro se amilanaron: con la ayuda de la prefectura lograron ingresar al
Norman Star y encontrar en sus bodegas lo que buscaban. Efectivamente, como le habían dicho a Palacios aquellos valientes trabajadores,
los libros contables estaban allí, y lo que era muy grave, estaban ocultos

---

[36] Informe de la Comisión Investigadora del Senado de la Nación, en Horacio N.
Casal, *Los negociados*, Buenos Aires, CEAL, 1971.
[37] Los tres trabajadores fueron amenazados y despedidos inmediatamente por el frigorífico Anglo. Gracias a una gestión del doctor Palacios consiguieron trabajo en YPF.

en cajas de chilled y corned beaf con el sello del Ministerio de Agricultura, cómplice evidente de la maniobra.

La documentación oculta en los cuarenta cajones de "carne enfriada" dejaba claramente comprobada la estafa al Estado nacional por parte de la empresa inglesa y detallaba como gastos empresarios los montos de los sobornos a los funcionarios públicos entre los que había encumbrados nombres del Poder Ejecutivo, y por lo tanto de la "alta sociedad" argentina.

Finalmente, el 27 de mayo de 1935 la comisión presidida por De la Torre presentó su informe, que contenía cuarenta y ocho conclusiones. Allí proponía renegociar el famoso Pacto Roca-Runciman sobre la base de la equidad en las relaciones internacionales, que no excluyera de ninguna manera a los productores nacionales, a los que debería pagársele un precio justo por su ganado. Asimismo, reclamó la intervención mediadora del Estado para evitar las exorbitantes ganancias de los frigoríficos extranjeros y la ruina de los nacionales.

Se decía claramente que existía un total monopolio del comercio de las carnes por parte de los frigoríficos ingleses y estadounidenses. Se dejaba clara constancia de la resistencia de las empresas extranjeras a presentar su contabilidad, lo que a cualquier empresa nacional le hubiera significado severas sanciones.

El propio contador Yasky cuenta con lo que se encontraron en la investigación:

"De ocho compañías investigadas, sólo la Armour había sido fiscalizada y otra, La Negra, estaba en trance de serlo.

La Swift no había efectuado, en el año 1933, la retención del impuesto a los réditos sobre sus dividendos, sin que se diese una explicación satisfactoria, siendo además violatoria de la ley 11.682.

La compañía Anglo declaraba 75.000 pesos nacionales de utilidades anuales, cuando en realidad sus ganancias en los últimos tres años llegaban a pesos m/n. 37.800.000.

La Swift Internacional recibió de su filial La Plata, pesos m/n. 500.000 para pago de impuestos pero dedujo de ellos pesos m/n. 279.000 a efectos de revalúo por pérdidas, violando así nuevamente la ley, ante la presunta ignorancia de las autoridades, quienes inclusive declinaron la facultad de la Dirección de Réditos para hacer la liquidación de impuestos, delegándola en la propia compañía, todo ello avalado por el ministro de Hacienda, permitiendo así una evasión

impositiva, penada por la legislación vigente. Asimismo el frigorífico citado debía al fisco la cantidad de pesos m/n. 135.000".[38]

Con las pruebas en la mano, Lisandro de la Torre daba comienzo a
su notable intervención: acusaría directamente por fraude y evasión
impositiva al frigorífico Anglo y aportaría pruebas irrefutables que comprometían directamente en el negociado a dos ministros del general presidente Agustín P. Justo: Federico Pinedo, de Hacienda, y Luis Duhau,
de Agricultura.

Así describía el diario socialista *La Vanguardia* el valor de las denuncias de Lisandro:

"El senador De la Torre ha demostrado en su informe que el comercio de carnes enfriadas está monopolizado por un trust de frigoríficos extranjeros que operan en el país con la protección oficial del
gobierno inglés y la complaciente tolerancia del gobierno argentino.
Es un trust que gana sumas fantásticas. En el caso del frigorífico
Swift, se sabe que con un capital de 45 millones de pesos ha ganado en cinco años 91 millones de pesos. Es un trust que defrauda a
la Dirección de Impuesto a los Réditos, pues en el caso del frigorífico nombrado, la compañía Swift Internacional ha compensado las
pérdidas de sus filiales de Australia, Nueva Zelanda y Río Grande,
con las ganancias obtenidas por la filial argentina, sustrayéndose
esas sumas de las ganancias efectivas y reduciendo el pago del
impuesto a los réditos; todo ello con la complacencia del Ministerio
de Hacienda.
[...] Pero donde el senador De la Torre hirió de muerte a uno de los
ministros acusados, es al referirse a los ganaderos tratados con guan-
te blanco por los frigoríficos. De las palabras del legislador santafe-
sino se desprende que el ministro de Agricultura y sus parientes reciben de parte de los frigoríficos un trato excepcional. Sus novillos son
clasificados para un destino que no tienen en la realidad y que es
favorable para los vendedores; mientras en casi todas las demás
compras los frigoríficos clasifican la hacienda dándole un destino
también distinto al que luego tienen, pero esta vez desfavorable para
el vendedor. [...] El senador santafecino fue, en esta parte de su
exposición, tan preciso y categórico, y dio tal cantidad de datos,

[38] Yasky, Samuel, *Lisandro de la Torre de cerca*, Ediciones Metrópolis, Buenos Aires, 1957.

fechas y precios, que creemos que al ministro de Agricultura no le queda otra solución que la renuncia. Por mucho menos han caído gabinetes íntegros en países donde existe un concepto cabal de ética política y administrativa".[39]

Bien decía el diario socialista "en países donde existe un concepto cabal de ética política y administrativa". Allí hubiese tenido que renunciar el ministro Duhau, aquí se lo felicitaba y confortaba.

Yo sé que ahora vendrán caras extrañas

Según cuenta Helvio Botana[40] en su libro de memorias, el presidente Justo estaba francamente preocupado por el cariz que iba tomando el debate de las carnes, que comprometía a un creciente número de funcionarios de su corrupto gobierno. De la Torre y sus denuncias ocupaban las primeras planas de los diarios. Cuenta el hijo del célebre Natalio Botana que el general presidente tomó el teléfono y habló con su padre, el legendario dueño de *Crítica,* el diario más leído de la época, para ver qué se podía hacer para distraer a la gente. Mientras se dedicaban a este intercambio de ideas se produjo la trágica muerte de Carlos Gardel en Medellín, Colombia, el 24 de junio de 1935. El gobierno argentino, tan alejado de lo popular, no le había prestado al tema la menor atención y recién apreciaron su importancia cuando llegó a la tapa de los diarios. Por ejemplo, *Noticias Gráficas* publicó un titular a toda página que decía: *"Censúrase la indiferencia de la Cancillería [argentina] por la repatriación de los restos de Carlos Gardel".* A los pocos días, a Justo y a Botana se les ocurrió la idea salvadora: ganarle la partida al gobierno uruguayo, que a cuatro días del accidente de Medellín ya había comenzado los trámites para repatriar a Gardel. La cosa no era sencilla, porque la ley colombiana prohibía la exhumación de un cadáver hasta cuatro años después del fallecimiento. Había que recurrir a la máxima autoridad, o sea el presidente colombiano Alfonso López, para pedirle que los restos se dirigieran hacia la Argentina. Tras la decisión de la madre de Gardel, doña Berta, de que los restos descansaran en Buenos Aires y no en Montevi-

[39] *La Vanguardia,* año XLII, N° 10.145, 21 de junio de 1935, pág. 1.
[40] Botana, Helvio, *Memorias, tras los dientes del perro,* Buenos Aires, Peña y Lillo, 1985.

deo, y los engorrosos trámites llevados adelante por el representante del cantor, Armando Defino, el presidente de Colombia autorizó la exhumación y el traslado a la Reina del Plata. Así, siempre según la versión de Botana hijo, el general Justo tendría su beneficio político y don Natalio la posibilidad de iniciar en *Crítica* una serie interminable de notas sensacionales sobre la vida, obra y muerte del Zorzal Criollo que agotaron todas las ediciones del diario. Dice Botana hijo:

> "Natalio lo comprendió, [Gardel] era el símbolo de la alegría, de la limpieza criolla adecuado para oponerlo a la hora de descrédito y decepción que sacudía a la República. Fríamente, como sólo ellos podían hacerlo, analizaron con el presidente Justo esa poderosa imagen positiva que el mundo nos devolvía. Fue así que a ocultas, sabia y tenazmente, aceleraron el culto a Gardel y desviaron la mirada de la opinión pública. El Estado puso su parte, *Crítica* lo suyo. Se demoró ex profeso la vuelta de sus restos durante seis meses, buscando que la apoteosis tapara lo que por razones de Estado se debía olvidar".[41]

El lujoso ataúd conteniendo el cadáver del argentino más famoso de su tiempo partió de Medellín el 17 de diciembre de 1935[42] y llegó a Buenos Aires el 5 de febrero de 1936. El velatorio, que tuvo lugar en el Luna Park, y el entierro fueron de los más multitudinarios de la historia argentina, tanto como los de Yrigoyen, Evita y Perón. Los diarios no se ocuparon de otra cosa durante semanas. Gardel, sus familiares, sus amigos y el pueblo que lo lloraba eran lógicamente ajenos a las maniobras de un gobierno insensible y decadente. Pero la cultura popular ha acuñado la frase "es Gardel" para referirse a alguien fuera de serie, y al régimen del general Justo le ha reservado el calificativo simple y lapidario de "infame".

---

[41] *Idem.*
[42] El cuerpo fue llevado a Panamá y de allí a Nueva York, adonde arribó el 6 de enero de 1936; fue velado durante una semana en una funeraria del barrio latino a la que concurrieron cientos de admiradores locales de Carlitos. De allí partió Defino con el cuerpo el 17 de enero de 1936 haciendo escala en Río de Janeiro y Montevideo, donde también se le rindieron sentidos homenajes.

Asesinato e impunidad en el Senado de la Nación

Mientras tanto Lisandro de la Torre seguía con su prédica desde el Senado:

"se dice que estoy solo. Eso puede ser cierto; estoy solo frente a una coalición formidable de intereses; estoy solo frente a empresas capitalistas que se cuentan entre las más poderosas de la tierra; estoy solo frente a un gobierno cuya mediocridad, en presencia del problema ganadero, asombra y entristece; y así, solo, me batiré en defensa de una industria argentina esquilmada e inerme, como me batí hace diez años en defensa de la industria de la yerba mate, que dos ministros poderosos habían condenado a morir, y como me batí hace dos años por la modesta industria del tomate que apenas empezaba a desarrollarse en las regiones más dignas de fomento".[43]

El debate fue subiendo de tono y la cara de los ministros imputados iba virando del color rojo al verde según las palabras de De la Torre. El primer incidente se produjo en la sesión del 21 de julio, cuando Duhau amenazó a Lisandro a los gritos: *"¡Ya pagará todo esto el señor senador punto por punto!... ¡Ya pagará bien caro todas las afirmaciones que ha hecho!"*[44]

Dos días después, en la sesión del 23 de julio se desencadenaría la tragedia. De la Torre seguía aportando pruebas contra los ministros Duhau y Pinedo y llamó mentiroso al primero a partir de entonces. La versión taquigráfica de aquel funesto día registra la siguiente discusión:

"Señor ministro de Agricultura (Duhau) *(golpeando la mesa)*: —¡No permito eso, señor presidente!
Señor presidente (Bruchman): —Ruego al señor senador que guarde estilo en sus expresiones.
Doctor De la Torre: —¿Y a lo que no es cierto, cómo se le llama?
Señor presidente (Bruchman): —Inexacto.
Señor ministro de Hacienda (Pinedo): —Se llama De la Torre *(aplausos en las galerías)*.

---

[43] De la Torre, Lisandro, *Obras completas, op. cit.*
[44] *Diario de Sesiones del Honorable Senado de la Nación*, 21 de julio de 1935, pág. 255.

Doctor De la Torre: —¡El ministro de Hacienda dice eso porque es tan insolente como cobarde!

Señor ministro de Hacienda (Pinedo): —Si la dignidad y la honra de una persona estuvieran expuestas a desaparecer y ser lastimadas por lo que digan irresponsables, podría ser que mi honra estuviera al alcance del señor senador.

Doctor De la Torre: —Ya le he dicho que es tan insolente como cobarde.

Señor ministro de Hacienda (Pinedo): —¡Insolencia y cobardía me atribuye! El señor senador por Santa Fe es capaz, señor presidente, de retarme a duelo, porque sabe que, por mis convicciones, yo no me bato.

Doctor De la Torre (de pie): —¡Y usted es capaz de no batirse por cobardía!"[45]

Lisandro no escuchaba bien las palabras de su agresor, abandonó su banca y se acercó a Pinedo y a Duhau.

Según el diario *La Prensa*, en un momento de su alocución Lisandro quedó *"inclinado el busto y parado entre ambos pupitres, a muy corta distancia del ministro de Hacienda, a espaldas de él"*. Fue entonces cuando Duhau empujó a De la Torre por la espalda y lo tiró al piso. En su huida apresurada, tropezó con un escalón y cayó también él. En esos momentos de confusión alguien disparó sobre Lisandro, pero hirió de muerte al senador santafecino Enzo Bordabehere[46], quien al advertir la maniobra se interpuso entre el agresor y don Lisandro. Según *La Prensa* el agresor *"siguió avanzando hacia el grupo formado por los ministros, el doctor Bordabehere, un oficial de la Cámara y el diputado correntino doctor Bouchon, que estaba totalmente en el suelo llevado a tierra por la caída de Bordabehere. Pasó por encima de los cuerpos e hizo dos nuevos disparos, retrocediendo precipitadamente por entre la primera fila de bancas, tomó la salida*

---

[45] *Diario de Sesiones del Honorable Senado de la Nación*, 23 de julio de 1935.

[46] Enzo Bordabehere había nacido en Montevideo en 1889. Vivió desde la infancia en Rosario, se nacionalizó argentino y se graduó como abogado. Activo militante de la Liga del Sur primero y del Partido Demócrata Progresista desde su fundación, fue electo diputado provincial en 1918 y nacional en 1922. Fiel compañero de De la Torre, fue designado por la Legislatura santafecina para reemplazar al fallecido senador Francisco Correa, pero los conservadores en el Senado, en una maniobra absolutamente ilegítima, demoraron la aprobación de su diploma para restarle apoyos a De la Torre.

*de la izquierda y corrió por el pasillo que conduce a la sala de ta-
quígrafos".*[47]

El agresor comenzó a correr por los laberínticos pasillos del Congreso y entró a la sala de taquígrafos, donde pudo ser detenido por el
agente Cofone. Tras la detención, Cofone y el subcomisario Florio le qui-
taron el revólver calibre 32 marca Tanque con cuatro balas servidas y
dos sin usar. Lo llevaron al Departamento de Policía en la avenida Belgrano, donde los senadores Palacios y Cantón pudieron reconocerlo
como el autor del atentado. La policía pudo establecer que se llamaba
Ramón Valdez Cora, de cuarenta y dos años, ex comisario torturador de
Vicente López, con múltiples procesos por estafas, falsificación de documentos y extorsiones a prostitutas. La ficha decía que era afiliado al Partido Demócrata (o sea conservador) y hombre de confianza del señor
ministro de Agricultura Luis Duhau.

En su declaración ante el juez Miguel Jantus, Valdez Cora confesó
ser el autor material del asesinato de Enzo Bordabehere y que obró por
impulso propio en un momento de ofuscación, en defensa de amigos
políticos. Fue condenado a veinte años de prisión, pero quedó en libertad en 1953 por "buena conducta". Los instigadores y responsables direc-
tos del crimen, como correspondía a gente "bien" de su "alcurnia y prestigio", gozarían de la más absoluta impunidad.

Cerrado por duelo

La misma noche del crimen y ante las acusaciones fundadas de
Lisandro, Duhau y Pinedo, haciendo gala de una falta de humanidad
inconcebible, lo retaron a duelo. De la Torre rechazó el reto de Duhau
porque dijo que el duelo debía ser entre caballeros, condición que no
reunía el tal Duhau. El duelo con Pinedo se concretó en Campo de Mayo
el 25 de julio de 1935. Un De la Torre profundamente dolido y descon-
solado por el asesinato de su amigo tiró al aire mientras Pinedo le apun-
tó a la cabeza a su contrincante, pero falló. Terminado el desafío, ante
la pregunta del director del duelo, el general Adolfo Arana, si deseaban
reconciliarse, Pinedo se negó y De la Torre contestó que nunca habían
sido amigos, por lo tanto no podían reconciliarse.

---

[47] Diario *La Prensa*, Buenos Aires 24 de julio de 1935.

El matador y los asesinos

El comisario de la Cámara de Senadores, de apellido Mercado, dirá en su declaración judicial sobre Valdez Cora: *"No hablaba con nadie. Siempre estaba serio, recostado en la baranda de los palcos y siempre procuraba estar adelante: se veía qué era lo que le interesaba. Explayándose con un funcionario que logró tratarlo, el señor Barraza Irrazábal, le dijo: 'Entre íntimos, yo tengo una misión de vanguardia allí'".*[48]

Héctor Vimo, secretario del Senado de la provincia de Santa Fe, cuenta que Bordabehere, herido de muerte y camino al hospital, preguntó repetidas veces por De la Torre, y al sentirse morir pidió que se entregara a su hermano su pañuelo manchado de sangre, le recomendó a su amigo que besase a su madre, a sus hermanos y a su hijo y que abrazase a De la Torre, Molinas, Carranza, Rodríguez y todos los amigos; con un hilo de voz dijo: *"Viva mi patria, viva mi partido".*[49]

La autopsia de Bordabehere determinó que había recibido tres balazos: dos en la zona lumbar y uno con orificio de entrada en la región axilar posterior derecha que lesionó la aurícula derecha del corazón.

Unas setenta mil personas en Rosario acompañaron el cortejo con los restos de Bordabehere hasta el Cementerio del Salvador. El gobernador demócrata progresista de Santa Fe Luciano F. Molinas dijo en esa triste ocasión: *"Se infiltra en el alma de la República una cuota de profundo escepticismo, que nos hace mirar con recelo el porvenir".*[50]

Algo habrá hecho

Al presidente Justo no lo conmovió en lo más mínimo el asesinato de Bordabehere en el Senado y esa misma noche marchó al teatro Colón a escuchar al tenor italiano Beniamino Gigli, que estrenaba en estas tierras la ópera *La Sonámbula* de Bellini.[51]

Del expediente judicial surge la evidencia de la voluntad del gobierno de dejar el crimen en la más absoluta impunidad. Quedó establecido, por

---

[48] En Juan M. Vigo, *op. cit.*
[49] Colección Grandes Protagonistas de la Historia Argentina, *Lisandro de la Torre, op. cit.*
[50] Diaro *La Capital*, Rosario, 26 de julio de 1935.
[51] Sanguinetti, Horacio, *La democracia ficta 1930-1938, op. cit.*

ejemplo, que el secretario privado de Duhau, de apellido Duggan, había presionado a los taquígrafos del Senado para que declararan que Bordabehere estaba armado. Un empleado de réditos declaró haber visto a Bordabehere en plena sesión con un revólver y el secretario de la Cámara de Diputados, de apellido Bunge, afirmó que Bordabehere estaba armado. Se consolidaba la vieja tradición argentina de culpar a la víctima.

El propio ministro Duhau declaró no conocer al asesino. El senador Antonio Santamarina había declarado que no conocía a Valdez Cora, pero lo conocía muy bien, según lo expresado por su colega de clase, el ' doctor Enrique Martínez de Hoz, quien declaró que cuando era gobernador de la provincia de Buenos Aires tuvo que exonerar a Valdez Cora de su cargo de comisario por las innumerables denuncias que obraban en su contra, y que el senador Santamarina había intercedido numerosas veces por el comisario cesante.

Uno de los testimonios más contundentes fue el de Julio Victorica Roca, quien declaró: *"Lo he visto perfectamente bien. Y me disculparán los señores senadores si tengo el atrevimiento de decir que, como argentino y caballero, no puedo mentir respecto de lo que he visto. El doctor Bordabehre no llevaba armas, porque me ofendería a mí mismo decir una cosa que no es cierta".*[52]

La mentira alevosa se fue cayendo por su propio peso y la investigación judicial probó que Valdez Cora era uno de los hombres de mayor confianza del ministro Duhau y que lo visitaba diariamente en su casa de la calle Parera. Un policía de apellido Fontana declaró que, el día del atentado, Valdez Cora y Duhau mantuvieron una breve reunión antes de que el ministro marchara hacia el Senado.

Quien quiera oír que oiga

En la sesión del 10 de septiembre de 1935 Lisandro dejó absolutamente en claro quiénes eran los responsables del asesinato de Bordabehere:

"Valdez Cora asesinó al doctor Bordabehere fríamente, porque lo venía acechando para eso día a día, siempre a su espalda. [...] La rapidez con que procedió es la más clara prueba de la premedita-

---

[52] Vigo, *op. cit.*

ción. Apenas se movió el doctor Bordabehere le hizo fuego por la espalda. Poco importaba que el doctor Bordabehere no tuviera armas; poco importaba que, como lo ha declarado el secretario privado del ministro de Agricultura, no agrediera al ministro de Agricultura. Apenas se movió, le hizo fuego por la espalda. Estaba previsto. Hechos y no suspicacias comprometen la posición del ministro de Agricultura (doctor Luis Duhau). Negó ante la Comisión Especial y ante el juez conocer al asesino del doctor Bordabehere, y prueban lo contrario testimonios fehacientes.

El juzgado conoce ya las declaraciones prestadas por los señores Jorge Reiter y Julio Pérez Leston, traídas al debate por el señor senador de la Capital. Estaban en la antesala que precede al salón de conversaciones de los señores senadores cuando pasó el ministro de Agricultura y saludó a Valdez Cora. Un momento después entró un ordenanza y, preguntando por el señor Valdez, en voz alta, lo hizo pasar. A estas dos declaraciones se agrega el testimonio de vecinos del barrio donde está domiciliado el ministro de Agricultura, calle Parera casi esquina avenida Quintana. Antes de consumarse el crimen había notado la presencia frecuente en la esquina antedicha de una persona extraña, que ha resultado ser Valdez Cora, y que esa persona frecuentaba la casa del ministro de Agricultura.

Contestando a una pregunta mía, uno de ellos, persona respetable, me escribe y me refiere distintas ocasiones en que vio a Valdez Cora en la vereda. Por última vez, dos o tres días antes del crimen, había gran movimiento en la casa del ministro y entraban y salían secretarios y familiares. En una de esas salidas –dice la carta textualmente– la comitiva se pone en marcha, sale un auto con un señor y el auto regresa solo. Luego, muchos jóvenes suben a un automóvil, y noto que ese hombre que ya había visto tantas veces se pone al habla con uno de los jóvenes del grupo, como si quisiera entrar en el automóvil con ellos o como si pidiera algo y los jóvenes parece que lo trataban con maneras algo despectivas. El criminal se retiró y esperó en el costado derecho de la puerta del señor Duhau (casa de departamentos) y, cuando salió el señor Duhau, se adelantó como para abrir la portezuela del automóvil, pero a ello se adelantó el chauffer. Valdez Cora, sin sacarse el sombrero, le dio la mano al ministro y éste, luego de muy breves palabras, le indicó con la mano, con un ademán o movimiento que interpreté como 'siga' o 'vaya pronto'. El criminal no esperó ni el arranque del automóvil. Apresuradamente tomó para la esquina desapareciendo por la avenida Quintana como en dirección a Callao.

Otro hecho no menos extraño que los anteriores, se hizo público apenas iniciado el proceso: fue la presencia del secretario privado del ministro de Agricultura (Duggan) en la oficina de taquígrafos, con el fin de sugerir que se declarara que el doctor Bordabehere esgrimía un arma. La sorpresa causada por la divulgación de ese hecho fue extraordinaria y la interpretación fue unánime, en el sentido de la connivencia que revelaba.

El falso testimonio que requiere Duggan de los taquígrafos muestra su interés en mejorar la posición del criminal. Ahora bien, ¿en qué forma aparece ese interés? La primera declaración del taquígrafo don Roberto M. del Valle es muy importante a este respecto: 'Duggan me dijo que el señor ministro de Agricultura era una excelente persona, que había que ser magnánimo, y convendría que el doctor Bordabehere apareciera esgrimiendo un arma en el momento del hecho'.

El taquígrafo declara que cuando oyó las palabras de Duggan lo miró fijamente y le hizo al taquígrafo Mallada un gesto de desagrado.

Se explica entonces el motivo por el cual la opinión ha comprendido que Valdez Cora es el ejecutor material, nada más. Por Valdez Cora, por un asesino cobarde que mata por la espalda a un senador de la Nación, a quien no conoce hasta el momento en que vino a acecharlo al recinto, no se realizarían esos actos ni se conmovería el gobierno.

Se conoce al matador, pero hace falta conocer al asesino. Nada sería el daño que ha sufrido el prestigio del gobierno, si en adelante pudiera evitarse que continúe el otro daño, que hiere de muerte a la fuente de riqueza más importante de la Nación, enfeudada consecuentemente al interés del capitalismo extranjero".[53]

La injusticia

Casi un año después, Lisandro expuso con una marcada pesadumbre extensamente ante sus colegas los resultados de la investigación judicial:

"La señora madre del doctor Bordabehere no fue admitida como querellante, modificándose a ese efecto la jurisprudencia tradicional

---

[53] *Diario de Sesiones del Honorable Senado de la Nación,* sesión del 10 de setiembre de 1935.

de los tribunales federales; el principal testigo, el comisario de este recinto, que declaró instantes después del hecho ante algunos senadores y ante el prosecretario del Senado, que había hecho entrar a Valdez Cora al recinto por un pedido o por una orden especial, no fue procesado ni por encubrimiento ni por falso testimonio, el personal del Senado se encerró en una mudez absoluta; y Duggan, que había ido a la oficina de taquígrafos a inducir a que se tuviera magnanimidad con el ex ministro de Agricultura, no con Valdez Cora, y a que dijeran falsamente que habían visto un revólver en manos del senador Bordabehere, tampoco ha sido procesado ni por encubrimiento ni por falso testimonio, cuando en realidad su manifestación al solicitar magnanimidad en beneficio del ex ministro de Agricultura y no del autor material del hecho comprometía seriamente a este último; y el ex ministro de Agricultura, convicto de falso testimonio por la declaración de cuatro testigos calificados, tampoco ha sido procesado. De esos cuatro testigos, dos declararon que lo habían visto saludar a Valdez Cora en antesalas y otros dos declararon que lo habían visto a Valdez Cora en la puerta de su casa conversando con él y recibiendo instrucciones. Y eso, que en un caso ordinario basta y sobra a la Justicia argentina como semiplena prueba de delito y como fundamento de un auto de prisión preventiva, en este proceso excepcional ha sido desechado y tergiversado".[54]

Deodoro Roca describe lúcidamente los móviles y las consecuencias del crimen:

"El asesinato de Enzo Bordabehere en el propio recinto del Senado Nacional [...] es el frío desarrollo de un plan que se está cumpliendo implacablemente frente a la cobardía o ingenuidad de un pueblo que se alimenta con la ilusión mortal de que las fuerzas autocráticas y antihistóricas que pugnan por estrangular la voluntad del país, han de ceder y soltar su presa.
Ignorar, o negar, que el fascismo —adecuado método de defensa de la estructura capitalista, suprema técnica de protección interior del capital de monopolio— se estructura en este país, febrilmente, desde 'arriba', por faltarle aún ese poderío de masas que caracteriza a los modelos europeos, y que por este mismo defecto se apoya en las

---

[54] *Diario de Sesiones del Honorable Senado de la Nación*, sesión del 6 de agosto de 1936, pág. 78.

organizaciones del Estado –oficiales u oficializados– es ignorar o querer ignorar la realidad [...].

Frente a esta gloriosa víctima de la barbarie reaccionaria, cuyas bellas palabras afiladas no se oirán más, debemos decir, no a sus matadores y beneficiarios, sino a sus 'asesinos', que tengan en cuenta la reacción de fondo que sigue a sus avances de superficie. Digámosle a esos hombres, tan frívolos como crueles, cuando disparen sus fusiles de retórica futurista, que a veces el retroceso de las culatas, suele ser más violento que los disparos".[55]

Un Lisandro profundamente dolido anuncia el final del debate de las carnes:

"Sería absurdo pensar que el debate sobre la investigación del comercio de carnes pudiera seguir con mi intervención, mientras subsistan en mi espíritu las dudas que mantengo acerca de que se trajo a este recinto un guardaespaldas, extraído de los bajos fondos, para gravitar sobre el resultado. Los indicios que existen son tan vehementes, que no me es posible prescindir de ellos. Si lo hiciera, faltaría al respeto y al afecto que debo a la memoria del doctor Bordabehere, y autorizaría a cualquiera a poner en duda la sinceridad de mi indignación... El primero en lamentar que mi contrarréplica, que por otra parte estaba muy avanzada, quede inconclusa, soy yo; pero tengo la tranquilidad de haber producido tales pruebas y haber hecho tales demostraciones, que no necesito más para afirmar en la conciencia pública la razón de todo lo que he sostenido en este debate". [56]

Pero el ataque a De la Torre no había terminado. El gobierno fraudulento de Justo decretó la intervención a la provincia de Santa Fe, derrocando al gobierno demócrata progresista de Luciano Molinas, que había finalmente aplicado la notable Constitución reformada de 1921 y había hecho una administración ordenada y honesta. Lisandro se muestra abatido y confiesa su voluntad de abandonar la política.

---

[55] Deodoro Roca, *El difícil tiempo nuevo*, Buenos Aires, Lautaro, 1956.
[56] De la Torre, Lisandro, *Obras completas, op. cit.*

El peligro comunista

Una de sus últimas intervenciones en el Senado tiene lugar en ocasión del debate del proyecto de ley sobre represión del comunismo. Dirá entonces:

"El peligro comunista es un pretexto, es el ropaje con que se visten los que saben que no pueden contar con las fuerzas populares para conservar el gobierno y se agarran del anticomunismo como una tabla de salvación. Bajo esa bandera se pueden cometer toda clase de excesos y quedarse con el gobierno sin votos. Yo soy un afiliado a la democracia liberal y progresista que al proponerse disminuir las injusticias sociales trabaja contra la revolución comunista, mientras los reaccionarios trabajan a favor de ella con su incomprensión de las ideas y de los tiempos. [...] En el terreno económico es simplemente un aliado del capitalismo extranjero; nacionalista en la apariencia, antinacionalista en el fondo. En el terreno político es el ropaje con que se visten los que saben que no pueden contar con las fuerzas populares para conservar el gobierno y se agarran al anticomunismo como una tabla de salvación [...]. No soy comunista, señor presidente. Trabajo en contra de la revolución comunista, mientras los reaccionarios trabajan a favor de ella en su incomprensión de las ideas y de los tiempos".[57]

El fantasma de Alem

En 1937, De la Torre presentó su renuncia al Senado y se retiró a su casa de la calle Esmeralda 22[58], de la que sólo salía para brindar alguna charla o participar en homenajes a viejos amigos de ideas, como Aníbal Ponce. En 1938 dictó la que sería su última conferencia, "Grandeza y decadencia del fascismo". En aquella ocasión dijo, un año antes que se desatara la espantosa Segunda Guerra Mundial: *"la hora de la espada pasó y el mundo, harto de sobresaltos, deberá volver a la moderación, al respeto del derecho de los tratados y de la paz. Si el mundo aspira*

---

[57] En Emilio J. Corbière, *"Lisandro de la Torre y la 'década infame'"*, Todo Es Historia N° 150.
[58] Hoy plaza Roberto Arlt.

realmente a la paz inconmovible habrá de dar a la democracia restaurada un contenido progresivo y habrá de convertir en una efectividad el derecho de todos a disfrutar de condiciones de vida satisfactorias..."[59]

El 6 diciembre sus amigos le prepararon un cumpleaños sorpresa, Lisandro cumplía setenta años y se lo notaba muy apesadumbrado, hacía pocos días había fallecido su madre y comenzaba a instalarse en él la idea del suicidio. Lentamente comenzó a despedirse de sus allegados, dejó sus cuentas en orden, se fue desprendiendo de sus cosas más queridas y apartó 250 pesos para los gastos de sepelio. Al mediodía del 5 de enero de 1939, quizás recordando a su admirado Leandro Alem, puso fin a su vida disparándose un balazo al corazón.

Junto a su cadáver se encontró una carta dirigida a sus amigos:

"Les ruego que se hagan cargo de la cremación de mi cadáver. Deseo que no haya acompañamiento público ni ceremonia laica ni religiosa alguna. Mucha gente buena me respeta y me quiere y sentirá mi muerte. Eso me basta como recompensa. No debe darse una importancia excesiva al desenlace final de una vida. Si ustedes no lo desaprueban, desearía que mis cenizas fueran arrojadas al viento. Me parece una forma excelente de volver a la nada, confundiéndose con todo lo que muere en el Universo. Me autoriza a darles este encargo el afecto invariable que nos ha unido. Adiós".[60]

---

[59] De la Torre, Lisandro, *Obras completas, op. cit.*
[60] González Arrili, Bernardo, *Historia argentina, op. cit.*

Los negociados
de la Década Infame

La única forma de terminar con el Capitalismo engreído sería declarar a un hombre propietario de todo lo que hay en el mundo, y a todos los hombres sus inquilinos. Entonces ese individuo se moriría de rabia al no poder canallear, ni ganar nada con destruir una cosecha de café o tabaco o viñas. Y por un segundo acto declararía dueños a todos, para poder volver al deleite de robarlos y usurearlos. Pero me es más repugnante el individuo que al mismo tiempo que es dinerista es político. Los millonarios desdeñan ser presidentes o reyes o ministros; los consideran como parte del servicio doméstico. Los repugnantes son los presidentes o ministros que trafican y dirigen sociedades anónimas.

MACEDONIO FERNÁNDEZ[1]

El golpe de estado del general José Félix Uriburu, perpetrado el 6 de septiembre de 1930, inauguró un período de trece años en el que ocuparon la presidencia, gracias al fraude electoral, el general Agustín P. Justo, el radical alvearista Roberto Marcelino Ortiz y el conservador Castillo.

Esta etapa de nuestra historia, conocida popularmente como "la Década Infame", se caracterizó por la ausencia de la participación popular, la persecución a la oposición, la tortura a los detenidos políticos, la creciente dependencia de nuestro país y la proliferación de los negociados.

La intervención del Estado en la economía se limitó durante este período de profunda crisis económica y social a resguardar con fondos públicos los intereses privados de los grandes grupos económicos, desentendiéndose del hambre, la desocupación y la miseria que soportaba un alto porcentaje de las familias argentinas.

Este manejo discrecional de los presupuestos por parte del gobierno fomentó la corrupción y los negociados, grandes protagonistas de esta Década Infame.

---

[1] Macedonio Fernández, *Relatos, cuentos, poemas y misceláneas*, Buenos Aires, Corregidor, 2004.

La mayoría de los negociados tenían su origen en el gobierno y sus funcionarios.

Uno de los más famosos fue el de las carnes, denunciado en el Congreso, a mediados de 1935, por el demócrata progresista Lisandro de la Torre.

Y todo a media luz

"La empresa lamenta comunicar que de no operarse un aumento en las tarifas, no podrá garantizar la provisión del servicio eléctrico en la Capital Federal y el Gran Buenos Aires." El comunicado no asombra a los sufridos porteños acostumbrados a los chantajes de las empresas privadas. Sólo algunos comenzaron a revisar los pliegos de la concesión y se preguntaron qué podía hacerse para frenar la prepotencia del monopolio eléctrico. La inquietud popular preocupa y moviliza a los lobbistas que presentan en la legislatura un proyecto para apurar el aumento de las tarifas y acrecentar las prebendas de la concesionaria eléctrica. Según fuentes parlamentarias, uno de los políticos más importantes del partido radical pidió calma y llamó a sus correligionarios a no dejarse influir por las presiones de la opinión pública. Dijo textualmente: *"Cuando la labor de los legisladores está interrumpida por la opinión pública, estamos entrando en la demagogia. Los legisladores deben actuar con toda libertad de acuerdo a su conciencia"*. El ministro de economía fue un poco más lejos. En una reunión de bloques señaló: *"Hay que arreglar el problema porque el gobierno necesita de las empresas eléctricas y no es posible que un gobierno sin crédito en el exterior pueda ponerse a joder con una empresa que tanto le sirve"*. Envalentonados por sus apoyos políticos, los lobbistas empresarios fueron por más. Pidieron que se quitaran de los pliegos de concesión algunos artículos molestos, como el artículo 2º, que decía textualmente: *"La Compañía se obliga a adquirir nuevos terrenos, a ampliar sus edificios, sus maquinarias, redes de cables y todas las instalaciones necesarias para la producción y distribución de la corriente eléctrica. El cumplimiento de esta obligación sólo podrá retardarse cuando la compañía demuestre que el estado general de los mercados monetarios le impida invertir nuevos capitales en esos momentos."*[2]

---

[3] José Luis Torres, *La oligarquía maléfica*, Buenos Aires, Freeland, 1973.

La empresa con sede en Madrid utilizó todos sus recursos diplomáticos y presionó a través de los organismos internacionales. También lanzó una campaña de prensa apoyada en solicitadas y avisos en los principales medios del país. Se acercaba diciembre y nadie quería asumir el costo político de un verano sin energía eléctrica.

En 1936, la Compañía Argentina de Electricidad, la empresa que abastecía de electricidad a la Capital Federal, debía renegociar la concesión del servicio y prorrogar hasta 1997 la exclusividad de la provisión del servicio eléctrico. La decisión quedaba en manos del Concejo Deliberante porteño, compuesto en un alto porcentaje por radicales, que habían vuelto a la participación política tras el levantamiento de la abstención electoral por parte de su líder, Marcelo T. de Alvear, en 1935. Las otras bancadas importantes eran la socialista y la de los liberales-conservadores, nucleados bajo el curioso nombre de "socialistas independientes".

A partir de 1933, la empresa de capitales belgas, subsidiaria de la multinacional Sofina[3], que se había transformado en una sociedad anónima argentina para evadir impuestos, comenzó a hacer lobby y a sobornar a distintos concejales de diferentes bancadas y comprar, vía avisos publicitarios, la opinión de la mayoría de la prensa porteña.

Las actividades de la Sofina fueron valientemente denunciadas por el grupo FORJA:

> "La Sofina se encuentra bajo la protección de una diplomacia fuerte y hábil, la diplomacia inglesa. Porque sus principales dirigentes se encuentran muy vinculados al Imperio y a sus conveniencias. La Sofina tiene intereses directos en el tráfico de nuestra cosecha; por ello y por ser dueña, a la vez, de nuestros principales servicios públicos, no le es indiferente nuestra balanza comercial, el valor de nuestra moneda, ya que de todo esto depende la facilidad para la exportación de sus enormes dividendos [...]. Uno de los negocios más interesantes que hacen las finanzas extranjeras por medio de la Sofina, es la venta de carbón inglés de las minas de la Sofina, para

---

[3] El grupo SOFINA-CHADE-SIDRO, era un consorcio de capitales europeos con inversiones en Francia, España, Italia, Gran Bretaña, Alemania, Bélgica, Canadá, Turquía, Argelia, México, Brasil y Argentina. En su directorio militaban pesos pesados como Reginald Mac Kenna, director del Banco de Inglaterra, ex canciller del Tesoro y ex primer lord del Almirantazgo, el conde Giuseppe Volpi, ex ministro de Hacienda de Mussolini y presidente de la Compañía de Electricidad del Adriático, el duque de Alba y los directivos del Deutsche Bank.

las usinas de las empresas de electricidad y de la Compañía Primitiva de Gas. El negocio del carbón, que entra al país libre de derechos, se encuentra ligado al transporte de nuestra cosecha, hecho en buques extranjeros, que vuelven con carbón como lastre. La Sofina tiene muy buenos negocios en común con Dreyfus y Bunge & Born".[4]

Finalmente, en 1936 el grupo empresario presenta ante el Concejo Deliberante el pedido de extensión de la concesión en el tiempo y en el espacio, ya que pretende ampliar su área de influencia al Gran Buenos Aires. "Generosamente", ofrece a cambio una rebaja en la tarifa domiciliaria y un aumento del costo del servicio para comercios e industrias.

Su urgencia por la aprobación la lleva a contactar en septiembre de 1936 al doctor Alvear, que se encontraba en Europa. Altos funcionarios de la firma se reúnen con "Don Marcelo" con el objetivo de que telegrafíe a sus correligionarios ordenándoles que apoyen el proyecto de la CADE.

Alvear se toma su tiempo. Le llegan las informaciones de la indignación de la gente ante la casi segura firma del nuevo contrato. Pero los concejales actuaron votando favorablemente la ampliación de la concesión.

Sus colegas socialistas independientes hicieron lo mismo, urgidos por su máximo líder, el ministro de Hacienda, Federico Pinedo, antiguo consejero jurídico y técnico de la empresa eléctrica.

El 29 de octubre de 1936, con los votos radicales, conservadores y socialistas independientes, el Concejo Deliberante de Buenos Aires promulgó la ordenanza 8.029 otorgando a la CADE una nueva concesión hasta el año 1997 (por distintos avatares políticos no llegaría a cumplirse, pero rigió por décadas). Además, la empresa consiguió del "generoso" gobierno de Justo la exención impositiva de la empresa a cambio de que la misma quitara la letra "H" de hispano en su sigla. La empresa pasaba a llamarse Compañía Argentina de Electricidad. El Estado le perdonaba graciosamente a la empresa el reintegro de más de 60 millones de pesos que le había cobrado de más a los consumidores (0,35 pesos en vez de 0,25 pesos el kilovatio), argumentando una "confusión". La CADE quedaba exenta de pagar cualquier tipo de impuestos en sus edificios actuales o a construirse.

---

[4] Jorge del Río, *El problema de la electricidad y el servicio público de gas*, Cuadernos FORJA, Buenos Aires, octubre de 1938.

Pero ahí no terminaba la cosa. Aquel Estado oligárquico y corrupto, infame, que se negaba a renovarle el crédito a un pobre chacarero y le hipotecaba su campo sin la más mínima consideración, le concedía a una empresa multinacional y multimillonaria la devolución íntegra de los fondos de "reversión y previsión", especie de garantía económica que la empresa debía depositar para garantizar el cumplimiento eficiente y en los términos contractuales del servicio, que ascendían al 31 de diciembre de 1935 a 87.499.811,07 pesos de la CADE y 25.677.765 de la CIAE. Según el contrato original, estos fondos debían ser entregados a la Municipalidad de la Ciudad de Buenos Aires. Con la disposición que les devolvía el depósito más los intereses, la empresa se quedó con las instalaciones edilicias y con más de 100 millones de pesos moneda nacional.

La Comisión Investigadora de los Servicios Públicos de Electricidad de la Ciudad de Buenos Aires determinó que *"la Municipalidad debía haber tomado posesión gratuita de las instalaciones y acreditarse esos millones al vencimiento de los contratos, y que la CADE estaba obligada a devolver, el 31 de diciembre de 1942, 115.595.510,92 pesos por exceso de ganancias y la CIAE 82.651.803,67 pesos por igual concepto".*[5] La Comisión descubrió un hecho de una enorme gravedad: que los proyectos de ordenanzas y hasta los discursos de los concejales fueron redactados por la personal de la CADE bajo la cercana supervisión de la Sofina.[6]

Se dijo entonces que cada concejal que votó por los "favores" a la CADE cobró 100.000 pesos de entonces. Un sueldo promedio era de $150 mensuales. La Comisión investigadora estableció también que el 66 % del presupuesto de la campaña electoral de la UCR en 1937 fue costeado por la CADE, así como el 100 % del costo del local central del partido, conocida como Casa Radical.[7]

La corrupción de la CADE, es decir los pagos de los "servicios profesionales", no se limitaron a los concejales corruptos, sino que abarcaron a prominentes figuras del gobierno del general Justo, como Carlos Saavedra Lamas, futuro premio Nobel de la Paz y director de CITRA, empresa asociada a Sofina; Alberto Hueyo, vicepresidente de la CADE,

---

[5] *Informe de la Comisión Investigadora de los Servicios Públicos de Electricidad de la Ciudad de Buenos Aires*, Buenos Aires, Talleres de la Penitenciaría Nacional, 1944.
[6] Juan Pablo Oliver, *La CADE y la Revolución*, Buenos Aires, 1945.
[8] *Informe de la Comisión Investigadora de los Servicios Públicos de Electricidad de la Ciudad de Buenos Aires*, op. cit.

y Federico Pinedo, asesor técnico y jurídico de la CADE. Hubo un ministro que se opuso a la aprobación de las ordenanzas, no tanto por la defensa de la soberanía sino porque tenía datos concretos de que la CADE iba a apoyar económica y políticamente la candidatura de su rival, Marcelo T. de Alvear.

El 30 de octubre de aquel año 36 llegó desde Bruselas un telegrama dirigido a los directivos locales de la empresa que decía: *"Muy emocionados, os envío a todos, de todo corazón, felicitaciones por el resultado obtenido y mis mejores deseos para 1937. Firmado: Heineman, director de Sofina"*.[8]

No se puede confiar ni en los niños cantores

Otro escándalo de tintes pintorescos que conmovió a la época fue el de los niños cantores de la Lotería Nacional. Todo comenzó una tarde de junio de 1942, cuando un grupo de niños cantores se reunió en el Café de los Angelitos en Rivadavia y Rincón. Allí, uno de ellos comentó que conocía a un oficial tornero que podría fabricar una bolilla de madera idéntica a la utilizada en los sorteos oficiales de la lotería para que pudiera ser cambiada por ellos en el momento del sorteo y obtener así el premio mayor. El resto de los compañeros se mostraron interesados en la idea y el proyecto se concretó durante el sorteo del 24 de julio de 1942, cuando el número 31.025 salió beneficiado con la suma de 300.000 pesos, comprado por los "niños cantores". Pero la indiscreción de algunos de ellos, que comentaron a novias y a amigos su plan, los llevó a la perdición, porque no fueron los únicos beneficiarios y comenzó a conocerse la estafa por todo el país, al punto tal que al día siguiente el diario *Crítica* publicó como título catástrofe la noticia: *"El 025, número anticipado desde ayer, salió con la grande"*.[9]

La Cámara de Diputados, ante la sospecha de que los "niños" no estaban solos, formó una comisión presidida por el doctor Rodríguez Arraya para investigar a la Lotería Nacional. La comisión solicitó y obtuvo la interpelación de ministros y funcionarios, y demostró graves irregularidades en el funcionamiento del organismo oficial, que iban desde el uso

---

[8] José Luis Torres, *La década infame*, Buenos Aires, Freeland, 1973.
[9] *Crítica*, 25 de julio de 1942.

de bolillas de distinto peso a maniobras con los billetes ganadores no cobrados en término por sus beneficiarios. También se demostró que entre la larga lista de compradores del 31.025 había jueces, concejales y ex ministros. De todas maneras, los únicos sancionados fueron los niños cantores, que recibieron penas de tres a cuatro años, y los honestos compradores del 31.025, que seguían ese número por pálpito o costumbre y se quedaron sin cobrar su premio porque el sorteo fue anulado.

Blancas palomitas

Quizás el negociado que trajo consecuencias políticas más graves fue el de la venta de las tierras del Palomar vecinas al Colegio Militar.

En mayo de 1934, la señora María Antonia Pereyra Iraola de Herrera Vegas y su hermana María Luisa intentaron infructuosamente venderle al Estado un campo de poco más de 22 hectáreas en el Palomar, por entender que podría ser de interés del Ministerio de Guerra para ampliar las instalaciones del Colegio Militar. La operación no se concretó porque las damas pedían un peso por metro cuadrado y los peritos oficiales dictaminaron, a través de catorce informes consecutivos, que no debía pagarse más de 19 centavos. Fracasada la operación, en septiembre de 1937, las señoras retiraron su terreno de la venta y se lo comunicaron al director general de Ingenieros, general Juan Bautista Molina. A los pocos días, el 22 de diciembre de ese año, las propietarias firmaron un contrato privado de compraventa con el señor Néstor Luis Casás, por el cual le vendieron el campo a 0,65 pesos el metro cuadrado, estableciéndose un plazo de 120 días para concretar la escrituración.

Ese mismo día el señor Casás se presentó por intermedio de su apoderado, el señor Jacinto Baldaserre Torres, a la Comisión de Presupuesto de la Cámara de Diputados, ofreciendo en venta el campo a 1,10 pesos el metro cuadrado. La comisión llamó a los generales Juan Bautista Molina y Basilio Pertiné, quienes aconsejaron la compra.

La comisión produjo un dictamen en el que aconsejaba la compra hasta un valor máximo de 1,10 el metro cuadrado, y el 11 de enero de 1938 el presidente Ortiz firmó el decreto 21.683 autorizando la compra al valor indicado.

Baldaserre obtuvo, además, un permiso especial del Ministerio de Guerra para que la operación se hiciera en forma simultánea y en tres pasos sucesivos, y el 24 de abril se produjo el negocio en La Plata: en primer lugar, el gerente del Banco Nación, sucursal La Plata, declara cancelada la hipoteca que gravaba la propiedad de las señoras Herreras Vega. A continuación, las señoras venden el campo de El Palomar a Néstor Luis Casás en la suma de 1.450.000 pesos, y finalmente Casás le vende al gobierno nacional el mismo terreno en la suma de 2.450.000 pesos. El pago se hace en orden inverso a la firma de las escrituras, de manera tal que el gobierno paga en primer término a Casás, Casás a las damas y éstas cancelan su hipoteca de 723.000 pesos al Banco Nación. En síntesis, por un milagro argentino, Casás ganó 1 millón de pesos sin poner un centavo.[10]

¿Cómo fue esto posible? Eso se preguntó el senador Benjamín Villafañe y creó una comisión investigadora integrada entre otros por Alfredo Palacios. Poco después se pudo determinar que de aquel millón de pesos, Casás debió repartir casi la mitad en sobornos a funcionarios que iban desde el presidente de la Cámara de Diputados, Juan Kaiser, que recibió $126.925,18, al diputado Miguel Aguerrezabala, que obtuvo $25.373,85 moneda nacional. Los diputados José Guillermo Bertotto y Víctor Juan Guillot recibieron $12.612,48; el general Alonso Baldrich $8.871,39; el presidente de la comisión de presupuesto y hacienda, Gregorio Raúl Godoy, $177.000 en títulos de la deuda y 140.689,26 en pesos moneda nacional; Agustín Echevarrieta, ex secretario de Godoy, recibió $10.000; el empleado de Obras Sanitarias Franklin Fernández Lusbin recibió $167.000, pero todos sospecharon que se trataba de un testaferro y que estaba cobrando el dinero en nombre de Domingo Salva, presidente de Obras Sanitarias y amigo del general Justo[11]. Uno de los diputados implicados y descubiertos, el radical Víctor Guillot, decidió suicidarse dejándole previamente 35.000 pesos de su parte del soborno a una amante. El escándalo sacudió al gobierno en general y al propio presidente Ortiz, firmante del decreto, e influyó decisivamente en su renuncia a la presidencia, que no fue aceptada.

Los principales acusados fueron condenados a siete años de prisión, pero lograron huir al Uruguay. Sólo cumplieron prisión los diputados que cobraron los sobornos menos significativos.

Por aquellos años de corrupción de la clase política una voz lúcida

[10] Osvaldo Bayer, *Los anarquistas expropiadores y otros ensayos*, Buenos Aires, Planeta, 2003.
[11] Congreso Nacional, Cámara de Senadores, *Diario de Sesiones*, Sesión especial del 19 de agosto de 1940, páginas 834 y 835.

y solitaria, la de Roberto Arlt, en sus geniales aguafuertes porteñas, proponía el siguiente discurso para quien quisiera ser diputado en el fraudulento parlamento de los años 30:

"Aspiro a ser diputado, porque aspiro a robar en grande y a 'acomodarme' mejor. Cierto es que quiero robar, pero ¿quién no quiere robar? Mis camaradas también quieren robar, es cierto, pero no saben robar. Venderán al país por una bicoca, y eso es injusto. Yo venderé a mi patria, pero bien vendida. Yo remataré al país en cien mensualidades, de Ushuaia hasta el Chaco boliviano. [...] Para robar se necesitan determinadas condiciones que creo no tienen mis rivales. Ante todo, se necesita ser un cínico perfecto, y yo lo soy, no lo duden, señores. En segundo término, se necesita ser un traidor, y yo también lo soy, señores. Saber venderse oportunamente, no desvergonzadamente, sino 'evolutivamente'. [...] Y no sólo traficaré el Estado, sino que me acomodaré con comerciantes, con falsificadores de alimentos, con concesionarios; le regatearé el pienso al caballo del comisario y el bodrio al habitante de la cárcel, y carteles, impuestos a las moscas y a los perros, ladrillos y adoquines. Y si ustedes son capaces de enumerarme una sola materia en la cual yo no sea capaz de robar, renuncio 'ipso facto' a mi candidatura. Incluso, me propongo vender el Congreso e instalar un conventillo o casa de departamentos en el Palacio de Justicia, porque si yo ando en libertad es que no hay justicia, señores..."[12]

---

[12] Roberto Arlt, "Discurso que tendría éxito", en *Aguafuertes porteñas,* Obras Completas, Buenos Aires, Ameba, 1981.

La infamia
en su máxima expresión:
los presos de Bragado

Una de las primeras víctimas propiciatorias de cualquier dictadura es la justicia, entendida en todo el sentido del término. La injusticia, la arbitrariedad, la ley del más fuerte comienza a imponerse sobre una población indefensa. El argumento de la imposición del orden es el canto de sirena que ensordece a la sociedad y todo comienza a hacerse con ese "noble" fin. Los perseguidos son declarados fuera de la ley por los principales violadores de las leyes autores del pecado capital del golpe de Estado. En ese contexto de barbarie un grupo de hombres de militancia anarquista serán acusados y condenados por un crimen que no cometieron, y sobre el que no tenían la más mínima responsabilidad. Conocieron las mazmorras de Uriburu y Justo, la policía que se vanagloriaba de haber inventado la picana eléctrica y un sistema judicial a la medida de los poderosos. Su delito, como el de sus compañeros Sacco y Vanzetti, era su decidida militancia anarquista y su voluntad inquebrantable de luchar por cambiar la sociedad.

Llega una encomienda

Por aquel entonces Bragado era una apacible ciudad agrícola ganadera de la provincia de Buenos Aires que había nacido como puesto de avanzada contra el indio allá por 1846. Su nombre derivaba de un mítico caballo que tenía una braga blanca en el vientre que era codiciado por huincas y habitantes originarios. Al ser acorralado por una partida de soldados, el caballo "bragado" prefirió saltar al vacío antes que ser capturado. A partir de entonces el caballo libertario comenzó a dar nombre a la comarca que se convertiría muy pronto en ciudad.

La fría tarde del 5 de agosto de 1931 llegó una encomienda a la casa del dirigente conservador y candidato a senador provincial José María Blanch. El destinatario no estaba. Es una caja grande del tamaño de un cajón de manzanas. ¿Quién podría resistirse a la tentación de abrirla? La esposa, la hija y la cuñada del destinatario deciden abrir el misterioso paquete. Apenas comienzan a maniobrar el envío se produce una tremenda explosión que lanza por el aire a las tres mujeres. Las tres quedan gravemente heridas. Paula Arrabarrena, cuñada de Blanch, y María Enriqueta, su hija, fallecen poco después, mientras que su esposa, Juana A. de Blanch, queda hospitalizada en estado reservado.

En el país gobernaba el dictador Uriburu e imperaba la Ley Marcial. En Bragado, la habitual tranquilidad va quedando quebrada y su calmo paisaje habitual comienza a llenarse de policías y pesquisas. Al frente de la comisión policial está el comisario inspector Enrique Williman, y los oficiales Ledesma, Vinotti, Rojo y Tula, todos de la Policía de La Plata. Vale la pena recordar estos nombres. Eran miembros de la bonaerense de entonces, que sumaba a sus "virtudes" actuales la aplicación sistemática de la tortura a los detenidos políticos y sociales. No tienen demasiadas pistas pero el olfato los lleva hacia los radicales. En pocas horas más de 30 militantes del partido de Yrigoyen son detenidos. Los interrogatorios, basados en la tortura impiadosa de los detenidos, van cerrando el círculo sobre Melchor Durán y Juan Perutti. Los dos se cansan de decir que son inocentes hasta que el 15 de agosto Perutti decide suicidarse en su celda cortándose la garganta con una botella.

Perutti es salvado a tiempo por un médico local y la investigación cambia de curso debido a un anónimo recibido por la comisión policial. El "anónimo" parece no ser tal. La investigación posterior demostró que fue escrito por Jeremías Parisi.

El ex comisario de Bragado Parisi señala que no hay que buscar en otro lado más que entre los militantes anarquistas de la FORA, sus históricos y encarnizados enemigos. Los policías, siempre prestos a la caza del anarquista, no lo dudan un instante, a pesar de que el propio damnificado, el doctor Blanch, dice que el comisario Parisi es un viejo enemigo suyo y que tiene una conocida relación de amistad con los acusados Durán y Perutti. Pero a los policías se les ha pedido encontrar o inventar rápidamente a los culpables y allí van, siguiendo una larga tradición que lamentablemente no acabará con ellos.

El 16 de agosto es detenido Pascual Vuotto, en su lugar de trabajo, la estación de ferrocarril de Durañona; Julián Ramos, también obrero ferroviario será privado de su libertad en Mechita; Reclús De Diago y Juan Rossini, obreros ladrilleros en Castelar, y Santiago Mainini, obrero ladrillero en Lomas del Mirador también fueron apresados.

Todos ellos eran militantes anarquistas y la excusa para su detención fue que habían participado el 16 de julio en una reunión ácrata en una quinta cercana a Bragado. Los detenidos no tuvieron ningún problema en admitir que la reunión se había producido y que el objetivo de la misma era recolectar fondos para editar una publicación anarquista.

Las razzias no se limitaron a Bragado y su "zona de influencia" sino que abarcaron la capital, Gran Buenos Aires y La Plata y terminaron con la detención de más de cien trabajadores y militantes sociales, entre ellos los dirigentes sindicales Angel Santamarina y Gonzalo Comerón, que fueron deportados por la aplicación de la ley 4144 conocida como de "Residencia".

Inventando complots

Para la policía y para el gobierno el caso estaba prácticamente resuelto y los anarquistas detenidos eran los responsables del atentado. La Secretaría de la Presidencia lanzó un comunicado fechado el día 24 de agosto donde dando rienda suelta a la imaginación conspirativa habla de un complot de alcance nacional encabezado por anarquistas y radicales. A pesar de la absoluta falta de pruebas, del resultado negativo de los allanamientos a cargo del comisario Williman y sus colaboradores, Ledesma, Vinotti, Tula y Rojo, que destrozaron la casa de Pascual Vuotto y torturaron al niño Héctor Woollands, de 12 años, que vivía en ese lugar, el juez Juan Carlos Díaz Cisneros y el fiscal Augé, redactaron un informe en el que afirmaban categóricamente que un grupo de anarquistas se había reunido en una quinta con el objetivo de planificar atentados en complicidad con militantes radicales.

Los detenidos fueron salvajemente torturados como lo cuenta el propio Vuotto:

"Entonces me esposaron las manos a la espalda, me sentaron en una silla de respaldar alto y me ataron las manos a los pies, por debajo de la silla, con una correa. Después me juntaron los brazos uno contra otro, atándolos con la misma correa, hasta que crujieron los huesos y me golpearon en el pecho a la altura del corazón. Esta operación se repitió tres veces, hasta perder el conocimiento en dos oportunidades. Además se me arrancó el cabello, se me arrastró del mismo por el suelo y se me golpeó contra la pared. A Julián Ramos, Fernando López, Ramón Bodelón, Juan Rossini, Reclús De Diago y Santiago Mainini, se les torturó en la misma forma. Más o menos el 23 o 24 de agosto, llegó el juez, doctor Juan Carlos Díaz Cisneros, ante el cual hubo que ratificar en todas sus partes las declaraciones arrancadas por el terror, bajo amenazas de ser muertos, si se rectificaban. En esta forma es como De Diago y Mainini se hacen autores, apremiados por los "hábiles interrogatorios", después de haber salvado la policía todas las contradicciones entre ambos, les exigen que me acusen de ser el fabricante de la bomba y, desesperados, lo hacen y los obligan a ratificarse ante el juez".[1]

También hubo tortura psicológica a los familiares de los detenidos, particularmente las mujeres y los niños, que tenían horas esperando mientras torturaban a los detenidos y escuchaban sus alaridos de dolor. El detenido Rossini trató de evitar que sus torturados ingresaran a buscarlo y colocó su mano en la cerradura de su celda. Los sujetos forzaron la puerta, le destrozaron tres dedos , lo arrastraron de los pelos y comenzaron a torturarlo. Sus gritos fueron tan terribles que el vecindario comenzó a reunirse en la puerta de la comisaría e intentó tomarla para frenar la tortura. Al otro día los diarios daban la versión oficial: los vecinos habían querido tomar la comisaría para linchar a los detenidos. Cuenta Fernando Quesada que *"dos días después, el juez penetró en el*

---

[1] En Fernando Quesada, "Los presos de Bragado, una injusticia argentina", Buenos Aires, revista *Todo Es Historia*, número 63, julio de 1972.

calabozo de Rossini, ensangrentado todavía, donde en ese momento se hallaba Vuotto. Este le mostró las manchas de sangre de las paredes, y le explicó lo ocurrido con el preso. La respuesta del juez fue inmediata: 'Lo habrá hecho de puro gusto...'".[2] Su compañero Monghelli debió ser trasladado a La Plata, enchalecado, víctima de un ataque de locura.

El detenido Reclús de Diago había sido padre hacía apenas seis meses, y su compañera fue a visitarlo con su pequeño hijo. Apenas entró la mujer a la comisaría de Bragado fue separada de su bebé y detenida e incomunicada por 24 largas horas en las que escuchó, igual que su marido, el llanto del niño, al que no pudo ni amamantar ni atender en todo ese lapso. El llanto del niño se mezclaba con el de la madre desesperada, y las risotadas de los defensores de "agentes del orden". Recién al otro día y cuando el "honorable" comisario Williman lo dispuso, la madre pudo reencontrarse con su hijo, alimentarlo, cambiarlo y ver a su compañero, que había soportado encerrado en su celda, escuchando todas esas horas en la más absoluta impotencia lo que le hacían a su familia.

Vuotto cuenta que le pidió al Juez que lo sacara de ese infierno:

"Cuando él vino al calabozo donde yo estaba, le mostré el pecho lleno de equimosis y desproporcionadamente hinchado. Me dio garantías de que no se me torturaría más y ordenó instruir un sumario administrativo por abuso de autoridad. Después de esto me golpearon cuatro veces más, incluso una vez con una fusta durante una hora y veinte minutos".[3]

Otro de los métodos usados por los represores de entonces que, obviamente, harán escuela en sus colegas del futuro, fue el de los plantones, consistente en obligar al detenido a permanecer de pie por varias horas y hasta días enteros vigilados por agentes que se iban turnando y controlaban desde una silla que el detenido no se durmiera.

"Se me arrancó el cabello y se me dio plantones de 9; 38 y 30 horas, y otro desde el día 3 a las 22 horas, hasta el día 9, a la 1 de la madrugada, con un centinela de vista. Cuando estaba acalambrado, me sacaban a darme unos masajes y después, esposado, me escupían todo el cuerpo, echándome alcohol puro en los órganos genitales

---

[2] Fernando Quesada, *op. cit.*
[3] Pascual Vuotto, *Vida de un proletario, el proceso de Bragado*, Buenos Aires, 1939.

lo que me produjo una enorme llaga en la parte posterior del escroto, pues durante 23 días que permanecí incomunicado me impidieron higienizarme. En varias oportunidades fui conducido, casi a la rastra, al calabozo, por un cabo de guardiacárceles y un cabo de guardia, por no poder caminar. En la misma forma fui conducido a 'declarar'".[4]

En su libro *Vida de un proletario* Vuotto cuenta que como a sus compañeros las salvajes torturas terminaron por convencerlo de admitir la autoría del hecho que se le imputaba:

"Como era evidente que me sería imposible sortear las torturas si no describía el plan exigido por la policía, en el calabozo urdí el fantástico plan que más tarde describí, ya en el paroxismo del dolor producido por las torturas. También dije que De Diago, López y Mainini habían ido a mi casa en busca de una bomba, cuando en verdad el motivo fue otro. Sostuve que no la había entregado por carecer de elementos para hacerla. Nada sabía de esa bomba que la policía destinaba para un atentado en Mercedes, pero, lo confieso, en ese momento perdí el control moral, pues permanecía en un estado de agotamiento físico y moral después de lo que llevo narrado y que es fiel reflejo de la verdad. A pesar de las minuciosas requisas realizadas en mi casa, en las oficinas y playa de estación Durañona y de las prolijas investigaciones hechas en 25 de Mayo, lugar distante una legua de mi domicilio, la policía no encontró el más sutil indicio, que confirmara esas 'confesiones', fruto de la desesperación producida por el largo tormento. [...] Con una violencia sin límites fui torturado en toda forma, haciéndome dos simulacros de fusilamiento [...] A toda costa se me exigía que me confesara fabricante de la bomba. En uno de esos días de agotadoras vejaciones físicas y morales, firmé otra declaración sin serme leída. [...] Antes de ser conducido a presencia del magistrado, Tula, Ledesma y Vinotti me amenazaron con los revólveres y me dijeron que 'ya sabía lo que me esperaba si me rectificaba una sola palabra o denunciaba las torturas'. No obstante ello, rectifiqué lo relacionado con la preparación de una bomba para atentar contra alguna persona, pues no había dicho tal cosa".[5]

[4] *Idem.*
[5] Pascual Vuotto, *op. cit.*

Los dichos de Vuotto fueron ratificados por vía judicial a través de la declaración del valiente médico policial Francisco Macaya:

"Que siendo médico de policía en Bragado, revisó al detenido Pascual Vuotto, constatando que tenía varias hematomas que databan de pocos días y que era de origen traumático, sin que pueda precisar el objeto con que fueron inferidas; que informó al comisario Williman del resultado del examen; que interrogó a Vuotto acerca del origen de esas lesiones y que éste le respondió en tono irónico que eran de los 'hábiles interrogatorios'; que el examen lo hizo ante el médico municipal, doctor Argerich; que es cierto que Vuotto le manifestó que eran víctimas de malos tratos; que vio en el garage de la comisaría a un hombre que permanecía enchalecado y atado a un banco; que una mañana del mes de agosto de 1931, encontrándose en su domicilio, oyó gritos provenientes del local de la comisaría y concurriendo a ese local sin ser llamado, vio a Rossini que había colocado tres dedos de la mano entre dos grampas de la puerta del calabozo, con el objeto de impedir que penetraran al mismo y como habían tratado de abrir la puerta, al empujarla con fuerza, le habían destrozado los dedos de la mano; que es cierto que en Bragado atendió al detenido Perutti, quien había intentado suicidarse, produciéndose una profunda herida en el cuello, y que Perutti le manifestó que había llevado a cabo su intento para evitar 'hábiles interrogatorios'".[6]

El doctor Francisco Macaya había cumplido con su deber de ciudadano. Se había enfrentado a la barbarie y la había denunciado sin ambages. Pero en este caso como en los miles que vendrán en nuestra historia, es importante remarcar que los torturadores Williman, Ledesma, Vinotti, Tula y Rojo, eran parte de un engranaje muy bien aceitado. Que la tortura estaba legitimada por un sistema judicial corrupto y al servicio del poder y que los detenidos quedaban fuera de toda posibilidad de justicia. Para el gobierno, el juez y la policía, Macaya había ido demasiado lejos. Comenzaron las amenazas contra su familia y tuvo que mudarse a Trenque Lauquen. Pero allí la persecución continuó por vías "legales", fue echado de la Policía y se le instruyó un sumario por "falso testimonio".

---

[6] Declaración del Doctor Macaya ante el Juez Cisneros en Pascual Vuotto, *op. cit.*

Tras la barbarie y con las declaraciones arrancadas bajo tortura, el 9 de septiembre de 1931 los detenidos Vuotto, De Diago, Mainini y Ramos fueron trasladados a los sótanos de la Jefatura de Policía de La Plata. Allí permanecieron 10 días incomunicados hasta que fueron derivados a la cárcel de Mercedes. Mientras, la causa quedó perfectamente "armada": el sumario señalaba como autores materiales a Pascual Vuotto, Reclús De Diago y Santiago Mainini, mientras que López, Ramos, Bodelón y Rossini quedaron implicados como cómplices.

El verdadero culpable

En 1985 Carlos Jordán recogió el testimonio de Miguel Lorda, hermano de Bartolomé Lorda que integraba el Comité de Solidaridad de Mercedes. Lorda contó entonces que

> "Rafael Chullivert había tenido disputas con Blanch en la interna conservadora. Era Jefe de Encomiendas en el Ferrocarril de la estación de Bragado, tenía una fiambrería al lado de mi peluquería. Era un tipo muy patotero; y amigo de las peleas y de las armas. El caso es que tiempo después de la bomba, Chullivert asesina a su compañera y a dos hijos de ésta y luego se suicida. Antes de suicidarse deja unas notas: al Juez, a la policía y a su familia, donde pide perdón por el acto cometido con sus hijastros y compañera y además se hace cargo del atentado a Blanch. Expresamente para redimir la pena de los inculpados, los pobres detenidos siguieron a cargo del atentado a Blanch. Estas cartas fueron tomadas por la policía y nunca se presentaron para redimir la pena de los inculpados, los pobres detenidos siguieron cargando con algo que no habían hecho".[7]

Cuenta Fernando Quesada que los acusados no tenían ningún motivo para odiar a la víctima del atentado del que los estaban haciendo responsables y que

> "Blanch por vía de familiares se ofreció a realizar gestiones a fin de que Bartolomé Lorda, obrero anarquista, preso en Villa Devoto, fuera deportado a España. La gestión del señor Blanch dio resultado y se

[7] Carlos M. Jordán, *Los presos de Bragado*, Buenos Aires, Centro Editor de América Latina, 1988.

accedió a concederle la deportación, consiguiendo de esa forma su libertad. Esto fue reconocido, en declaraciones, por el señor Blanch y por hermanos de Lorda. Para la policía quedó descartado, entonces, que el móvil del atentado fuera una venganza por razones personales, o represalia de obreros anarquistas por alguna actitud del señor Blanch contra su sector o contra los trabajadores".[8]

Tuve ocasión de chico de conocer a la maravillosa familia Lorda, vecinos de mi casa en Mercedes, amigos cercanos de mis padres. En lo de los Lorda mis hermanas y yo aprendimos a cantar las hermosas canciones republicanas de la guerra civil y a respirar el más puro y sano aire antifranquista.

La justicia trucha de la década infame

No había justicia en los años treinta. Ni de la social ni de la otra y lo uno estaba relacionado lógicamente con lo otro. Uno de los abogados defensores de los acusados, el prestigioso abogado y militante socialista Carlos Sánchez Viamonte, detalla las irregularidades del proceso judicial:

"Los abogados defensores podemos señalar y demostrar lo que en términos corrientes se llama 'error judicial', no obstante que el error sólo merece ese nombre cuando es involuntario y sincero. De las páginas palpitantes de este volumen brota la demostración de la iniquidad social que se decora con el nombre de justicia y que parece encargada de registrar y difundir ejemplos de virtud inmortalizados por el martirio. Vuotto es uno de los elegidos para ese destino [...] La crónica de los llamados errores judiciales es interminable. Figuran en ella los peores actos humanos. Los más conscientes, los más deliberados e intencionados, los más impunes".[9]

Pero los presos no estaban solos. Desde que Pascual Vuotto tomó la valiente decisión contra viento y marea de hacer conocer al mundo su injusticia, en todo el país comenzaron a formarse comités de solidaridad con los detenidos.

[8] Fernando Quesada, *op. cit.*
[9] Carlos Sánchez Viamonte, Prólogo al libro de Pascual Vuotto, *Vida de un proletario, op. cit.*

"Desde los sótanos de La Plata, pude hacer llegar a mi madre y a mi compañera las primeras cartas, a pesar de la vigilancia estricta. Y estas cartas llevaron al mismo tiempo la angustia y un consuelo a sus atribulados corazones. Otros presos, al verme pasar en tan deplorable estado, me enviaron leche y unas mantas. [...] Un lápiz con dos puntas y algunas hojas de papel traían grandes posibilidades escondidos entre las mantas. Echado sobre éstas, sufriendo grandes dolores en el pecho, escribí esas cartas que circularon velozmente en 9 de Julio y Durañona. Las hojas portadoras de noticias salían pegadas con jabón en el fondo de los recipientes en que me enviaban alimentos e iban a esas manos solidarias que luego las enviarían por correo a destino. [...] Llegar a Mercedes y romperse el dique de la paciencia fue todo uno. Apareció la primera denuncia en El Liberal, de 9 de Julio, causando general estupor. A esa publicación siguieron otras en los diarios de Mercedes, que fueron interrumpidas en forma brusca al recluirnos, a De Diago y a mí, en un calabozo durante 28 días, no permitiéndosenos ni la visita del abogado. Al levantarse esa incomunicación, continuamos nuestras denuncias públicas, en plena dictadura, lo que produjo tres procesos por supuesto desacato".[10]

De todo el mundo llegan adhesiones, pedidos de justicia, repudios al gobierno y la "justicia" argentina. Sindicatos de Italia, Francia, España, México, intelectuales de diversos países, todos clamaban por la libertad inmediata de los detenidos y denunciaban a la infamia en el poder.

En la navidad de 1939 Pascual Vuotto recibió en su celda de Mercedes esta carta:

"Estimado Vuotto: Le agradezco mucho el regalo de sus dos libros y me he leído casi entera su vida. Una de las cosas que más me han importado en este mundo es la suerte del preso. No es un interés literario sino muy íntimo. Su caso me ha conmovido en profundidad. Defienda su alma para conservar la esperanza y un poco de alegría. Esta es indispensable para trabajar y sencillamente para vivir. Yo sé que esto cuesta mucho, pero es heroicamente posible. Cuando usted salga de allí, la vida le aparecerá más ancha y más hermosa que nunca. Y yo no dudo de que usted saldrá porque tiene amigos que velan por que se haga justicia".

[10] Pascual Vuotto, *op. cit.*

La firmante era la poetisa chilena Gabriela Mistral[11].

El propio Vuotto hace un balance de la campaña lanzada en todo el país para terminar con la injusticia que padecían él y sus compañeros:

"Hemos logrado enviar pruebas demostrativas de nuestra inocencia a más de cien diarios y periódicos. Más de diez mil cartas hemos escrito a todas las direcciones no para mendigar ayuda, sino para hacer conocer esta vergüenza nacional que es el proceso de Braga-do. Existen en el país 80 comités formados por sindicatos obreros y hombres conscientes que se han rebelado contra esta enorme injusticia cometida para reprimir las libertades proletarias y cercenar los derechos ciudadanos. Se han realizado más de 500 actos públicos en todo el país, en los que han intervenido obreros, intelectuales, abogados, hombres y mujeres de todos los sectores socialistas; se han impreso 80 mil folletos, 300 mil engomados, 150 mil estampillas, 100 mil murales y 'afiches', 200 mil ejemplares de ¡Justicia! Y más de dos millones de impresos de toda clase".[12]

Pero la soberbia oligárquica no se conmovía. Los presos de Bragado eran rehenes del sistema. Estaban allí para demostrar lo que le ocurría al que simplemente osaba pensar distinto a los cánones de la oligarquía vacuna.

También en el parlamento se levantaron voces contra la ignominia. El diputado socialista Guillermo Korn decía en el recinto el 13 de septiembre de 1935:

"Podría en este momento, basándome en documentos publicados, hacer el análisis total de la versión criolla del proceso de Sacco y Vanzetti el proceso de Bragado es verdaderamente monstruoso y repudiable, y constituye un documento probatorio de la situación de la administración de la justicia en la Provincia de Buenos Aires. El proceso de Bragado contiene la prueba de las siguientes graves irregularidades: El juez aparece complicado, por lo menos como encubridor, de torturas a los procesados. El juez atribuye valor legal a declaraciones firmadas por los procesados bajo la acción de horribles torturas que aparecen comprobadas por testigos y por indicios

---

[11] Carta de Gabriela Mistral a Pascual Vuotto, en Pascual Vuotto, *op. cit.*
[12] Pascual Vuotto, *op.cit.*

abundantes y vehementes, sobre todo por el testimonio del médico de policía, doctor Macaya. El juez y la Cámara del crimen deniegan el juicio oral solicitado por todos los procesados en condiciones de gozar de ese beneficio... El juez reconoce que los procedimientos de la policía durante el sumario no son los de la ley procesal, porque ellos estaban a la orden del Gobierno Provisional, y no obstante eso, reconoce y atribuye carácter probatorio a sus actuaciones. El juez tiene los expedientes y llega hasta a ordenar que no se permita ni a los letrados sacar copia de las vistas del expediente. El juez altera los hechos en su esencia y se produce con grosería respecto al doctor Macaya, a quien acusa por haber declarado la verdad respecto a las torturas. [...] Está probado, entre otras cosas, que se obligó a los procesados a declarar contra sí mismos".[13]

La condena

Los acusados debieron escuchar el alegato del fiscal, que más que una acusación, para la que evidentemente le faltaban argumentos, fue un discurso político de ultraderecha: "*Es menester evitar, señor Juez, que el espíritu generoso y tolerante del pueblo argentino, traducido en la liberalidad de sus leyes e instituciones, sea arrollado por el anarquismo o acratismo que es un mal universal de nuestros tiempos, que es residuo, que es la miasma de la alta cultura a que se ha llegado en éste nuestro siglo de la aviación y de las comunicaciones inalámbricas*"[14]. Acto seguido el juez Juan Carlos Díaz Cisneros, condenó el 31 de diciembre de 1934 a Vuotto, Mainini y de Diago, a la pena máxima y dejó en libertad a López, Bodelón, Ramos y Rossini.

La condena, escrita de antemano por un juez absolutamente corrupto, parcial y comprometido con el poder, le mereció el siguiente comentario a Pascual Vuotto, que mantenía intactos sus principios libertarios:

"El juez Díaz Cisneros como muchos hombres de su clase y de su ley, cree que ser anarquista es tener en el pecho un tatuaje reproduciendo una calavera y dos tibias cruzadas, y que una reunión no puede realizarse sino en los cementerios y catacumbas, pues que

[13] Guillermo E. Estévez Boero, Congreso Nacional, El proceso de Bragado. Proyecto de ley desagraviando a las víctimas, Buenos Aires, 1991.
[14] En Fernando Quesada, *op. cit.*

lo harían con el rostro cubierto para tirar la bolilla y designar a los regicidas, a los que han de atentar contra los amos de sable o bastón. No concibe el juez Díaz Cisneros que hace siglo y medio la burguesía era conspiradora y que ella también ejecutó una revolución con el brazo del campesino hambriento para establecer su reinado sobre el hambre y la esclavitud del salario".[15]

Los abogados de los detenidos apelaron la injusta sentencia, pero tanto la Cámara de Apelaciones de Mercedes, como la Suprema Corte de Justicia de la provincia, confirman el fallo y rechazan la posibilidad de nueva apertura de la causa a prueba. La defensa apela a la última instancia judicial: la Corte Suprema de Justicia de la Nación.

Todavía a diez años del inicio de todo este "proceso", en 1941 la Corte Suprema rechaza el último recurso. Algunos comienzan a hablar de la posibilidad de una amnistía frente a la cual los detenidos fijan su posición en éstos términos:

"Nos sentimos obligados a decir que los presos de Bragado no necesitan amnistía sino justicia. No somos culpables para impetrar piedad; exigimos con nuestras fuerzas que se nos haga justicia. Hemos de saber soportar la cárcel estoicamente, pero también sabemos decir a los que hablan de amnistía que no hemos de permitir que sobre el tormento soportado en Bragado [...] se agregue ahora el escarnio de un perdón humillante y deshonroso".[16]

Todo parecía terminado cuando el gobernador de la provincia de Buenos Aires, Rodolfo Moreno, tras estudiar el expediente decidió conmutarles la pena máxima por una condena a 17 años de prisión lo que implicaba, por la buena conducta de los detenidos, la posibilidad de aspirar a la libertad condicional. Tras firmar el decreto declaró a la prensa:

"En el voluminoso expediente que he estudiado foja por foja, hay hechos tan contradictorios como el dictamen del procurador general de la Corte, doctor Juan Antonio Bergez, que está en abierta pugna con el fallo condenatorio. Igualmente faltan en el expediente los informes del médico de policía de Bragado, doctor Macaya, que

---

[15] Pascual Vuotto, *op. cit.*
[16] Carta de Vuotto, Da Diago y Mainini publicada en el Periódico *CGT* N° 324 del 1° de junio de 1936.

establecía fehacientemente los castigos aplicados a los procesados. Pero yo he hablado con el doctor Macaya; he estudiado a fondo este asunto y he obrado a conciencia. Por otra parte, no todos los acentos del clamor público deben haber sonado en falso. Estoy tranquilo y eso es lo que me interesa".[17]

El diario *Crítica* había seguido de cerca el proceso celebraba la libertad de los detenidos: *"...para la opinión pública Vuotto, Mainini y De Diago eran inocentes el mismo día en que comenzaron a difundirse las monstruosas circunstancias de su procesamiento. El gesto del gobernador Moreno no hace más que confirmar esa opinión general".*[18]

Los presos fueron puestos en libertad el 24 de julio de 1942. Una multitud los recibe. Eran los que habían luchado por su libertad, los impulsores de los comités "Pro libertad de los Presos de Bragado", acompañados por sus familias, era trabajadores y compañeros de militancia con sus banderas rojas y negras. Vuotto, De Diago y Mainini, querían saludar a todos, estrecharse en un abrazo con cada pecho fraterno. Estaba claro para todos que aquel extraordinario logro era producto de la lucha incansable, de la denuncia permanente y valiente.

En mayo de 1991 el diputado socialista Guillermo Estévez Boero logró hacer aprobar en el parlamento nacional un proyecto de desagravio a la memoria de los presos de Bragado que dice en su parte resolutiva:

"Art. 1° - Desagráviese el nombre y la memoria de Santiago Mainini y Reclús De Diago por la injusta sentencia que recayera sobre ellos condenándolos a reclusión perpetua por el homicidio de María Enriqueta Blanch y de Paula Arruabarrena; Art. 2° - Desagráviese el nombre de Pascual Vuotto por la injusta sentencia recaída sobre él condenándolo a reclusión perpetua por el homicidio de María Enriqueta Blanch y Paula Arruabarrena".[19]

Vale terminar esta historia con el epílogo del libro de Pascual Vuotto, *Vida de un Proletario,* en el que puede apreciarse toda la dignidad, la valentía y el espíritu de lucha de un hombre que había sufrido como pocos en carne propia las injusticias de aquella década infame:

---

[17] *Noticias Gráficas,* Buenos Aires, 8 de julio de 1942.
[18] *Crítica,* 8 de julio de 1942.
[19] Guillermo Estévez Boero, *op. cit.*

"Este libro será una profunda herida, una herida abierta por la injusticia social. Será por eso mismo, sangre y doliente. No pretende inspirar compasión. Como el rugido de un león aprisionado, es grito estentóreo, de rebelión y protesta. Es afirmación de fe en un ideal superior y en la capacidad creadora de la especie. Quiere ser sobre todo, llamado fraterno, para que despierten a la lucha todos los oprimidos".[20]

---

[20] Pascual Vuotto, *op. cit.*

El fraude al poder.
De Justo a Castillo
(1932-1943)

"Más bien que elecciones fraudulentas corresponde decir que en esas ocasiones no hubo elecciones, porque nadie pretendió hacer creer que había actos eleccionarios normales en que el pueblo había expresado su opinión. Más que parodia de elecciones hubo en esos casos y, en otros parecidos, negación ostensible y confesa del derecho electoral del pueblo argentino o de una parte de él".[1]

FEDERICO PINEDO,
MINISTRO DE HACIENDA DEL GENERAL JUSTO

Un cambio de look

Ante el fracaso de Uriburu apareció la lógica figura de recambio: su co-equiper en el golpe de Estado, el general Agustín P. Justo, quien junto a Julio A. Roca hijo integrará la fórmula presidencial para las fraudulentas elecciones de noviembre de 1931. No hubo sorpresas y Justo asumió la presidencia en febrero de 1932. Había triunfado, con las facilidades que le daba la proscripción de la Unión Cívica Radical, la "Concordancia" justista, una ensalada criolla de partidos de derecha como el Demócrata Nacional, Socialista Independiente (que como se dijo, no era ni socialista ni mucho menos independiente) y los radicales antipersonalistas.

El nuevo general presidente que nos tocaba en suerte trató de despegarse de su antecesor e intentó darle a su gobierno un tinte más civil y mostrar que comenzaba una nueva etapa histórica. Lo que era cierto, pero en el peor de los sentidos.

El general y su vicepresidente, nada menos que el hijo del "conquistador del desierto", representaban fielmente las aspiraciones de la oli-

---

[1] Pinedo, Federico, *op. cit.*

garquía criolla y las necesidades del imperio británico en años de crisis. Había que concretar planes de ajuste y, así como los países centrales transferían los efectos negativos de la crisis a los países dependientes, el Estado en manos de la oligarquía trasladaría esos efectos a las clases trabajadoras a través de rebajas salariales y aumentos de impuestos.

El diario *La Prensa* alertaba al gobierno ante la remota posibilidad de imitar a Roosevelt y su New Deal: *"Invertir millones de pesos en caminos, canales o cualesquiera otra clase de empresas con el solo propósito de dar trabajo a los desocupados, sería arrojar sobre el presupuesto una nueva carga de beneficencia".*[2]

A Justo & Roca los tenían absolutamente sin cuidado la miseria, la desocupación y el hambre que estaba asolando a la Argentina, uno de los países considerado entre los primeros productores de alimentos del mundo. Decía Raúl Scalabrini Ortiz: *"No hay en el transcurso de la presidencia del general Justo una sola medida que haya nacido animada por un sentimiento de bienestar público, una sola medida que tienda a defender la economía nacional de la rapacidad extranjera".*[3]

Las relaciones con Gran Bretaña parecían haberse oscurecido después de los acuerdos que esta había firmado, en 1932, en Ottawa, Canadá, con los países del Commonwealth (asociación económica de países británicos), que estipulaban que la carne proveniente de Nueva Zelanda y Canadá sería preferida por la demanda británica.

Por el tratado Roca-Runciman, a cambio del compromiso inglés de continuar comprando la misma cantidad de carne enfriada y no imponer nuevos gravámenes sobre las exportaciones de nuestro país, la Argentina trataría con especial cuidado ("deferencia" decía el acuerdo) a las empresas británicas.

Buenos vecinos

En 1936, en ocasión de la Conferencia Interamericana reunida en Buenos Aires, se produjo la visita oficial de presidente de los Estados Unidos, Franklin Delano Roosevelt, quien estrenó entre nosotros su famoso discurso de la "buena vecindad" entre su país y los Estados lati-

---

[2] *La Prensa*, 11 de marzo de 1932.
[3] Scalabrini Ortiz, Raúl, *Política británica en el Río de la Plata*, Buenos Aires, Clarín, 1998.

noamericanos, que venía a reemplazar la política intervencionista del gran garrote. El mandatario prometió rebajar los aranceles aduaneros que dificultaban seriamente la introducción de productos de la región en Norteamérica. A la salida de un homenaje en el Congreso fue sorprendido por un hombre que gritaba desaforadamente: "¡Muera el imperialismo yanqui!" Se ordena su inmediata detención y al identificarlo los policías no salen de su asombro: se llamaba Liborio Justo y era el hijo del presidente de la República. Años más tarde, Liborio, bajo el seudónimo de Quebracho, será el autor de varios libros que analizarán la historia argentina desde una perspectiva marxista.

En busca del Estado perdido

En gran parte del mundo se comenzaban a utilizar las recetas del economista británico John M. Keynes, que, ante situaciones de crisis prolongadas, aconsejaba la intervención del Estado para incrementar el consumo y estimular la demanda global.

Entre las primeras medidas anticrisis que aplicó el nuevo gobierno se destaca la implantación del impuesto a los réditos que quienes ahora ocupaban el gobierno se habían negado a aprobar durante el mandato de Yrigoyen y la sanción del decreto de Uriburu que establecía el control de cambios, por el cual la compraventa de las divisas quedaba en manos del Estado. A partir del control de las divisas, el gobierno decidía el destino de estas, con lo que disponía de un importante instrumento de negociación y presión económica.

Pero había que hacer algo más: dejar de lado la declamada defensa del liberalismo económico y utilizar al Estado como un instrumento regulador de la economía en beneficio de las clases dirigentes. Incluso los conservadores, los acérrimos enemigos de cuanta fórmula socialista circulase, incluidas aquellas que fueron adoptadas por el populismo yrigoyenista, se habían vuelto intervencionistas, pero eran "selectivos", no intervendrían en absoluto en la esfera social, lo suyo era el sostén y estímulo de la empresa privada con fondos públicos.

Nace en la Argentina, en la figura de Federico Pinedo, un clásico liberal-conservador que será el motor de las políticas de Justo, una tradición destinada a perdurar: la de los ministros de Economía "estrella".

Bajo su impulso fue creado el Banco Central de la República Argentina, que contó con el asesoramiento de Sir Otto Niemeyer, director del

Banco de Inglaterra. El directorio de la entidad estaba compuesto mayoritariamente por hombres ligados a bancos privados. Sus funciones se vinculaban al manejo de la moneda, el crédito y el valor del peso, la regulación del papel circulante y la regulación de las tasas de interés.

Se crearon también una serie de entidades denominadas Juntas Reguladoras Nacionales, destinadas a fomentar ciertas actividades privadas y estatales y controlar la calidad de los productos, tanto los destinados a la exportación como al mercado interno. Pero una de las funciones de las juntas fue la destrucción de la producción para sostener los precios. Cosechas enteras de maíz fueron usadas para alimentar las calderas de las locomotoras con el fin de que no bajara la rentabilidad de las empresas exportadoras. En medio de la miseria popular, se destruían alimentos. Solamente en el rubro vinos, el Estado nacional gastaba más de treinta millones de pesos anuales en destruir vides.

Grandes grupos económicos, como Bunge & Born, dedicados hasta ese momento a las actividades agropecuarias orientadas hacia la exportación, junto a otros como el Tornquist, comenzaron a diversificar y ampliar sus actividades invirtiendo capitales en las industrias sustitutivas de las importaciones.

Pinedo lanzó un plan de construcción de carreteras que además evidenciaba, más allá de la sumisión del gobierno a Londres, la lenta pero inexorable imposición del imperialismo norteamericano, fabricante de automóviles y autobuses, frente al imperialismo británico, dueño de buena parte de la red ferroviaria argentina. El impuesto a la nafta sirvió para financiar las obras encaradas por la flamante Dirección de Vialidad Nacional, que para 1938 había logrado aumentar en ocho mil kilómetros las rutas argentinas, que llegaron en aquel año a treinta mil, muchas de las cuales seguían sin pavimentarse. Las obras, junto con el notable incremento del parque automotor, quebró el aislamiento de regiones todavía incomunicadas, facilitando el ingreso de personas y productos a los centros urbanos.

Por aquellos años creció la inversión de capitales estadounidenses y se instalaron las textiles Sudamtex, Ducilo y Anderson Clayton; las de neumáticos Firestone y Good Year, la electrónica Philco y la química Johnson & Johnson.

Las escasas divisas disponibles impidieron comprar manufacturas importadas en gran cantidad, iniciándose de manera involuntaria una política de protección a nuestra joven industria. De este modo, el dinero invertido en la industria comenzó a ser mayor que el destinado a la agricultura. Así, con el transcurso del tiempo, la industria fue convirtiéndose en el sector líder de la economía. Los efectos en la sociedad fueron profundos: el sector terrateniente dejó de ser el único dominante y surgió el industrial, aunque eran numerosos los casos en que miembros de un sector actuaban en el otro. Al mismo tiempo, la mano de obra desocupada encontró empleo a medida que se producía una lenta reactivación y los sectores populares fueron accediendo a la demanda y, de este modo, los productos de nuestra industria fueron encontrando compradores seguros.

La lucha continúa

La baja de los precios de los productos agropecuarios argentinos llevó a la quiebra de numerosos pequeños propietarios rurales. Esto produjo el desplazamiento de importantes cantidades de habitantes del campo a las ciudades. Estas migraciones internas aumentaron notablemente la población de algunas ciudades, en especial Buenos Aires y Rosario. La población de Buenos Aires creció de 1,5 millones de habitantes en 1914 a 3,4 millones en 1935. La llegada de los migrantes internos fue observada, por los habitantes de la capital, con recelo en algunas oportunidades y con rechazo en otras. Alejandro Bunge llamaba la atención sobre la formidable acumulación en la zona aledaña a la capital, que representaba un veinte por ciento del territorio: concentraba el 67 % de la población, el 87 % de la superficie sembrada con cereales y lino, el 67 % del ganado bovino, el 54 % de la extensión de líneas férreas, el 71 % de las líneas telefónicas, el 79 % de los automóviles, y el 78 % de las inversiones en industrias extractivas y manufactureras.[4]

Estos numerosos contingentes, provenientes del interior, arribaban a las ciudades sin un pasado político ni gremial, por lo que, en su mayoría, no participaban de las ideas de ninguno de los partidos políticos tradicionales.

Esto contrastaba con los obreros asociados al fenómeno inmigratorio, identificados con ideas y prácticas socialistas y anarquistas y, por ello, partidarios de un sindicalismo más combativo.

Estos nuevos sectores, en la década siguiente, constituirán la base social del peronismo. El arribo masivo de migrantes, inmediatamente

---

[4] Bunge, Alejandro, *Una nueva Argentina*, Buenos Aires, Hyspamérica, 1986.

convertidos en nuevos trabajadores, modificó la composición del movimiento obrero.

En el momento de producirse el golpe de Estado de 1930 existían tres centrales sindicales: la Confederación Obrera Argentina (COA), vinculada al Partido Socialista, la Unión Sindical Argentina (USA), de carácter sindicalista y la Federación Obrera Regional (FORA), de tendencia anarquista.

A pocos días de producido el golpe de Uriburu, el 20 de septiembre de 1930, una asamblea gremial oficializaba la fusión de la Unión Sindical Argentina y Confederación Obrera Argentina para dar origen a la CGT. La FORA anarquista no aceptó participar de la nueva central y repudió el nuevo sindicalismo. Pero bajo la aparente unidad subsistían las históricas rivalidades entre la corriente sindicalista y la socialista. Los primeros planteaban que el movimiento obrero debía mantenerse próximo al gobierno para obtener ventajas, pero ajeno a la política de partido, y los segundos, en cambio, entendían que era necesario establecer una distancia mayor con el gobierno de turno y le daban una gran importancia a la militancia partidaria.

La situación de la clase trabajadora, durante los primeros años de la década del treinta, reflejó los efectos de la crisis. La pobreza cobró forma de ollas populares y barrios de emergencia.

Desde 1935 hasta fines de la década, el proceso de industrialización mediante sustitución de importaciones, con la radicación de nuevas industrias, posibilitó una recuperación del salario industrial.

En el ámbito gremial, la corriente "sindicalista" perdió confiabilidad debido a sus acuerdos con el gobierno justista, en especial, con el gobernador pro fascista de la provincia de Buenos Aires Manuel Fresco. Esto facilitó el avance de las corrientes socialista y comunista en los gremios y en la dirección de la CGT. La acción sindical de los socialistas se vio apoyada por la acción parlamentaria de los diputados de ese partido. Los sindicatos comunistas, a partir de 1935, dejaron de oponerse a la unidad sindical y buscaron la alianza con otros gremios. La crisis y la desocupación aplacaron la protesta obrera por un tiempo. El miedo a perder el empleo operó como un aliado de la salvaje represión desatada contra los trabajadores sindicalizados. Pero la lenta recuperación económica, que se comienza a evidenciar a partir de 1935, y la consolidación de sus organizaciones, van devolviendo a los trabajadores la confianza en su capacidad de movilización y acción. En enero de 1936 se lanzó una huelga general por 48 horas propiciada por los trabajadores de la construcción que, aun en medio de las medidas represivas que arrojaron un saldo de seis muertos, tres obreros y tres policías, alcanzó un importante acatamiento.

Sin embargo, una cantidad respetable de trabajadores "nuevos", provenientes del campo, no se sintieron interpretados por las tendencias predominantes en el movimiento obrero.

La muerte del caudillo

Tras permanecer más de un año preso en Martín García, Yrigoyen regresó a Buenos Aires a fines de 1932. Pero en 1933 estalló la revolución radical de Paso de los Libres y el gobierno de Justo lo envía nuevamente a la isla. Estos traslados no le hacen nada bien, tiene casi ochenta años y su médico le diagnostica un cáncer en la laringe. El 3 de julio de 1933, por la tarde, entró en agonía y pocas horas después falleció. Su familia rechazó el duelo oficial impuesto por el hipócrita gobierno de Justo.

Al día siguiente una multitudinaria manifestación que cubre treinta cuadras acompaña al viejo líder hasta el cementerio de la Recoleta, donde será depositado en el Panteón de los Caídos de la Revolución del 90.

El colectivo

La aparición de los taxis colectivos, un invento argentino producto de la crisis, fue todo un éxito. Para mediados de la década del treinta había decenas de líneas, que eran económicas, recorrían toda la capital y la conectaban con el Gran Buenos Aires. Las empresas inglesas, dueñas de los tranvías, los subterráneos y los trenes urbanos, pusieron el grito en el cielo al ver la receptividad que tenía esta novedad empresarial. Mister John M. Eddy, director de la empresa inglesa de tranvías, se quejaba de que: "*el 83 por ciento de la disminución de los pasajeros corresponde al tráfico urbano, debido a la competencia sin precedentes de ómnibus y colectivos*".[5]

El gobierno, solícito, sancionó una ley que creaba la Corporación del Transporte, que ponía bajo el control del monopolio inglés a los colec-

---

[5] Brailovsky, Antonio Elio, *Historia de las crisis argentinas,* Buenos Aires, Editorial de Belgrano, 1985.

tivos, lo que desató una importante ola de protesta y la denuncia del senador Palacios:

> "Una experiencia personal, señores senadores, puedo citar para demostrar que las leyes que en este momento se debaten sólo beneficiarán a los capitales extranjeros radicados en la República Argentina. El discurso que pronuncié en esta Cámara el día 2 de agosto de 1936, para dejar constancia de mi protesta por la intervención del gobierno y de la diplomacia de Inglaterra, a favor de estas leyes que tratamos, fue sintetizado en el gran diario londinense *The Times* [3-VIII-36]. Al pie, una nota decía para ilustración de los lectores: 'Las leyes de coordinación a que aquí se refiere el legislador argentino, tienen por objeto proteger a los ferrocarriles y los tranvías de Buenos Aires, en los cuales se ha invertido mucho capital británico'".[6]

Otro país era posible

En medio de la corrupción y el fraude surgieron dos experiencias de gobierno que, sin pretender salirse del modelo ni cuestionar a fondo sus bases, significaron una clara denuncia al régimen y evidencian a la distancia que el remanido concepto de que a los gobiernos de la Década Infame no les quedaba otro remedio que hacer lo que hicieron es una falacia. Luciano Molinas en Santa Fe y Amadeo Sabattini en Córdoba representan la otra cara de la Década Infame: ambos intentaron aplicar un modelo que iba en sentido contrario al imperante en el gobierno nacional.

En los pagos de don Lisandro

Uriburu nombró como interventores de la provincia de Santa Fe a Diego Saavedra, un demócrata progresista que convocó a miembros del partido a ocupar los principales cargos del gobierno provincial, y a dos conservadores porteños, José María Rosa y Augusto Rodríguez.

La abstención radical permitió al Partido Socialista obtener 43 ban-

---

[6] *Diario de Sesiones del Honorable Senado de la Nación*, sesión del 28 de septiembre de 1936.

cas de diputados nacionales y dos senadores (Alfredo Palacios y Mario Bravo) y la democracia progresista llegar a imponer a sus candidatos, Luciano Molinas-Isidro Carreras en las elecciones para la gobernación de Santa Fe.

El primer acto de gobierno de Luciano Molinas al asumir el cargo el 20 de febrero de 1932 fue reimplantar la progresista Constitución de la Provincia de Santa Fe sancionada por la Constituyente de 1921 y derogada por el gobernador radical Mosca. Se aseguró luego la estabilidad del Poder Judicial, las garantías individuales y la equidad impositiva. Se garantizó el laicismo en las escuelas del Estado y se dispuso que los 292 consejos escolares de la provincia sean electos por la comunidad educativa y no designados a dedo por el gobierno; además, se elevó el presupuesto educativo al veinticinco por ciento del total provincial. Se estableció el voto femenino y se permitió el voto de extranjeros para elegir autoridades comunales.

El Estado benefactor

El nuevo gobierno creó el Departamento Provincial del Trabajo, que tenía facultades de mediación en los conflictos entre el capital y el trabajo, además de la fiscalización del cumplimiento de la novedosa legislación social que garantizaba la Constitución provincial en su artículo 28, que exigía el cumplimiento de la jornada de ocho horas, el salario mínimo y la reglamentación del trabajo de menores y mujeres. El departamento creó una bolsa de trabajo para los desempleados. Toda esta labor se complementó con la creación de los tribunales de trabajo con sede en Santa Fe y Rosario.

Molinas eliminó los "gastos de etiqueta", que insumían 1.500 pesos por mes, rebajó su sueldo de 2.500 a 1.800 pesos, suspendió el pago de la deuda externa de la provincia y ordenó las rentas provinciales. La prolija política financiera y fiscal permitió que la provincia pasara en poco tiempo del déficit al superávit y estuviera en condiciones de encarar un lúcido plan de obras públicas bajo el impulso del ministro del ramo Alberto Casella, que incluyó la construcción de caminos, canales fluviales, puertos, obras de dragado en los puertos de Santa Fe y Rosario, desagües y saneamientos, además de una interesante reestructuración de la red ferroviaria provincial. El plan permitió el empleo de una importante cantidad de mano de obra.

Santa Fe, provincia chacarera por excelencia, evidenciaba como pocas el padecimiento de los pequeños y medianos productores rurales. Ya sumaban miles los que estaban al borde de la quiebra.

El gobierno de Molinas sancionó la Ley de Arrendamientos Agrícolas, que fijaba precios y condiciones justas entre propietarios y arrendatarios; estableció tarifas mínimas para la cosecha y propició la distribución de semillas para la siembra. También se promovieron impuestos a las grandes propiedades rurales y se puso una inédita energía en cobrarle a los morosos, independientemente de su o sus apellidos. Por su parte, la promulgación de impuestos al latifundio y el ausentismo produjo lo que el gobierno había previsto, es decir, gravar las grandes propiedades.

La Ley de Colonización de 1932 intentó el reparto de tierras fiscales, pero no pudo aplicarse como deseaba Molinas debido la férrea oposición de la Sociedad Rural, los conservadores y los radicales alvearistas. En cuanto a la tecnificación y aplicación de la ciencia al campo, se creó el Instituto Experimental de Investigación Agrícola, un antecedente del INTA, que recién sería fundado casi treinta años después. La Ley del Hogar prohibía el desalojo de las familias rurales y urbanas que habitaran viviendas valuadas en menos de diez mil pesos.

Tolerancia cero

Pero no sólo del campo se ocupó el gobierno demoprogresista de Santa Fe, encaró también una activa política de fomento de la radicación industrial, eximiendo de impuestos a los nuevos establecimientos, lo que llevó a un importante crecimiento de la industria en el panorama económico de la provincia.

El progresismo y el éxito en la gestión del gobierno de Santa Fe comenzó a preocupar a los conservadores en el poder con el general Justo a la cabeza. Santa Fe era "un mal ejemplo" para el resto de las provincias. Un gobierno honesto que favorecía a los sectores populares y que impulsaba el desarrollo iba absolutamente en contra de los principios de los fraudulentos gobernantes que ocupaban la Rosada y de las "arraigadas" convicciones de nuestra oligarquía. Además, había que castigar a Lisandro de la Torre por su "insolencia" al denunciar el negociado de las carnes, que involucraba a ministros de aquel corrupto gobierno, y había que hacerlo rápido porque sólo faltaban meses para las elecciones en Santa Fe, donde se descontaba el triunfo de De la Torre, debido a su trayectoria y al excelente gobierno que había desempeñado su partido. Otro tema importante se refería al hecho de que la Concordancia necesitaba garantizar su sucesión tras el final del mandato de Justo, y para eso los votos de Santa Fe en el Colegio Electoral eran fundamentales frente a los seguros fracasos en Capital Federal, Córdoba y Entre Ríos.

El gobierno, adicto a las trampas, le encontró la vuelta "legal" al asunto: al senador conservador Arancibia Rodríguez, quien como muchos de sus colegas de clase y de ideas había avalado el golpe militar que avasalló la Constitución Nacional y que se había callado la boca mientras veía caer asesinado al senador por Santa Fe, Enzo Bordabehere, le agarró un súbito ataque de legalidad y planteó que el gobierno santafecino había violado las formas republicanas al poner en vigencia la Constitución de 1921, anulada por el entonces gobernador Mosca. En el debate, Lisandro de la Torre, con su habitual elocuencia, afirmó:

> "Santa Fe debe ser avasallada porque su partido mayoritario me ha proclamado a mí como candidato a gobernador de la provincia; Santa Fe debe ser avasallada en revancha del debate sobre la investigación del comercio de carnes. No bastaba con dejar en pie todos los vicios revelados por la investigación, más lozanos que nunca; no bastaba con que el monopolio mantenga su dominio imperturbable en detrimento de la riqueza del país; no bastaba con que la sangre de un senador por Santa Fe haya manchado este recinto, cobardemente asesinado; no bastaba con que se le niegue a la madre del muerto el derecho de querellar; no bastaba con que la Justicia no se interese en recibir los testimonios formidables que yo revelé en esta Cámara; no bastaba todo eso. ¡Era necesaria, todavía, la venganza!"[7]

Pero la decisión estaba tomada. El presidente Justo envió la intervención a Santa Fe el 3 de octubre de 1935 sin siquiera esperar que el tema sea tratado en diputados. Todos los leguleyos conservadores y "liberales" que criticaban a Yrigoyen por sus intervenciones federales enmudecieron de pronto.

La intervención estuvo a cargo del coronel Perlinger, que venía con la orden de Justo de destruir todo lo positivamente construido por Molinas y su equipo.

---

[7] González Arrili, Bernardo, *Vida de Lisandro de la Torre*, Buenos Aires, Mirasol, 1962.

En Santa Fe y Rosario se produjeron episodios de repudio a la intervención y ofrecimientos de resistencia armada que fueron rechazados tanto por Molinas como por De la Torre para evitar derramamientos de sangre. El "valiente" coronel Perlinger quiso convenir la entrega del poder y lo llamó a Molinas, quien le contestó: *"Si usted ha sido comisionado para ocupar el gobierno y tiene fuerzas, vaya a la Casa Gris y cumpla su mandato"*.[8] El coronel instaló material de artillería en las principales esquinas de Santa Fe capital y envió una patrulla exploratoria antes de ingresar a la Casa de Gobierno.

El interventor y su ministro de Gobierno, Joaquín F. Rodríguez, derogaron la Constitución provincial e iniciaron la cuenta regresiva para nivelar a Santa Fe con el resto de las provincias en el peor sentido del término.

Córdoba resiste

Amadeo Sabattini nació en Buenos Aires, más precisamente en La Boca, estudió en Barracas y terminó su secundaria en Rosario, donde comenzó su militancia radical. Su vocación lo llevó a Córdoba a estudiar medicina y a ejercer su profesión en Villa María, capital de la pampa gringa, donde se hizo querer entre la gente de la ciudad, a la que atendía en su consultorio de la calle Moreno, muchas veces gratis, y a los que ayudaba a comprar sus remedios.

La popularidad de Sabattini en una zona clave de la provincia no se les escapó a los políticos de turno, que quisieron tentarlo, reiteradamente, con todo tipo de candidaturas, mientras crecía su ascendiente dentro de la UCR.

El golpe de Uriburu impuso como interventor en Córdoba al general Basilio Pertiné, quien duró en su cargo unos pocos días. Será su sucesor Carlos Ibarguren, quien lanzará una dura represión contra todos los militantes populares de la provincia. Sabattini en un primer momento se exilió en Paraguay, pero para principios de noviembre de 1930 estaba de regreso en Córdoba organizando la resistencia e intentando sublevar a los suboficiales del Ejército y a miembros de la policía y los bomberos. El complot fracasó, y Sabattini y sus correligionarios fueron a parar a la cárcel.

---

[8] Vigo, Juan M., "Luciano Molinas, el gobernador que cumplió", *Todo Es Historia* N° 54.

Las cosas se calmaron un poco con el final de la dictadura de Uriburu, y en 1932 el médico de Villa María fue electo presidente del comité provincial de la UCR.

Tras el levantamiento de la abstención electoral del partido, en julio de 1935, se realizaron en Córdoba las internas para elegir gobernador, en las que resultó triunfante Sabattini por un amplio margen contra su competidor, Garzón Agulla, representante del ala clerical del radicalismo cordobés.

Sabattini al gobierno

Los partidarios locales del general Justo pensaron que derrotarían, fácilmente, y sin necesidad de fraude, al radicalismo. Pero se equivocaron: el 17 de mayo de 1936 otro gobierno decente asumía en aquella argentina de la indecencia. Sabattini rompió con la tradición y juró por la Patria y por su honor.

El nuevo gobernador sorprende a propios y extraños por sus actitudes poco frecuentes en los políticos de aquellos años oscuros: recorre personalmente hospitales, escuelas y reparticiones públicas, se ocupa de la gente y sus problemas.

Las ideas de Sabattini estaban bastante lejos de las de Alvear, su jefe en el partido, y las del gobierno central, al que acusaba de llevar adelante *"la entrega de la riqueza petrolífera y la creación de juntas de carne y granos, del Banco Central y Coordinación de Transportes, que van despojando al patrimonio nacional y sometiendo a los trabajadores a una creciente servidumbre"*.[9] Sostenía el nacionalismo económico comprando a empresas locales, firmando contratos para la explotación petrolera con YPF y lanzando un notable plan de obras públicas que incluía la extensión de la red caminera y la construcción de los diques La Viña, Cruz del Eje, Nuevo San Roque, Los Alazanes y Del Castillo. Córdoba se va convirtiendo en una de las provincias con mejor tendido eléctrico y provisión de energía a costos razonables, lo que fomentará la instalación de industrias que serán amparadas por una importante legislación.

Sabattini intentó cumplir con su plataforma electoral que decía:

---

[9] Del Mazo, Gabriel, *El radicalismo*, tomo II, Buenos Aires, Raigal, 1952.

"Inenajenabilidad de la tierra pública, procurando su aumento como base del programa agrario a desarrollarse; adquisición por el Estado de tierras aptas para ser entregadas en propiedad a los agricultores auténticos que estén en condiciones de hacerlas producir; reserva de lotes destinados a chacras estatales de producción colectiva; utilización de la tierra pública por medio de la entrega en arrendamiento a largo plazo; fomento de la cooperación en la producción agraria".[10]

Impulsó notablemente la actividad agrícola y lanzó líneas de créditos especiales para los pequeños y medianos productores.

Como su colega santafecino Molinas, Sabattini implantó impuestos graduales a la propiedad con particular atención al latifundio improductivo.

Se ocupó decididamente de la educación fundando 173 escuelas y dignificando la función docente con mejores sueldos y condiciones laborales. Creó guarderías, comedores escolares y hogares para niños y madres solteras. Fomentó la acción del Departamento Provincial del Trabajo, que, como su par santafecino, cumplía funciones de mediación y contralor del cumplimiento de la legislación protectora de los derechos de los trabajadores.

Sabattini, a diferencia de Molinas, pudo terminar su mandato y en 1940 pasarle la posta a su correligionario Santiago del Castillo, que continuará su línea de gobierno.

Premio Nobel

El canciller del gobierno de Justo, Carlos Saavedra Lamas, yerno de Roque Sáenz Peña y ministro de Instrucción Pública de Victorino de la Plaza, medió en el conflicto que pasó a la historia como la Guerra del Chaco (1932-1935), desatada entre Paraguay y Bolivia e impulsada por las grandes compañías petroleras Shell y Esso. La mediación de Saavedra Lamas permitió alcanzar la paz entre las dos naciones. Nuestro canciller fue distinguido por ello con el Premio Noble de la Paz en 1936, el primero otorgado a un sudamericano. El diplomático norteamericano Cordell Hull se adjudica la autoría de la mediación que le valió la distinción a Saavedra Lamas. Dice Hull en sus memorias:

[10] *Idem.*

"Pensaba que el verdadero éxito sólo puede llegar si se induce a nuestros adversarios a convertirse en nuestros aliados, convenciéndolos de que, básicamente, nuestras ideas son sus ideas. De manera ocasional, ello implica reconocer a estadistas de otros países como autores de las ideas que yo mismo profesaba. Yo he señalado cómo, en el Congreso, con frecuencia permitía a mis colegas hacer uso de mis ideas e información, y que las bautizaran con sus propios nombres. De la misma manera, trasplanté esta práctica a la diplomacia. Yo mismo podía haber presentado a la conferencia la resolución sobre la paz que había preparado, en lugar de ofrecérsela a Saavedra Lamas, y quizás podría haber asegurado una mayoría de votos a su favor. Pero si lo hubiese hecho, sin duda la Argentina la hubiera combatido en base a argumentos técnicos, y la unanimidad que requería se habría desvanecido. Me pareció más prudente, dadas las circunstancias, que la presentara el jefe de la delegación argentina".[11]

Forjando otra argentina

Los conservadores en el poder abusaron tanto como el criticado Yrigoyen del recurso de las intervenciones federales. En 1934 fueron intervenidas las provincias de San Juan y Tucumán; en 1935, Catamarca, Santa Fe y Buenos Aires, lo que dio lugar a la elección como gobernador de Manuel Fresco.

Indiferente a todo esto, en 1935 el radicalismo liderado por Alvear, que planteaba que no había que dejar pasar el tren de la historia, decidió levantar la abstención decretada por Yrigoyen y volver, a pesar del fraude, a la lucha electoral.

No todos los radicales estuvieron de acuerdo con la política alvearista de integración al sistema político fraudulento. Un grupo de jóvenes radicales yrigoyenistas, de orientación nacionalista, fundó en 1935 la Fuerza Orientadora Radical de la Juventud Argentina (FORJA). Sus más destacados impulsores fueron Arturo Jauretche, Raúl Scalabrini Ortiz y Gabriel del Mazo. Su lema: "Somos una Argentina colonial, queremos

---

[11] *The Memoirs of Cordell Hull*, vol. 2, Nueva York, The Macmillan Company, 1948, citado por Alberto Ciria, *Partidos y poder en la Argentina moderna 1930-1946*, *op. cit.*

ser una Argentina libre". Sus dardos estaban dirigidos contra una democracia liberal fraudulenta sin contenido nacional ni social. Cuenta Jauretche que:

> "FORJA surgió después de la revolución radical fracasada de Paso de los Libres, comandada por el coronel Roberto Bosch, que contaba con la adhesión de diversos efectivos militares. Marcelo T. de Alvear, coartó el crecimiento de la conspiración en nombre de la pacificación nacional. Esta posición de Alvear coincidía con el plan británico que exigía la legalidad del radicalismo y su conversión en 'partido de orden'".[12]

En un volante de esta fuerza se denunció la distorsión del pasado nacional por parte de la historia oficial: *"La historia es un arma para manejar los pueblos, para someterlos a los designios de los vencedores, para impedir toda acción libertadora, para dividir y confundir las corrientes de opinión. Por eso la diplomacia inglesa ha impuesto una historia oficial argentina, según la cual le somos deudores de la 'libertad', del 'progreso' y de los capitales que nos prestaron para consolidar el 'orden' y el 'bienestar'".*[13]

FORJA era en sí misma una denuncia a las autoridades partidarias de la UCR que se sumaban a un régimen antipopular, antinacional y corrupto, y así lo manifestaba sin pelos en la lengua:

> "FORJA, al denunciar el carácter de la gestión del actual gobierno y la ineficacia de sus oposiciones parlamentarias, acusa a las autoridades de la Unión Cívica Radical por mantener silencio ante la gravedad de los siguientes problemas: creación del Banco Central de la República y del Instituto Movilizador de Inversiones Bancarias. Preparativos para la Coordinación de Transportes. Creación de juntas reguladoras de distintas ramas de industria y comercio. Unificación de impuestos internos. Tratado de Londres. Sacrificios económicos impuestos en beneficio del capitalismo extranjero. Régimen de cambios. Política petrolífera. Intervenciones militares arbitrarias. Restricciones a la libertad de opinión. Arbitrios discrecionales en el

---

[12] Jauretche, Arturo, *FORJA y la década infame*, Buenos Aires, A. Peña Lillo Editor, 1984.
[13] Scenna, Miguel Ángel, "FORJA: la lucha en la 'década infame'", *Todo Es Historia* Nº 38.

manejo de las rentas públicas. Sujeción de la enseñanza a organizaciones extranjeras. Incorporación a la Liga de las Naciones. Supresión de las relaciones con Rusia. Investigaciones parlamentarias sobre armamentos y comercio de carnes. El crimen del Senado. Aplicación de censuras previas a la expresión de las ideas. Desviaciones de la justicia contra la libertad individual".[14]

Seguimos ganando

El gobierno de Justo será fiel al sistema que lo había llevado al poder a través de la aplicación del "fraude patriótico" que se iba perfeccionando: a las clásicas amenazas hacia los votantes opositores y al "usted ya votó" se sumaban ahora el secuestro de las libretas de enrolamiento, la falsificación de las actas de votación y el cambio de urnas. Todo esto pudo verificarse en las elecciones de marzo de 1936 que le dieron el triunfo a Manuel Fresco, calificadas por el embajador de los Estados Unidos como la *"más burlesca y fraudulenta contienda electoral jamás realizada en la Argentina".*[15]

La candidatura del sucesor de Justo fue lanzada, el 12 de junio de 1937, en el lugar indicado, la Cámara de Comercio Británica, y fue impulsada por el presidente de la entidad, el súbdito británico William Mc Callum. Resultaron "bendecidos" Roberto Marcelino Ortiz y Ramón S. Castillo; el candidato designado retribuye el favor diciendo: *"La Argentina tiene, con vuestra patria, enlaces financieros y obligaciones tan importantes como muchas de las obligaciones que existen entre las metrópolis y diversas partes del Imperio".*[16]

La continuidad del régimen conservador liberal se aseguró al imponerse en 1938, mediante elecciones fraudulentas, el triunfo de la fórmula Roberto M. Ortiz (ex radical antipersonalista) y Ramón S. Castillo (conservador).

El nuevo presidente asumió en febrero de 1938 y, renegando de su origen político fraudulento, intentó combatir el fraude y sanear la política nacional. El 8 de marzo de 1940 intervino la provincia de Buenos

[14] Jauretche, Arturo, *op. cit.*

[15] *La Nación, La Argentina en el siglo XX*, Buenos Aires, La Nación, 1997.

[16] Luna, Félix, *Ortiz, reportaje a la Argentina opulenta*, Buenos Aires, Sudamericana, 1978.

Aires, gobernada por el conservador y filofascista Manuel Fresco, y anuló las elecciones amañadas en las que había ganado el caudillo conservador de Avellaneda, Alberto Barceló.

Un Fresco en La Plata

Manuel Fresco, que había sido diputado provincial en 1919, siempre pregonó que el voto secreto constituía el fraude más escandaloso que pueda existir y bregó por la derogación de la Ley Sáenz Peña. Enemigo de lo que él llamaba la "partidocracia", admirador de Mussolini y de Hitler, descalificó los proyectos de salario mínimo, en debate por esa época, a los que culpó de la miseria y la crisis, y consideró que el esfuerzo de todos debe contribuir a enriquecer a los más inteligentes y aptos para la lucha por la vida.

Organizó espectaculares eventos deportivos, con los cuales movilizó a la juventud de la provincia, e hizo uso y abuso de la demagogia. Al mejor estilo mussoliniano le preguntaba a la muchedumbre y respondía él mismo por ella. Fresco fue, también, de los primeros en utilizar la radiodifusión para divulgar masivamente su mensaje político. Amigo cercano de Barceló, con el cual formó un dúo recordado, y admirador de la sociedad hispánica tradicional, en 1936, violando la ley 1.420, de educación gratuita, laica y obligatoria, impuso la educación religiosa en las escuelas bonaerenses. Decía que para lograr la justicia social había que combatir al régimen burgués, al que consideraba capitalista, ateo, liberal y materialista.

El Plan Pinedo

El ministro de Economía de Ortiz-Castillo, Federico Pinedo, que se definía a sí mismo como: *"abogado o asesor de todas las grandes empresas que hay en el país, asesor de las más grandes compañías navieras, de las dos más grandes casas financieras del país, de la más importante compañía exportadora, de los ferrocarriles y de la más poderosa compañía de transporte urbano"*,[17] presentó ante el parlamento, el 18 de noviembre de 1940, su "Plan de Reactivación Económica" que contem-

---

[17] *La Prensa*, 18 de diciembre de 1940.

plaba líneas de crédito para la industria, medidas proteccionistas que limitaban las importaciones y planes de construcción de viviendas populares. Pinedo justificaba su proyecto argumentando que:

"Se necesita recurrir decididamente a la industria para suplir en lo que sea posible, lo que no se puede importar o pagar y evitar el grave mal de la desocupación. La vida económica del país gira alrededor de una gran rueda maestra que es el comercio exportador. Nosotros no estamos en condiciones de reemplazar esa rueda maestra por otra, pero estamos en condiciones de crear al lado de ese mecanismo algunas ruedas menores, que permitan cierta circulación de la riqueza, cierta actividad económica, la suma de la cual mantenga el nivel de vida de este pueblo a cierta altura".[18]

Pinedo se hacía eco de sus patrones británicos y proponía la nacionalización de los ferrocarriles ingleses en condiciones muy ventajosas para sus dueños de Londres. El propio ministro decía que hablaba en *"carácter de abogado de todas las empresas de ferrocarriles del país, que me han consultado sobre esa materia cuando estuve en Londres y después en el país".*[19] Y agregaba adelantándose en varias décadas al superministro Cavallo*: "El trabajo es muy importante y se me pagaron por él, como correspondía, honorarios muy importantes: 10.000 libras esterlinas".*[20]

Pero el Plan Pinedo, que no dejaba de ser un plan conservador que consideraba a la industria nacional una rueda menor, les pareció muy audaz a los señores senadores, representantes de los sectores tradicionales, y quedó encajonado mientras su autor presentaba su renuncia.

El mundo en guerra 2

Las potencias occidentales más importantes de la época (Estados Unidos, Inglaterra y Francia), no vieron con desagrado la llegada de Hitler al poder en 1933. Lo veían como un posible aliado en el control del movimiento obrero y un freno al expansionismo soviético. Años más tarde, en 1938, cuando ya se conocían las persecuciones de los nazis y

---

[18] En Milcíades Peña, *op. cit.*
[19] En Jorge Abelardo Ramos, *Revolución y contrarrevolución en la Argentina*, Buenos Aires, Plus Ultra, 1965.
[20] *Idem.*

los horrores de los primeros campos de concentración, el primer ministro inglés, del Partido Conservador, Lord Chamberlain, viajó a Berlín, se reunió con Hitler y le reconoció la anexión de Austria y la ocupación de Checoslovaquia.

Todo cambió cuando en 1939 Alemania firmó el pacto de no agresión y el reparto de Polonia con la Unión Soviética. El 1º de septiembre Alemania invadió Polonia, lo que provocó la reacción inmediata de Inglaterra y Francia, que ahora sí vieron amenazados sus intereses, y se dispusieron a frenar el avance alemán dando comienzo a la Segunda Guerra Mundial.

Hasta 1941 la guerra tuvo carácter marcadamente europeo. Se enfrentaban Inglaterra y Francia contra Alemania e Italia. Pero en 1941 ocurren dos hechos que cambiarán la historia: por un lado los nazis invaden la Unión Soviética provocando la entrada de este país en el conflicto, y por otro, los japoneses atacan la base norteamericana de Pearl Harbor en el Pacífico, provocando el ingreso de los Estados Unidos a la guerra. De esta manera quedaron conformados dos bandos: los Aliados, en el que se encontraban Inglaterra, Estados Unidos y la URSS (Francia había sido ocupada por los nazis en 1940), y el Eje, formado por Alemania, Italia y Japón.

La guerra se desarrolló en diferentes frentes: Europa Occidental, el frente ruso, el norte de África y el Extremo Oriente. A partir de 1943 la victoria pareció estar más cerca de los Aliados. Italia comenzó a ser ocupada y el ejército alemán sufrió una terrible derrota en el frente ruso perdiendo a cientos de miles de hombres y equipos. El 6 de junio de 1944, recordado como el "Día D", las tropas aliadas lanzaron la mayor invasión marítima de la historia sobre las costas de Normandía, en Francia. Desde allí fueron reconquistando Francia con la ayuda de la población civil enrolada en los grupos guerrilleros de la Resistencia. Al avance aliado desde el occidente le correspondió el implacable avance soviético desde el este. A esto se sumaron los permanentes bombardeos sobre las principales ciudades alemanas.

El dictador italiano no pudo frenar el avance de las tropas aliadas. Con apoyo alemán, se refugió en el norte de Italia e intentó seguir gobernando, pero fue capturado por un grupo de partisanos (guerrilleros italianos) y poco después fusilado. Su cadáver fue expuesto en una plaza pública.

Hitler decidió resistir los ataques y los bombardeos hasta el último momento, aumentando inútilmente el sacrificio de la población civil alemana. Se encerró junto a su mujer y sus colaboradores más cercanos en un refugio antiaéreo (bunker) y a fines de abril de 1945 se suicidó. Alemania firmó la capitulación el 2 de mayo.

A pesar de la rendición de sus aliados (Alemania e Italia), Japón seguía combatiendo en el Pacífico. El ejército japonés lanzaba a los pilotos suicidas (kamikazes) contra barcos e instalaciones norteamericanas. Los Estados Unidos evaluaron que la guerra podría prolongarse demasiado y decidieron probar la bomba atómica en territorio japonés. Así ocurrió: el 6 de agosto de 1945 la ciudad de Hiroshima fue destrozada, falleciendo o quedando gravemente herida la mayor parte de la población. El infierno volvió a repetirse tres días después, cuando la aviación norteamericana lanzó otra bomba atómica, esta vez sobre la ciudad de Nagasaki. El 2 de septiembre el Japón firmó la rendición incondicional. Terminaba la Segunda Guerra Mundial.

El saldo en vidas humanas fue terrible, cerca de cincuenta millones de muertos. El mapa político europeo volvió a cambiar. Alemania quedó dividida en dos Estados: Alemania Occidental (bajo la influencia norteamericana) y Alemania Oriental (bajo la influencia soviética). La Unión Soviética compensó con creces sus pérdidas de 1917 y aumentó su territorio. En las conferencias de paz de Yalta y Postdam, los dos grandes vencedores del conflicto, los Estados Unidos y la Unión Soviética, acordaron combatir el fascismo, evitar su rebrote y se repartieron las áreas de poder e influencia en todo el mundo.

Yo, argentino II

El estallido de la Segunda Guerra Mundial llevó a una ardiente discusión en la sociedad argentina. La clase dirigente argentina era aliada económica de Gran Bretaña, sin embargo, gran parte de la oficialidad del Ejército adhería al pensamiento nacionalista y simpatizaba con las políticas de control y orden social desarrolladas por los gobiernos fascistas durante los años treinta. Con los triunfos militares alemanes durante los años 39 y 40, la simpatía hacia Alemania se convertirá, para muchos, en admiración.

Ortiz mantuvo frente a la guerra la tradicional política de neutralidad activa que favorecía a Inglaterra. Desde el estallido de la guerra en septiembre de 1939, Estados Unidos, que tardará más de dos años en ingresar al conflicto, presionará a los países latinoamericanos en general, y a aquellos que exportaban sus mismos productos primarios en particular, para que se incorporen a la guerra. La presión sobre la Argentina, uno de los principales exportadores de carnes y cereales del mundo, fue enorme y creció exponencialmente a partir del ingreso de los Estados Unidos en el conflicto, en diciembre de 1941. Esta presión pudo observarse durante la Conferencia de Río de Janeiro de enero de 1942. Pero la Argentina, recostada en el apoyo tácito de los británicos, resistió y permaneció neutral, comerciando, como por otra parte hizo Estados Unidos hasta 1944, con Alemania, Italia y Japón.

Ortiz renunció por enfermedad a la presidencia en junio de 1942 y murió un mes después. Como señala un analista norteamericano, Castillo mantuvo la neutralidad que contaba con el apoyo de los británicos:

"La neutralidad argentina bajo el presidente Castillo tenía la aprobación total, aunque no pública, de los intereses británicos en la Argentina y del servicio consular británico representado por el Board of Overseas Trade. Los grupos representativos del capital británico comprenden que la ruptura con el Eje colocará a la Argentina íntegramente en el bloque panamericano y bajo el dominio económico de Estados Unidos, rival comercial de Gran Bretaña en la Argentina".[21]

Precisamente durante 1942 se había constituido una alianza política para terminar con el fraude, la Unión Democrática, que presentaba como partido central al radical, rodeado de los partidos Demócrata Progresista, Socialista y Comunista. En su plataforma anunciaba su propósito de garantizar *"la libertad de pensamiento y de reunión"* y el *"respeto por los derechos sindicales"*, junto con *"la solidaridad activa con los pueblos en lucha contra la agresión nazifascista"*. Parecía seguro que, de no mediar el fraude, la Unión Democrática se impondría. Los nacionalistas temían los efectos de este triunfo: el alineamiento de la Argentina con los Aliados y la continuación de las políticas liberales de subordinación económica. Por otro lado, la posible presencia de socialistas y comunistas en el parlamento resultaba para los nacionalistas intolerable.

Las muertes de Alvear y de Ortiz dejaban sin liderazgo a un radicalismo desprestigiado por su colaboración con el régimen a partir de 1935.

---

[21] Weil, Félix, *The Argentine Riddle*, The John Day Co., Nueva York, 1944, citado por Milcíades Peña, *op. cit.*

Los conservadores perdían, a su vez, con las muertes de Julio A. Roca (hijo) y Agustín P. Justo, dos figuras fundamentales.

Castillo pensó que había llegado su hora y comenzó a trabajar por la candidatura del hombre que lo había llevado a la vicepresidencia, el estanciero salteño, empresario del azúcar y vicepresidente del Senado, Robustiano Patrón Costas.

Pero otra gente también pensaba que les llegaba su hora. Eran los integrantes del sector nacionalista del Ejército que habían logrado ocupar el Ministerio de Guerra de la mano del general Pedro Pablo Ramírez, y se oponían no sólo a la candidatura de Patrón Costas sino al regreso del fraude electoral, al crecimiento de la actividad izquierdista en los sindicatos y en la política y a la alineación de la Argentina con las potencias aliadas, sin que ello implicara una ruptura con Inglaterra.

Insubordinación y valor

A comienzos de la década del cuarenta los militares habían asumido gran parte de las funciones que el Estado intervencionista de los treinta se autoadjudicó. Entre 1931 y 1937 el presupuesto militar se incrementó de 189 mil pesos a 315 mil. En octubre de 1941 fue creada la Flota Mercante del Estado, que se colocó bajo el Ministerio de Marina. En ese mismo año se creó la Dirección de Fabricaciones Militares. Por aquellos años convivían en las fuerzas armadas dos tendencias políticas: una, la que representaba al general Justo, favorable a los Aliados, y otra llamada nacionalista, que simpatizaba con el Eje.

En ese contexto las fuerzas armadas iban camino a transformarse en un poder en sí mismo y en un árbitro "natural" de la situación nacional. El ambiente parecía propicio para las conspiraciones. Así lo entendieron los militares del Grupo de Obra de Unificación[22] (GOU), una logia fundada el 10 de marzo de 1943 en los salones del Hotel Conte, que estaba frente a la Plaza de Mayo, por iniciativa de los tenientes coroneles Miguel A. Montes y Urbano de la Vega, que fue creciendo en influencia dentro de las filas castrenses. Sus principales referentes eran el coronel Juan Domingo Perón y el teniente coronel Enrique P. González. Los dos eran oficiales del Estado Mayor General, graduados en la Escuela Supe-

---

[22]Este es el nombre que aparece en el escudo del grupo. Algunos autores definen la sigla como Grupo de Oficiales Unidos.

rior de Guerra, de la que además Perón era profesor de historia militar. Recuerda Perón:

"Antes del 4 de junio y cuando el golpe de Estado era inminente, se buscaba salvar las instituciones con un paliativo o por convenios políticos, a los que comúnmente llamamos acomodos. En nuestro caso, ello pudo evitarse porque, en previsión de ese peligro, habíamos constituido un organismo serio, injustamente difamado: el famoso GOU. El GOU era necesario para que la revolución no se desviara, como la del 6 de septiembre. [...] Conviene recordar que las revoluciones las inician los idealistas con entusiasmo, con abnegación, desprendimiento y heroísmo, y las aprovechan los egoístas y los nadadores en río revuelto".[23]

Los integrantes del GOU, que no ocultaban su simpatía por los regímenes de Alemania e Italia y se declaraban partidarios de la neutralidad, anticomunistas y contrarios al fraude electoral, comenzaron a preparar el asalto al gobierno y tomaron contacto formalmente con dirigentes partidarios socialistas, conservadores y radicales que coincidían en rechazar la candidatura de Patrón Costas.

El 7 de junio de 1943 fue la fecha elegida por Castillo para lanzar la candidatura de Patrón Costas. El candidato había preparado su discurso de lanzamiento en el que, contra todos los pronósticos, evitaba definirse sobre la neutralidad:

"Desde la edad de 23 años, en que fui llamado a ocupar el Ministerio de Hacienda de mi provincia natal, he militado siempre en las filas de los partidos de derecha; lo proclamo bien alto y con orgullo en esta alta hora en que el izquierdismo está en boga. En el término conservador, como yo lo entiendo, caben todas las reformas que exija nuestra evolución progresiva, para perfeccionar, depurar y hacer eficiente nuestra democracia, para asegurar la libertad dentro del orden y para llegar a la paz social, no por la lucha de clases, sino por la conciliación de sus intereses. [...] Ser conservador es querer una organización social y política con jerarquías, pero entiéndase bien, con la jerarquía que da la conducta ejemplar, la inteligencia, la ciencia, el arte, el trabajo, los servicios prestados al país; el nacimiento, cuando se sabe honrar la estirpe; la fortuna cuando se es digno

---

[23] Perón, Juan Domingo, *Tres revoluciones*, Buenos Aires, Síntesis, 1994.

de ella. [...] Seguimos el conflicto sin olvidar nuestros antecedentes de Nación democrática, amante de la libertad, celosa de su independencia, solidaria siempre con los grandes principios cuya subsistencia interesa a toda la humanidad para mantener un mundo de libertad, de paz y de justicia".[24]

Pero Patrón Costas nunca pudo pronunciar este discurso ni lanzar su candidatura a presidente. En la madrugada del 4 de junio, un nuevo golpe de Estado dirigido por el GOU derrocaba al presidente. Lo que sigue es el relato de Perón sobre los hechos:

"La revolución comenzó en el preciso instante en que los cuadros medios del Ejército, entre quienes me identificaba, tomaron conciencia de la situación y resolvieron que las cartas estaban echadas. El día 3 por la tarde estuve encerrado en mi departamento planificando el día siguiente. Paralelamente, el doctor Castillo recorrió las guarniciones de Palermo y terminó instalándose en la Rosada junto a todo el gabinete a la espera de la tormenta inminente. Sabía que el golpe estaba en marcha. Para rematar la velada, llamé por teléfono al general Ramírez que estaba en Campo de Mayo y le pedí que fuese hasta Casa de Gobierno para saber cómo venía la mano. Le transmití: 'decile que no se puede joder más y que se las tiene que tomar'. Todo había pasado tan rápido que la mayoría de la población no se había enterado del cambio de gobierno, fue entonces que le pedí a Mercante que hiciera salir a la calle a un grupo de efectivos para que incendiaran algunos vehículos. Un poco de acción psicológica no viene nada mal para despabilar a los curiosos".[25]

El diario *La Vanguardia* trazaba este balance de la gestión de Castillo, que de alguna manera también era un análisis de aquella Década Infame:

"El gobierno del doctor Castillo fue el gobierno de la burla y el sarcasmo. Su gestión administrativa se desenvolvió en el fango de la arbitrariedad, el privilegio, la coima y el peculado. Toleró ministros y funcionarios ladrones, y firmó, displicentemente, medidas que

---

[24] Discurso que debió pronunciar en la convención del Partido Demócrata Nacional con motivo de su candidatura a la presidencia de la Nación, Buenos Aires, junio 7 de 1943, en Ernesto Araoz, *Vida y obra del doctor Patrón Costas*, Buenos Aires, Imprenta Mercatali, 1966.

[25] Perón, Juan Domingo, *Tres revoluciones*, *op. cit.*

importaban negociados. Nada ni nadie le contenía en su insana política de rapacidad y de oligarquía. Eligió su sucesor a pesar del clamor de la opinión pública y de la repugnancia de algunos miembros del partido oficial. La fórmula de los grandes deudores de los bancos oficiales contaba con la impunidad oficial".[26]

En la Rosada, aquel 4 de junio, se produjo la primera reunión de las nuevas autoridades:

"Una vez tomado el poder nos sentamos alrededor de una mesa a discutir quién sería el encargado de ocupar la primera magistratura. Debía ser un general y de esto no había duda. Fue elegido por su buena voluntad y sus buenas intenciones el general Pedro Pablo Ramírez. La sorpresa más significativa nos la dio Rawson, que se sentó en el sillón presidencial y armó un gabinete a piacere, sin consultar a nadie. Claro, pasó que se consideró el jefe supremo de la revolución, y flojo de entendederas así como era, negoció con la oligarquía el nuevo elenco gubernamental. El resultado fue que volvían al gobierno los que acabábamos de echar a patadas. Recuerdo que fuimos hasta la Casa de Gobierno y entramos intempestivamente al despacho principal. Él estaba allí, sentado muy ridículo detrás del escritorio en el sillón de Rivadavia. Me acerqué y extendiéndole su renuncia le dije: 'puede ir saliendo, terminó su mandato'. Rawson, levantó la vista y me dijo: '¡Cómo, tan pronto!' Tomó sus cosas y se retiró".[27]

Castillo, tras dejar la Casa Rosada, se refugió en un barreminas de la Armada a la espera de unas hipotéticas fuerzas leales que sólo existían en sus deseos. El 5 de junio por la mañana desembarcó en el puerto de La Plata y, al igual que Yrigoyen hacía casi 13 años, presentó su renuncia a la presidencia en la capital bonaerense. Terminaba, de la misma manera en que había comenzado, una Década Infame que dejaba profundas huellas en nuestro pueblo. Se iniciaba una nueva etapa que iba a cambiar por muchos años el panorama político y social de la Argentina.

---

[26] *La Vanguardia*, 5 de junio de 1943.
[27] Testimonio de Juan Domingo Perón, en Enrique Pavón Pereyra, *Yo, Perón,* Buenos Aires, Milsa, 1993.

Bibliografía

Bibliografía General

CATTARUZZA, ALEJANDRO, (dir.), *Nueva historia argentina (1930-1943)*, tomo VII, Buenos Aires, Sudamericana, 2001.

FALCÓN, RICARDO, (dir.), *Nueva historia argentina (1916-1930)*, tomo VI, Buenos Aires, Sudamericana, 2000.

RAPOPORT, MARIO, *Historia económica, política y social de la Argentina (1880-2000)*, Buenos Aires, Macchi, 2000.

ROCK, DAVID, *Argentina 1516-1987*, Buenos Aires, Alianza, 1987.

ROMERO, JOSÉ LUIS, *Breve historia de la Argentina*, Buenos Aires, Fondo de Cultura Económica, 2004.

LA NACIÓN, *La Argentina en el siglo XX*, Buenos Aires, La Nación, 1997.

VAZEILLES, JOSÉ GABRIEL, *Historia argentina*, Buenos Aires, Biblos, 2000.

Bibliografía Específica

ALEN LASCANO, LUIS C., *Yrigoyenismo y antipersonalismo*, Buenos Aires, Centro Editor de América Latina, 1986.

ALEN LASCANO, LUIS C., *Yrigoyen y la gran guerra*, Buenos Aires, Korrigan, 1974.

ALONSO, BEATRIZ, *La presidencia de Alvear*, Buenos Aires, Centro Editor de América Latina, 1983.

ANSALDI, WALDO Y MORENO, JOSÉ LUIS, *Estado y sociedad en el pensamiento nacional*, Buenos Aires, Cántaro, 1996.

ARAOZ, ERNESTO M., *Vida y obra del doctor Patrón Costas*, Buenos Aires, Imprenta Mercatali, 1966.

AZARETTO, ROBERTO, *Historia de las fuerzas conservadoras*, Buenos Aires, Centro Editor de América Latina, 1985.

BAYER, OSVALDO, *La patagonia rebelde*, Buenos Aires, Hyspamérica, 1985.

BAYER, OSVALDO, *Los anarquistas expropiadores y otros ensayos*, Buenos Aires, Planeta, 2003.

BAYER, OSVALDO, *Severino Di Giovanni, el idealista de la violencia*, Euskal Herria, Txalaparta, 2000.

BARBERO, MARÍA INÉS Y DEVOTO, FERNANDO, *Los nacionalistas*, Buenos Aires, Centro Editor de América Latina, 1983.

BÉJAR, MARÍA DOLORES, *Uriburu y Justo: el auge conservador (1930-1935)*, Buenos Aires, Centro Editor de América Latina, 1983.

BILSKY, EDGARDO J., *La semana trágica,* Buenos Aires, Centro Editor de América Latina, 1984.

BOTANA, HELVIO I., *Memorias, Tras los dientes del perro,* Buenos Aires, A. Peña Lillo editor, 1985.

BOTANA, NATALIO; GALLO, EZEQUIEL Y FERNÁNDEZ, EVA B., *Serie Archivo Alvear, Tomo I, La crisis de 1930,* Buenos Aires, Instituto Torcuato Di Tella, 1997.

BRAILOVSKY, ANTONIO ELIO, *Historia de las crisis argentinas,* Buenos Aires, Editorial de Belgrano, 1985.

CÁRCANO, MIGUEL ÁNGEL, *Sáenz Peña, La revolución por los comicios,* Buenos Aires, Eudeba, 1976.

CASAL, HORACIO N., *La revolución del 43,* Buenos Aires, La Historia Popular, Centro Editor de América Latina, 1971.

CASAL, HORACIO N., *Los años 30,* Buenos Aires, La Historia Popular, Centro Editor de América Latina, 1971.

CASAL, HORACIO N., *Los negociados,* Buenos Aires, La Historia Popular, Centro Editor de América Latina, 1971.

CASCELLA, ARMANDO, *La traición de la oligarquía,* Buenos Aires, Mundo Peronista, 1953.

CATTARUZZA, ALEJANDRO, *Los nombres del poder: Marcelo T. de Alvear,* Buenos Aires, Fondo de Cultura Económica, 1997.

CIRIA, ALBERTO, *Partidos y poder en la Argentina moderna 1930-1946,* Buenos Aires, Hyspamérica, 1985.

CLAPS, MANUEL A., *Yrigoyen,* Montevideo, Biblioteca de Marcha, Colección los Nuestros, 1971.

COCA, JOAQUÍN, *El contubernio,* Buenos Aires, La Campana, 1981.

DEL CAMPO, HUGO, *Sindicalismo y peronismo, los comienzos de un vínculo perdurable,* Buenos Aires, Siglo XXI, 2005.

DEL MAZO, GABRIEL, *El pensamiento escrito de Yrigoyen,* Buenos Aires, Libro de Edición Argentina, 1945.

DE PRIVITELLIO, LUCIANO, *Los nombres del poder: Agustín P. Justo,* Buenos Aires, Fondo de Cultura Económica, 1997.

ESTÉVEZ BOERO, GUILLERMO, *El proceso de Bragado,* proyecto de ley desagraviando a las víctimas condenadas injustamente, diputado Guillermo Estévez Boero, Unidad Socialista, Cámara de Diputados de la Nación, 1990 - imprenta del Congreso de la Nación-, mayo de 1991.

DÍAZ, HONORIO A., *Ley Sáenz Peña: pro y contra,* Buenos Aires, Centro Editor de América Latina, 1983.

ESPIGARES MORENO, JOSÉ MARÍA, *Lo que me dijo el general Uriburu,* Buenos Aires, Talleres Gráficos Durruty y Kaplan, 1933.

ETCHEPAREBORDA, ROBERTO, *Yrigoyen, tomos I y II,* Buenos Aires, Centro Editor de América Latina, 1983.

ETCHEPAREBORDA, ROBERTO; ORTIZ, RICARDO M.Y ORONA, JUAN V., *La crisis de 1930, tomo I, Ensayos,* Buenos Aires, Biblioteca Popular, La Historia Popular, Centro Editor de América Latina, 1983.

FERNÁNDEZ LALANNE, PEDRO, *Los Alvear,* Buenos Aires, Emecé, 1980.

FERRERO, ROBERTO A., *Del fraude a la soberanía popular,* Buenos Aires, La Bastilla, 1980.

FERRERO, ROBERTO A., *Sabattini y la decadencia del yrigoyenismo, tomo I,* Buenos Aires, Centro Editor de América Latina, 1984.

FERRERO, ROBERTO A., *Sabattini y la decadencia del yrigoyenismo, tomo II*, Buenos Aires, Centro Editor de América Latina, 1984.

FIORITO, SUSANA, *Las huelgas de Santa Cruz (1921-1922)*, Buenos Aires, Centro Editor de América Latina, 1985.

GALASSO, NORBERTO, *De la Banca Baring al FMI*, Buenos Aires, Colihue, 2002.

GALASSO, NORBERTO, *Raúl Scalabrini Ortiz y la penetración inglesa*, Buenos Aires, Centro Editor de América Latina, 1984.

GÁLVEZ, MANUEL, *Vida de Hipólito Yrigoyen, El hombre del misterio*, Buenos Aires, El elefante blanco, 1999.

IÑIGO CARRERA, HÉCTOR J., *La experiencia radical, tomos I y II*, Buenos Aires, La Bastilla, 1980.

JAURETCHE, ARTURO, *FORJA y la década infame*, Buenos Aires, A. Peña Lillo editor, 1984.

JORDÁN, CARLOS M., *Los presos de Bragado*, Buenos Aires, Centro Editor de América Latina, 1988.

LUNA, FÉLIX, *Alvear*, Buenos Aires, Sudamericana, 1988.

LUNA, FÉLIX, *Yrigoyen*, Buenos Aires, Hyspamérica, 1985.

LUNA, FÉLIX, (dir.), Colección Grandes protagonistas de la historia argentina, *Hipólito Yrigoyen*, Buenos Aires, Planeta, 2004.

MAYO, C. A., ANDINO, O. R. y GARCÍA MOLINA, F., *La diplomacia del petróleo*, Buenos Aires, Centro Editor de América Latina, 1983.

MINSBURG, NAÚM, *Capitales extranjeros y grupos dominantes argentinos, tomo I*, Buenos Aires, Centro Editor de América Latina, 1987.

MOLINAS, F. RICARDO y BARBERIS, F. SANTIAGO, *El Partido Demócrata Progresista*, Centro Editor de América Latina, 1983.

MONTSERRAT LLAIRÓ y SIEPE, RAIMUNDO, *La democracia radical, Yrigoyen y la neutralidad, 1916-1918*, Buenos Aires, Editores de América Latina, 1997.

MURMIS, MIGUEL y PORTANTIERO, JUAN CARLOS, *Estudios sobre los orígenes del peronismo*, Buenos Aires, Siglo XXI, 1971.

NAVARRO GERASSI, MARYSA, *Los nacionalistas*, Buenos Aires, Jorge Álvarez, 1968.

ONEGA, GLADIS S., *La "revolución" de Uriburu*, Rosario, Biblioteca, 1974.

PEÑA, MILCÍADES, *Masas, caudillos y elites*, Buenos Aires, El Lorraine, 1986.

PEREIRA, SUSANA, *Viajeros del siglo XX y la realidad nacional*, Buenos Aires, Centro Editor de América Latina, 1984.

PERÓN, JUAN DOMINGO, *Tres revoluciones militares*, Buenos Aires, Síntesis, 1994.

PINEDO, FEDERICO, BAGÚ, SERGIO, SÁNCHEZ SORONDO, MATÍAS G. y OTROS, *La crisis de 1930, tomo II, Testimonios*, Buenos Aires, Biblioteca Popular, La Historia Popular, Centro Editor de América Latina, 1983.

POTASH, ROBERT A., *El ejército y la política en la Argentina 1928-1945*, Buenos Aires, Sudamericana, 1994.

PUIGGRÓS, RODOLFO, *Historia crítica de los partidos políticos argentinos, tomo I*, Buenos Aires, Hyspamérica, 1986.

PUIGGRÓS, RODOLFO, *Historia crítica de los partidos políticos argentinos, tomo II*, Buenos Aires, Hyspamérica, 1986.

PUIGGRÓS, RODOLFO, *Historia crítica de los partidos políticos argentinos, tomo III*, Buenos Aires, Hyspamérica, 1986.

QUESADA, FERNANDO, *El primer anarquista fusilado en la Argentina*, Buenos Aires, Destellos, 1974.

RAPOPORT, MARIO, *De Pellegrini a Martínez de Hoz: el modelo liberal,* Buenos Aires, Centro Editor de América Latina, 1983.

REINOSO, ROBERTO (comp.), *Bandera proletaria: selección de textos (1922-1930),* Buenos Aires, Centro Editor de América Latina, 1985.

REINOSO, ROBERTO (comp.), *El periódico "CGT" (1932–1937),* Buenos Aires, Centro Editor de América Latina, 1987.

REINOSO, ROBERTO (comp.), *La Vanguardia: selección de textos (1894-1955),* Buenos Aires, Centro Editor de América Latina, 1985.

REITANO, EMIR, *Manuel A. Fresco, antecedentes del gremialismo peronista,* Buenos Aires, Centro Editor de América Latina, 1992.

ROCK, DAVID, *El radicalismo argentino,* Buenos Aires, Amorrortu, 1997.

ROCK, DAVID, *La Argentina autoritaria,* Buenos Aires, Espasa Calpe Argentina/Ariel, 1993.

ROCK, DAVID; MC GEE DEUTSCH, SANDRA; RAPALO, MARÍA ESTER, DOLKART, RONALD H., LVOVICH, DANIEL, WALTER, RICHARD J, SENKMAN, LEONARDO Y LEWIS, PAUL, *La derecha argentina,* Ediciones B, 2001.

SÁENZ, JIMENA, *Entre dos centenarios,* Buenos Aires, La Bastilla, 1988.

SANGUINETTI, HORACIO, *La democracia ficta 1930-1938,* Buenos Aires, La Bastilla, 1975.

SILBERSTEIN, ENRIQUE, *De la Torre y los frigoríficos,* Buenos Aires, La Historia Popular, Centro Editor de América Latina, 1970.

SIEGLER, PEDRO, *Lisandro de la Torre y los problemas de su época,* Buenos Aires, Centro Editor de América Latina, 1984.

SIEPE, RAIMUNDO, *Yrigoyen, la Primera Guerra Mundial y las relaciones económicas,* Buenos Aires, Centro Editor de América Latina, 1992.

TORRES, JOSÉ LUIS, *La década infame (1930-1940),* Buenos Aires, Freeland, 1973.

TORRES, JOSÉ LUIS, *La oligarquía maléfica,* Buenos Aires, Freeland, 1973.

TORRES, JOSÉ LUIS, *Los "perduellis",* Buenos Aires, Freeland, 1973.

TRONCOSO, OSCAR, *Los fusilamientos de la patagonia,* Buenos Aires, La Historia Popular, Centro Editor de América Latina, 1971.

VIGO, JUAN M., *De la Torre contra todos,* Buenos Aires, Nativa, 1974.

VUOTTO, PASCUAL, *Vida de un proletario, el proceso de Bragado,* Buenos Aires, S/E, 1939.

WARLEY, JORGE A., *Vida cultural e intelectuales en la década de 1930,* Buenos Aires, Centro Editor de América Latina, 1985.

WEINMANN, RICARDO, *Argentina en la Primera Guerra Mundial,* Buenos Aires, Biblos, 1994.

YRIGOYEN, HIPÓLITO, *Mi vida y mi doctrina,* Buenos Aires, Raigal, 1957.

ZARAZAGA, RODRIGO, *La pobreza de un país rico,* Buenos Aires, Siglo XXI, 2004.